BRÈVES
DE SAVOIR

BRÈVES DE SAVOIR

Petit inventaire
de
culture générale
pour
esprits curieux

Daniel LACOTTE

LAROUSSE

Direction de la publication
Carine Girac-Marinier

Direction éditoriale
Christine Dauphant

Édition
Véronique Tahon

Direction artistique
Cynthia Savage

Mise en page
Laurence Henry

Fabrication
Marie-Laure Vaillé

ISBN : 978-2-03-589741-1

Du même auteur
(Sélection)

Petit précis des mots gaillards et polissons, l'Archipel, 2013.
Le Pourquoi du comment, le Best-of, Albin Michel, 2013.
Dictionnaire des mots retrouvés, l'Archipel, 2012.
Quand votre culotte est devenue pantalon, Pygmalion, 2011.
Les Bizarreries de la langue française, Albin Michel, 2011.
Les Surnoms les plus célèbres de l'histoire, Pygmalion, 2010.
Les Tribuns célèbres de l'histoire, Albin Michel, 2010.
Le Chat et ses mystères, Albin Michel, 2009.
Les pingouins ne sont pas manchots, Hachette Littératures, 2009.
Les Petites Histoires de la grande histoire, Albin Michel, 2009.
Le Pourquoi du comment, tome III, Albin Michel, 2008.
Petite anthologie des mots rares et charmants, Albin Michel, 2007.
Le Pourquoi du comment, tome II, Albin Michel, 2006.
Les Mots canailles, Albin Michel, 2005.
Le Pourquoi du comment, tome I, Albin Michel, 2004.
Les Mots célèbres de l'histoire, Albin Michel, 2003.
Danse avec le diable, Hachette Littératures, 2002.
Erik le Viking, Belfond, 1992.
Milord l'Arsouille, Albin Michel, 1989.
Raimu, Ramsay, 1988.
Les Conquérants de la Terre Verte, Hermé, 1985.

Daniel Lacotte a également publié de nombreux textes dans *l'Humour des poètes* (1981), *les Plus Beaux Poèmes pour les enfants* (1982), *les Poètes et le Rire* (1998), *la Poésie française contemporaine* (2004), Le Cherche Midi Éditeur, et dans *le Français en 6*[e], collection À suivre, Belin, 2005.

À la mémoire de Georges Perec
et de son inoubliable *Je me souviens.*

Le peu que je sais,
c'est à mon ignorance que je le dois.

Sacha Guitry (1885-1957)
Auteur dramatique français

Sommaire

Avant-propos

Voyage à la fois ludique et rigoureux sur les sentiers de la connaissance, ce livre joue avec notre mémoire. Chacun aura ainsi la douce sensation, ou la légitime certitude, d'y retrouver maintes évidences sournoisement évanouies.

Mine de rien, sans carte ni boussole, les pages qui suivent veulent aussi raviver le goût d'apprendre. Voire d'approfondir tel ou tel sujet en suggérant ici ou là l'utile besoin d'aller un peu plus loin sur le chemin qui mène dans ce vaste champ du savoir que nous devons inlassablement défricher.

Un domaine ouvert à tous, sans droit d'entrée ni limitation d'âge, de grade ou de qualité, et qu'il convient, le doute chevillé au corps, de ne jamais cesser de cultiver. Avec patience, pragmatisme et pugnacité. Mais surtout, aux côtés de ceux que l'humilité grandit car ils savent trop que la forfanterie ne fait jamais bon ménage avec la volonté de comprendre le monde.

Un cerveau en éveil reste un humain gagné à l'écoute des autres et au camp de la tolérance.

Daniel Lacotte

Vie quotidienne

Passer pour un idiot aux yeux d'un imbécile est une volupté de fin gourmet.

Georges Courteline (1858-1929)
Écrivain et auteur dramatique français

La recette des frites (appelées *chips*, *French fried potatos* ou *French fries*) apparaît pour la première fois en Angleterre dans un livre de recettes publié en 1854 par Alexis Soyer, *Shilling Cookery*. Selon de récentes statistiques, les Britanniques mangent près de quarante kilos de frites par personne chaque année. Il ne subsiste guère plus que huit mille boutiques *Fish and chips* au Royaume-Uni contre plus de trente mille dans les années 1950.

Président des États-Unis de 1929 à 1933, *Herbert Hoover et son épouse parlaient couramment le chinois. Par ailleurs, Hoover fut le premier président américain à disposer d'un téléphone sur son bureau à la Maison-Blanche.*

ON UTILISE 43 MUSCLES POUR FRONCER LES SOURCILS ET SEULEMENT 17 POUR RIRE.

Il existe près de 8 000 « rue de l'Église » en France, le nom de voie le plus utilisé. Il y a près de 4 000 « Grande-Rue », plus de 3500 « rue du Moulin » et autour de 3000 « rue du Château ». Chez les personnalités, Louis Pasteur (1822-1895) arrive en tête devant Victor Hugo (1802-1885). Environ 2000 rues pour le biologiste et plus de 1 600 pour le poète. Aux États-Unis, le nom de rue le plus utilisé est *Second Street*.

Le puzzle fut inventé vers 1760 par un cartographe britannique qui souhaitait encourager l'apprentissage ludique de la géographie. Il décida donc de vendre des cartes préalablement découpées qui représentaient les différents pays du monde.

Une pluie ordinaire tombe à la vitesse d'une douzaine de km/h. Mais dans une averse violente, les gouttes d'eau atteignent la trentaine de km/h.

Chaque année, il y a environ vingt millions de naissances en Inde, soit l'équivalent de la population totale de l'Australie.

Nids à bactéries

Des chercheurs américains en microbiologie de l'Université de Houston ont mené une vaste campagne d'inspection dans les chambres d'hôtel de leur pays. Dévoilées en juin 2012, les conclusions de l'étude révèlent que les endroits inspectés sont des sources potentielles de profusion d'infections bactériennes.

Selon un protocole rigoureux préalablement établi, les microbiologistes ont analysé dix-neuf types de surfaces dans les chambres de trois hôtels (choisis de façon aléatoire) de chaque État américain. Les chercheurs ont alors constaté que le personnel n'a habituellement pas le temps matériel de procéder à un nettoyage approfondi de la chambre. De surcroît, les employés utilisent un matériel de nettoyage (balais, éponges, serpillières, etc.) techniquement mal adapté et susceptible de propager les microbes d'une chambre à l'autre.

Certes, les toilettes et les lavabos des salles de bains présentent la plus grande variété de bactéries. Mais les télécommandes de télévision et les interrupteurs n'ont rien à leur envier. Les poignées de porte, les cordelettes à rideaux et les têtes de lit sont en revanche les moins contaminées.

Selon les auteurs de l'étude, de telles observations prouvent qu'il existe un risque de propagation en cas d'épidémie. Par ailleurs, les clients qui souffrent d'un déficit de leurs défenses immunitaires s'exposent à des ennuis de santé potentiels non négligeables.

Les lunettes conçues pour protéger les yeux du soleil deviennent populaires à partir des années 1920.

UN MODÈLE RUDIMENTAIRE DE BROSSE À DENTS A VU LE JOUR EN CHINE EN 1498.

Vers 7 500 av. J.-C., dans la vallée du Jourdain, non loin de la mer Morte, un village primitif succède à des campements semi-nomades : Jéricho.

L'hôpital Boucicaut, dans le XVe arrondissement de Paris, doit son nom au philanthrope Aristide Boucicaut (1810-1877) qui fonda le Bon Marché en 1852. Il y mit en oeuvre des procédés commerciaux révolutionnaires comme l'entrée libre sans obligation d'achat, les rayons spécialisés, l'affichage des prix et l'échange des produits ne donnant pas satisfaction. De surcroît, ses employés bénéficiaient du repos le dimanche et d'un intéressement aux résultats. Émile Zola (1840-1902) s'est inspiré du personnage d'Aristide Boucicaut pour écrire son roman Au Bonheur des Dames (1883).

Les muscles représentent 40 % du poids total du corps humain. Le squelette compte pour 25 % et le sang pour environ 7 %, tout comme la peau.

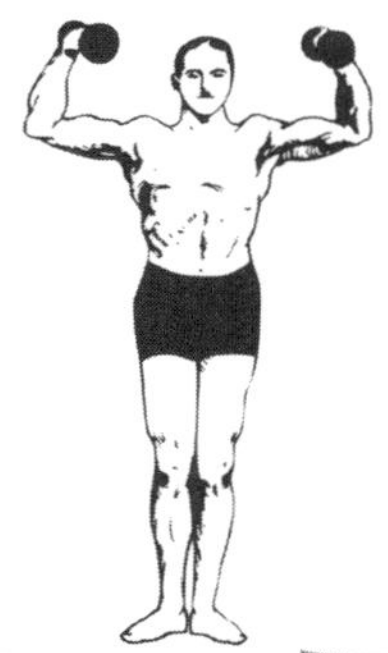

Le *Scrabble* a été mis au point en 1931 par un architecte de New York alors au chômage, Alfred Mosher Butts (1900-1993). Le jeu s'appelle d'abord *Lexico*, puis *Criss-Cross* et enfin *Criss-Crosswords*. Il prend le nom de *Scrabble* en décembre 1948. La version française a été mise en vente en 1955. Depuis, plus d'une centaine de millions de boîtes de *Scrabble* ont été vendues à travers le monde.

Queue de cheval

La coiffure qui consiste à rassembler des cheveux longs sur la nuque s'appelle un catogan. Cette mode a été lancée par William de Cadogan (1675-1726) – bien avec la lettre « d ». Chef d'un régiment de dragons pendant la guerre de la Succession d'Espagne, ce militaire britannique deviendra général sous le règne de George Ier d'Angleterre. Pourtant, aux XVIIe et XVIIIe siècles, les aristocrates portaient des perruques qui affichaient des formes et des longueurs très différentes selon la vogue du moment. Mais, vers 1750, à la cour de Louis XV, certains nobles adoptèrent la technique de William de Cadogan et attachèrent leur chevelure postiche en forme de petite queue de cheval. Le catogan venait de voir le jour.

Le cornet de glace apparaît en 1904, aux États-Unis, pendant la foire internationale de Saint-Louis (Missouri). Vendeur de glaces, Fornachou se retrouve à court d'assiettes en papier. Il utilise alors de grosses crêpes rondes et plates (sortes de gaufres) fabriquées par un boulanger syrien installé sur le stand voisin, crêpes qu'il roule en forme de cônes pour y placer sa crème glacée. Le cornet vient de naître.

Le carpaccio

Peintre italien de la première Renaissance vénitienne et grand maître de la perspective, Vittore Carpaccio (1460-1526) reste l'un des artistes les plus talentueux de sa génération. Il utilise notamment dans les décors de ses œuvres (tentures, habits, ambiances, étoffes) une teinte ressemblant à celle du sang.
Au début des années 1950, un restaurateur vénitien (probablement Guiseppe Cipriani) a l'idée de servir un plat composé de fines tranches de boeuf cru. Pour baptiser son plat, le mot « carpaccio » s'impose aussitôt à son esprit. D'autant qu'une rétrospective consacrée au peintre se déroule alors dans la Cité des Doges.
Plat composé de très fines tranches d'un aliment (à l'origine du filet de boeuf cru), le carpaccio entre dans le vocabulaire français vers 1980. Mais il est apparu trente ans plus tôt dans la langue italienne.

CHAQUE ANNÉE, LE COEUR BAT ENTRE 36 ET 40 MILLIONS DE FOIS (EN MOYENNE, SELON L'ÂGE ET L'ÉTAT DE SANTÉ DE L'INDIVIDU).

Dans la baie sablonneuse qui entoure le Mont Saint-Michel, la mer n'a jamais monté à la vitesse d'un cheval au galop. Pure légende!
Tout au plus atteint-elle les 5 km/h, le rythme de marche d'un humain.

Le frère aîné d'Al Capone, célèbre gangster américain d'origine italienne qui s'enrichit grâce à la prohibition, était policier dans le Nebraska. Al Capone (1899-1947) fut surnommé « Scarface » (« le Balafré ») en raison de la cicatrice qu'il portait sur une joue.

Le premier journal au monde voit le jour en 1605. Il paraît trois fois par mois et s'appelle les Nouvelles d'Anvers. Le premier quotidien au monde est allemand. Créé en 1660, il s'appelait le Leipziger Zeitung.

Un Suisse chez les Normands

Fromage frais onctueux non salé fabriqué à base de lait de vache et enrichi de crème de lait provenant du même animal, le petit-suisse se présente sous la forme d'un cylindre de 5 cm de haut et de 3 cm de diamètre. Il fut inventé en Normandie vers 1850 par un employé de nationalité suisse (d'où son nom) qui travaillait dans la ferme de Madame Hérould, à Villers-sur-Auchy (Oise), non loin de Gournay-en-Bray (Seine-Maritime).

Dès 1828, Étienne Pommel fabrique lui aussi des fromages frais enrichis de crème à Gournay-en-Bray. De forme cylindrique, il les vend déjà enveloppés dans une fine bande de papier paraffiné. Charles Gervais (1830-1892), fondateur des Fromageries Gervais (qui fusionneront avec Danone en 1967), développe la fabrication industrielle du petit-suisse à partir de 1852 en installant une usine à Ferrières-en-Bray, à quelques encablures de Villers-sur-Auchy. Il achètera également la fromagerie Pommel en 1938.

La Suisse possède une autre accointance avec la Normandie. Car la contrée aux contours mal définis qui se situe à cheval sur les départements du Calvados et de l'Orne s'appelle la Suisse normande. Celle-ci doit son nom à sa tradition fromagère et à son paysage vallonné qui culmine à 365 mètres, au mont Pinçon. Les principaux villages de ce territoire sont : Clécy, Condé-sur-Noireau, Pont-d'Ouilly, Putanges-Pont-Écrepin et Thury-Harcourt.

Vivre vieux

Selon de récentes statistiques (The World Factbook 2012), la plus forte espérance de vie dans le monde se situe à Monaco (largement plus de 89 ans). Viennent ensuite Macao (plus de 84 ans) et le Japon (presque 84 ans). Suivent Singapour, Saint-Marin, Andorre et Guernesey. La France arrive en 14e position (plus de 81 ans). Citons encore l'Italie (10e), l'Espagne (15e), l'Allemagne (28e), le Royaume-Uni (30e) et les États-Unis (50e, presque 79 ans).

En dernière position se trouve le Tchad (presque 49 ans). Et en toute fin de liste : la Guinée-Bissau, l'Afrique du Sud et le Swaziland (plus de 49 ans), un petit pays d'Afrique australe (17 363 km² et un peu plus de un million d'habitants) enclavé entre le Mozambique et l'Afrique du Sud. Mais pour devenir centenaire sans se préoccuper de son lieu de résidence, il suffit d'apprendre à parler deux autres langues ! En effet, une étude menée par l'Académie de neurologie des États-Unis a montré que la maîtrise de plusieurs langues protège contre le déclin intellectuel. Ainsi, les symptômes neurologiques associés à la maladie d'Alzheimer mettent davantage de temps à se déclarer chez les personnes bilingues, comparativement à celles qui ne parlent qu'une seule langue. Quant aux personnes trilingues, elles courent trois fois moins de risques de souffrir de problèmes cognitifs que les personnes bilingues.

Quand l'athlète noir américain Jesse Owens (1913-1980) remporte quatre médailles d'or (100 m, 200 m, saut en longueur et 4x100 m) aux jeux Olympiques de Berlin en 1936, il utilise des chaussures à pointes conçues par les frères Adolf et Rudolf Dassler, fondateurs dès 1924 de l'entreprise allemande Gebrüder Dassler OHG. En 1948, Adolf et Rudolf Dassler se séparent. Le second crée la marque Puma. Et Adolf (« Adi » pour les intimes) baptise sa société Adidas en assemblant les trois lettres de son surnom aux trois premières lettres de son patronyme.

Bière trappiste

L'ordre monastique catholique romain des cisterciens fut fondé en 1098 à Cîteaux (Côte-d'Or) par un groupe de moines bénédictins de l'abbaye de Molesme. Les premiers cisterciens souhaitaient revenir à la règle monastique définie par saint Benoît vers 540. Également appelés « moines blancs » en raison de la couleur des vêtements qu'ils portaient sous leur scapulaire noir, ils décidèrent alors d'adopter un strict ascétisme.

Au XIIe siècle, les cisterciens exercent une influence considérable au sein de l'Église catholique. À la fin du Moyen Âge, on recense plus de 700 abbayes cisterciennes à travers l'Europe. S'ensuit une période de déclin progressif, puis une phase de renouveau sous l'impulsion d'Armand Le Bouthillier de Rancé qui fonde le groupe de Notre-Dame-de-la-Trappe en 1664. Ces moines, les trappistes, fondent finalement un ordre distinct extrêmement austère, celui des cisterciens de stricte observance, qui se distingue de l'ordre d'origine, les cisterciens d'observance commune.

La vie quotidienne des trappistes est entièrement dédiée à la prière, à la lecture et au travail manuel, dans le respect absolu de la règle du silence perpétuel. Il reste une cinquantaine d'abbayes trappistes dans le monde et certaines brassent une bière trappiste produite dans le respect des critères définis par une association privée, l'Association trappiste internationale. Les bières qui respectent cette charte obtiennent le logo Authentic trappist product, *une distinction figurant en bonne place sur la bouteille. Seules sept bières arborent actuellement ce logo : six belges et une néerlandaise.*

La première alarme électrique fut installée à Boston en 1858 dans la maison d'un certain Edwin T. Holmes.

Prix Nobel de la paix en 2002, Jimmy Carter (président des États-Unis de 1977 à 1981) lisait à la vitesse exceptionnelle de 2 000 mots par minute (en comprenant bien sûr le contenu du texte). La vitesse moyenne de lecture tourne autour de 280 mots à la minute.

Une poignée de sable sec et fin contient une vingtaine de millions de grains. Évidemment, tout dépend de la grandeur de la main et de la structure du quartz siliceux. En effet, les grains peuvent mesurer entre 2 millièmes de millimètre et plus de 1 millimètre.

Chaque année, la rage touche de 40 000 à 70 000 personnes dans le monde, surtout en Afrique et en Asie. En juillet 1885, Louis Pasteur (1822-1895) pratiqua avec succès le premier vaccin antirabique sur un humain, le jeune Joseph Meister, alors âgé de neuf ans.

Les non-fumeurs rêvent davantage que les fumeurs.

Talons hauts

La mode des talons hauts a été lancée par les hommes au XVIIe siècle. Juchée sur des talons d'une dizaine de centimètres, l'aristocratie de l'époque domine ainsi le dessus du panier et, plus sérieusement, évite de marcher dans les détritus d'un pavé passablement crasseux.

De petite taille, Louis XIV (1638-1715) se mit à porter des talons de couleur rouge, imitant ainsi la mode anglaise. Tous les courtisans emboîtent alors le pas du Roi-Soleil. Et le talon rouge devient aussitôt un signe distinctif de la noblesse. Si les hommes abandonnent progressivement les talons hauts, les femmes, elles, l'adoptent définitivement.

Au XVIIe siècle, les hommes portent donc des souliers à talons hauts et à grandes languettes, ornés d'un nœud sur le cou-de-pied. Une large boucle supplante le nœud au XVIIIe siècle. Les femmes portent des talons très hauts pendant les règnes de Louis XV et de Louis XVI. Puis la Révolution met à la mode les talons plats et les impose jusqu'à la Restauration.

PQ...

Chaque Européen utilise environ 15 kg de papier toilette par an. En France, le papier toilette (ou papier hygiénique, également connu sous la forme argotique contractée « PQ ») date des débuts du XXe siècle. Son utilisation ne s'est concrètement répandue que dans les années 1960.

Le premier papier toilette industriel a été fabriqué à New York (États-Unis) en 1857 par Joseph Gayetty. D'abord connue sous le nom de « papier thérapeutique », son invention fut commercialisée en paquets de 500 feuilles qui chacune portait imprimé le nom de Gayetty. Puis la Scott Paper Company fabriqua les premiers rouleaux de papier toilette en 1890. Une trentaine d'années plus tard, cette société devenait le leader mondial du créneau.

Le papier toilette apparaît pour la première fois dans un texte chinois du VIe siècle. Et, dès la fin du XIVe siècle, le Bureau des fournitures impériales de la dynastie Ming (1368-1644) procure chaque année près d'un million de feuilles de papier pour l'usage de l'empereur et de sa cour.

Avant l'invention du PQ, les Romains utilisaient des éponges, les Vikings de la laine de mouton, les Esquimaux de la mousse de la toundra, le roi de France de la dentelle, Madame de Maintenon de la laine mérinos, le cardinal de Retz du chanvre et les paysans de l'herbe, du foin ou de la paille, voire des cailloux !

Les botanistes classent la tomate parmi les fruits, même si elle se consomme comme un légume, en soupe, en sauce ou en salade. Cultivée dès le XIIe siècle dans la région des hauts plateaux andins (l'actuel Pérou), la tomate (de la famille des solanacées) arrive en Europe au XVIe siècle dans les bateaux des marins espagnols qui rentrent de leurs conquêtes en Amérique du Sud.

LE PREMIER PACEMAKER EXTERNE FUT POSÉ EN 1952 ET SA VERSION INTERNE EN 1958.

Quand nous éternuons, la vitesse de pointe des postillons expulsés par la pression subitement libérée atteint un peu plus de 200 km/h.

En janvier 1886, l'Allemand Carl Benz (1844-1929) dépose le brevet du premier moteur quatre temps à essence.
En 1889, avec l'aide de ses associés (Gottlieb Daimler et Wilhelm Maybach), Benz équipe un véhicule à trois roues de son invention. La première voiture moderne à essence vient de voir le jour.

Pissotières publiques

Placée sur le trottoir pour abriter un urinoir public, la rambuteau apparaît dans Paris en 1834. Il s'agit de petits édicules collectifs de couleur vert sombre aux formes diverses et variées, mais toujours équipés de cloisons allant du sol à hauteur d'épaule, pour préserver l'intimité des utilisateurs.
La rambuteau tient son nom de Claude Philibert Berthelot (1781-1869), comte de Rambuteau, préfet de la Seine de 1833 à 1848, qui eut l'idée de créer ces urinoirs publics qui portèrent un temps son patronyme. En 1981, urinoirs, pissotières et vespasiennes laissèrent place aux Sanisettes (Sanisette étant une marque commerciale déposée).

Un observateur situé sur la Lune ne peut absolument pas admirer la Grande Muraille de Chine, comme le prétend pourtant une rumeur tenace.
En effet, cela reviendrait à dire que l'œil humain serait capable de distinguer un crayon d'un centimètre d'épaisseur placé à une distance de près de quatre cents kilomètres.
Démonstration. Distance moyenne entre la Terre et la Lune : 384 400 km.
Largeur de la Grande Muraille de Chine : pas plus de 10 mètres.
Divisez les nombres par mille.
La distance devient 384 kilomètres.
Et la largeur, un centimètre.

Le cerveau humain perd environ 320 grammes tout au long de la durée de vie moyenne d'un individu. Si, à l'origine, il possède cent milliards de neurones (des cellules cérébrales qui ne se reproduisent pas), il en abandonne 10000 par jour dès l'âge de vingt ans, puis 50000 par jour passé l'âge de quarante ans.

En grève !

Si le mot « grève » désigne une bande de terrain plat recouverte de gravier ou de sable et située en bord de mer ou de rivière, ce terme a aussi une autre signification : le fait d'arrêter le travail de façon concertée dans le but d'appuyer des revendications.
À Paris, la place de Grève (rebaptisée place de l'Hôtel-de-Ville en 1806) descendait en pente douce jusqu'à la Seine. Au XVIIIe siècle, les ouvriers sans travail s'y réunissaient en attendant d'être embauchés. À l'époque, l'expression « être en grève » signifiait donc, fort logiquement, ne pas avoir d'emploi. Sous l'Ancien Régime, la place servait aussi de lieu pour les exécutions publiques.
À partir de 1850, la formule désigne la cessation volontaire et collective du travail décidée et organisée par les salariés. L'objectif est alors de faire valoir auprès de l'employeur les revendications en matière d'emploi, de salaires et de conditions de travail.

Liste non exhaustive de personnalités ayant donné leur nom à un aéroport :
John Wayne (Santa Ana),
John F. Kennedy (New York),
Charles de Gaulle (Paris),
David Ben Gourion (Tel-Aviv),
Léonard de Vinci (Rome),
Pierre Trudeau (Montréal),
Antoine de Saint-Exupéry (Lyon),
Pablo Picasso (Malaga),
Konrad Adenauer (Cologne),
Louis Armstrong (New Orleans),
Indira Gandhi (New Delhi).

Le légendaire coureur automobile argentin Juan Manuel Fangio (1911-1995), cinq fois champion du monde de Formule 1 (1951, puis de 1954 à 1957), n'avait pas de permis de conduire ! Il le passa et l'obtint en 1961. Quant à Henry Ford (1863-1947), l'industriel américain fondateur de la Ford Motor Company (1903) et inventeur de la célèbre Ford modèle T (la première voiture produite en série et vendue à 15 millions d'exemplaires), il ne l'a jamais eu.

Le café fut découvert autour de l'an 850 *sur les plateaux de l'actuel Yémen (au sud de la péninsule arabique) par un berger nommé Kaldi. Il avait remarqué que son troupeau de chèvres se trouvait dans un curieux état d'excitation après avoir ingurgité les baies rouges d'un anodin arbuste. D'abord consommée sous forme d'infusion à base de feuilles et de baies fraîches, la boisson fut ensuite préparée avec des graines séchées.*

Les péripatéticiens

Fils d'un médecin à la cour royale, Aristote (384-322 av. J.-C.) se rend à Athènes dès l'âge de dix-sept ans pour suivre l'enseignement de Platon (428-347 av. J.-C.) en son Académie, un lieu considéré comme la première école de philosophie. Aristote sera l'un de ses plus brillants disciples. Et, en 343 avant J.-C., Philippe de Macédoine le nomme précepteur de son fils, le futur Alexandre le Grand.

Trois ans plus tard, Aristote rentre à Athènes et fonde sa propre école, rivale de l'Académie : le Lycée. Là, élèves et disciples avaient pour habitude de se promener (peripatein) *en donnant leurs leçons. Ils marchaient donc sur le promenoir* (peripatos) *du Lycée. Aussi maîtres et disciples reçurent-ils le nom de « péripatéticiens » (« ceux qui se promènent »). Il s'agit en fait des partisans de la doctrine d'Aristote. D'aucuns les appellent également des « aristotéliciens ».*

Les péripatéticiens vont surtout s'intéresser à l'étude de la nature et à la diffusion des théories éthiques d'Aristote. Beaucoup se sont aussi consacrés à l'adaptation et à l'explication de ses écrits. Les philosophes péripatéticiens les plus prestigieux sont : Théophraste de Lesbos, Straton de Lampsaque et Andronicos de Rhodes.

Au XIIIe siècle, l'Occident latin redécouvre l'œuvre d'Aristote. Et saint Thomas d'Aquin y trouve même le fondement philosophique de la pensée chrétienne.

Quant à la péripatéticienne, elle n'a pas grand-chose à voir avec Aristote… Hormis la notion de flânerie lorsqu'elle accoste de potentiels clients en se promenant !

Degré zéro

Fondé en 1675 par le roi Charles II d'Angleterre, l'Observatoire royal de Greenwich se trouve dans le sud-ouest de Londres. Ce site fut arbitrairement choisi en 1884 comme le degré zéro de longitude. L'observatoire a ensuite déménagé vers le château d'Herstmonceux (Sussex), puis à l'université de Cambridge.

Le méridien de Greenwich est une ligne imaginaire formant la moitié d'un grand cercle et reliant les pôles Nord et Sud, qui passe par le centre du cercle méridien de l'ancien Observatoire royal de Greenwich.

Les méridiens correspondent ainsi aux lignes de longitude. L'utilisation conjointe des latitudes et longitudes permet de localiser des points sur le globe au moyen des coordonnées sphériques.

Le méridien de Greenwich a acquis l'appellation de « méridien d'origine » dans la mesure où un accord international institua qu'il servirait d'origine (à compter du 1er janvier 1885) pour mesurer la longitude. Il sera aussi utilisé comme ligne de base pour déterminer les zones horaires standards dans le monde, telles qu'elles sont représentées par les fuseaux. Auparavant, il existait plusieurs méridiens d'origine selon les pays.

Après le blé, le maïs et le riz, la pomme de terre est le quatrième aliment le plus consommé à travers le monde. La production annuelle de patates couvrirait une autoroute à quatre voies qui ferait six fois le tour de la Terre.

Certaines études semblent montrer que les gauchers disposent d'une espérance de vie plus courte que les droitiers. En moyenne, ils vivraient neuf ans de moins !

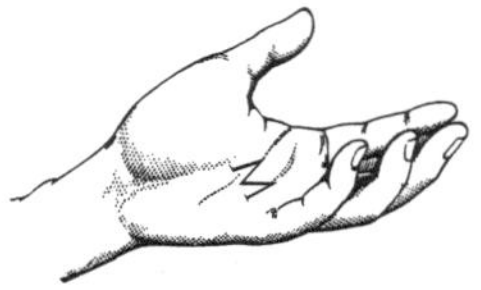

La première édition des 24 heures du Mans accueillit 33 équipages les 26 et 27 mai 1923. Désormais, cette course d'endurance a lieu chaque année en juin.

La radioactivité désigne la capacité que certains éléments ont de se transformer spontanément en un autre élément par désintégration du noyau atomique. Les noms de Pierre (1859-1906) et Marie (1867-1934) Curie restent attachés à la découverte de la radioactivité. Née Sklodowska, à Varsovie, Marie est la première femme à obtenir le prix Nobel. Elle le décroche à deux reprises : Nobel de physique (1903), un prix qu'elle partage avec son mari et Henri Becquerel (1852-1908), et Nobel de chimie (1911).

Chaque jour, le métro de Moscou transporte plus de 7 millions de personnes, soit environ 2,6 milliards de passagers par an. Cette fréquentation (la plus forte à travers le monde) dépasse celle des métros de New York et de Londres réunis. Le réseau s'étend sur près de 280 km de voies et dispose de 172 stations réparties sur 12 lignes. La première fut inaugurée en mai 1935.

Le Français Lucien Laurent fut le premier joueur à marquer un but en Coupe du monde de football, le 13 juillet 1930, à la 19e minute du match France-Mexique. Ce jour-là, la France l'a emporté 4 buts à 1.

EN MOYENNE, LA BARBE POUSSE D'UNE DOUZAINE DE CENTIMÈTRES CHAQUE ANNÉE.

Chaud devant !

Pour faire face au réchauffement de la planète, les plantes migrent vers de plus hautes altitudes à raison d'environ 30 mètres par décennie. Des botanistes ont étudié le peuplement végétal des massifs montagneux français en consultant des milliers d'inventaires floristiques établis entre 1905 et 2005. Sur un siècle, ils ont suivi 171 espèces (115 herbacées et 66 arbres ou arbustes). Au cours de cette période, la température moyenne a augmenté d'environ 0,6 °C. En réponse à ce phénomène, la plupart des 171 espèces étudiées ont pris de la hauteur pour chercher un peu de fraîcheur.

Trot, galop, obstacles…

Les profanes en la matière ignorent souvent que les hippodromes de Longchamp, Auteuil et Vincennes possèdent chacun leur spécialité.
Construit en 1857, Longchamp accueille les courses de galop et notamment le prestigieux prix de l'Arc de triomphe, créé en 1920.
L'hippodrome d'Auteuil (construit en 1863) reste, lui, la référence dans le domaine des courses d'obstacles (haies, steeple-chase).
Quant à l'hippodrome de Vincennes, inauguré en 1863, il est dédié depuis 1880 aux courses de trot attelé ou monté et organise notamment le célèbre prix d'Amérique (créé en 1920). Les obstacles disparaissent de Vincennes en 1934.

Le Tour de France cycliste fut créé en 1903 par Henri Desgrange (1865-1940). Maurice Garin remporta cette première édition de la « grande boucle » alors composée de seulement six étapes. Le maillot jaune, qui sert à identifier le leader du classement général, fut instauré le 19 juillet 1919, au départ de la onzième étape, à Grenoble. Donc, en plein milieu de l'épreuve ! Eugène Christophe fut le premier coureur de l'Histoire du Tour à l'endosser.

Le blazer, veste bon chic bon genre du plus parfait classicisme, fut mis au goût du jour par le commandant d'un bateau britannique, le *Blazer*, au milieu du XIXe siècle. Celui-ci exigea que son équipage déguenillé porte une veste de serge bleue (un tissu sec de laine serrée) à boutons ornés d'une ancre de marine. D'autres sources évoquent la veste rouge portée par les membres de l'équipe d'aviron du St. John's College de Cambridge. Ce costume si étincelant semblait en flammes (*ablaze* en anglais). Et les vestes *ablaze* auraient ainsi donné naissance au mot « blazer »…

Un café dit « décaféiné » contient de la caféine : entre 2 à 3,5 mg par tasse. Une tasse de « vrai » café affiche en moyenne 40 mg de caféine.

Chaussure à son pied

Les premières chaussures datent du néolithique (six à sept mille ans avant notre ère). Les peuples d'Europe du Nord et d'Asie attachaient alors des peaux d'animaux autour de leurs chevilles.

L'usage de la sandale s'est ensuite répandu dans les pays chauds. On voit d'ailleurs sur les peintures murales égyptiennes des sandales en lanières de cuir et aux semelles plates (papyrus ou cuir). Les femmes grecques portent des chaussures souples et montantes. Les bottes ne sont généralement utilisées que pour la guerre ou la chasse. Pour leur part, les chaussures des Romains sont des sandales légères (soleae), des chaussures souples en cuir arrivant à la cheville (calcei) et des bottes ouvertes sur l'avant, lacées, arrivant au mollet.

Au Moyen Âge, les paysans enroulent souvent des peaux autour de leurs pieds ou de leurs sabots. En ville, on porte des semelles de cuir rigide associées à des chausses en tissu souple.

Au XIIe siècle, les échanges avec l'Orient, nés à la suite des croisades, introduisent les chaussures pour hommes à bouts pointus, portées avec des chausses serrées en soie, en velours ou en cuir souple. Ces souliers se dotent de pointes qui peuvent atteindre jusqu'à 50 centimètres de long ! La longueur des pointes est alors directement proportionnelle au rang et à la richesse de celui qui les porte.

La croissance des ongles des mains est largement supérieure à celle des ongles des pieds. Si les premiers grandissent d'environ quatre centimètres par an, les seconds poussent trois fois moins vite. Dans les deux cas, les ongles affichent une épaisseur moyenne de 0,6 millimètre.

AVANT LE XIXe SIÈCLE, RIEN NE DISTINGUAIT LES CHAUSSURES DESTINÉES AU PIED DROIT OU AU PIED GAUCHE.

Le mot « Jeep » vien de la GP Ford, u véhicule tout terrain quatre roues motrice commandé par l'armée américaine ver la fin de l'année 1940. Les lettres G e P représentent les initiales de Genera Purpose (sous-entendu vehicle), ce qu se traduit par « véhicule à utilisatio multiple ». En américain, les lettres G se prononcent « Ji Pi ». En raccourc « Jip ». Une contraction qui donner ensuite « Jeep »

Les eucaryotes, ces organismes qui disposent d'un matériel génétique organisé en chromosomes, sont apparus il y a environ 1,5 milliard d'années. Algues et champignons, eux, se sont développés il y a quelque 700 millions d'années.

Entre la naissance et l'âge adulte, le cœur multiplie sa taille par 17 et la tête double de volume.

Le son et l'image

L'énorme décharge électrique qui se produit entre deux nuages (ou entre un nuage et la terre) se caractérise par un éclair suivi d'un rugissant coup de tonnerre. L'éclair décrit dans le ciel un arc brillant, parfois long de plusieurs kilomètres, qui s'étend entre les points de la décharge. La décharge électrique qui produit l'éclair émet une vague sonore : le tonnerre. Car, sur la trajectoire de ce puissant arc électrique, l'air se réchauffe pour atteindre plusieurs milliers de degrés Celsius en une fraction de seconde. L'air se dilate brusquement sur le passage de la foudre et le tonnerre correspond au bruit que provoque cette gigantesque et brutale dilatation.

Dans cet échange soudain d'électricité entre le sol et un nuage (ou entre deux nuages), la foudre et le tonnerre restent intimement liés et se déclenchent en même temps. Mais le bruit se fait entendre après l'éclair dans la mesure où la lumière se déplace beaucoup plus vite que le son. Nous voyons l'image de la foudre (l'éclair) qui voyage à la vitesse de la lumière : 300 000 kilomètres par seconde. Quant au bruit (le tonnerre), il correspond à une onde sonore produite par les vibrations qui bousculent les molécules d'air. Et la vitesse de propagation du son n'atteint que 340 mètres par seconde. En conséquence, si une seule seconde sépare la vue d'un éclair et le coup de tonnerre, cela signifie que le point d'impact de la foudre se situe à 340 mètres de l'observateur. Mais si vous avez le temps de compter jusqu'à dix, vous êtes à plus de trois kilomètres.

Champions du monde !

La Coupe du monde de football a vu le jour en 1928 par la volonté de Jules Rimet, alors président de la FIFA. Cette compétition internationale se déroule tous les quatre ans et se déroule en deux phases (préliminaire, puis finale). Avec les jeux Olympiques, c'est l'évènement sportif le plus regardé au monde. Depuis sa première édition en 1930, seules huit nations ont remporté le fameux trophée. Ainsi du Brésil qui a gagné à cinq reprises la Coupe du monde !

Coupe du monde 1930

Elle a lieu en **Uruguay** du 13 au 30 juillet. En finale, l'Uruguay bat l'Argentine 4-2.
Meilleur buteur de la compétition : Guillermo Stabile (Argentine), avec 8 buts.

Coupe du monde 1934

Elle a lieu en **Italie** du 27 mai au 10 juin. En finale, l'Italie bat la Tchécoslovaquie 2-1 (a.p.).
Meilleurs buteurs de la compétition : Oldrich Nejedly (Tchécoslovaquie), Edmund Conen (Allemagne) et Angelo Schiavio (Italie), avec 4 buts.

Coupe du monde 1938

Elle a lieu en **France** du 4 au 19 juin. En finale, l'Italie bat la Hongrie 4-2.
Meilleur buteur de la compétition : Leônidas da Silva (Brésil), avec 8 buts.

Coupe du monde 1950

Elle a lieu au **Brésil** du 24 juin au 16 juillet. Pour la seule fois de son histoire, la Coupe du monde se déroule intégralement sous la forme de groupes. Il y a au début quatre poules composées chacune de quatre équipes. Seul le premier des quatre groupes est qualifié pour la phase finale qui fonctionne comme un mini-championnat. La Suède, l'Espagne, l'Uruguay et le Brésil se qualifient.
En finale, l'Uruguay l'emporte (5 points) devant le Brésil (4 points), la Suède (2 points) et l'Espagne (1 point). L'Uruguay remporte le dernier match face au Brésil 2-1.

Meilleur buteur de la compétition : Ademir Marques de Menezes (Brésil), avec 9 buts.

Coupe du monde 1954

Elle a lieu en **Suisse** du 16 juin au 4 juillet. En finale, la RFA bat la Hongrie 3-2.
Meilleur buteur de la compétition : Sandor Kocsis (Hongrie), avec 11 buts.

Coupe du monde 1958

Elle a lieu en **Suède** du 8 au 29 juin. En finale, le Brésil bat la Suède 5-2.
Meilleur buteur de la compétition : Just Fontaine (France), avec 13 buts.

Coupe du monde 1962

Elle a lieu au **Chili** du 30 mai au 17 juin. En finale, le Brésil bat la Tchécoslovaquie 3-1.
Meilleur buteur de la compétition : Drazan Jerkovic (Yougoslavie), avec 5 buts.

Coupe du monde 1966

Elle a lieu en **Angleterre** du 11 au 30 juillet. En finale, l'Angleterre bat la RFA 4-2 (a. p.).
Meilleur buteur de la compétition : Eusebio (Portugal), avec 9 buts.

Coupe du monde 1970

Elle a lieu au **Mexique** du 31 mai au 21 juin. En finale, le Brésil bat l'Italie 4-1.
Meilleur buteur de la compétition : Gerd Müller (RFA), avec 10 buts.

Coupe du monde 1974

Elle a lieu en **RFA** du 13 juin au 7 juillet. En finale, la RFA bat les Pays-Bas 2-1.
Meilleur buteur de la compétition : Grzegorz Lato (Pologne), avec 7 buts.

Coupe du monde 1978

Elle a lieu en **Argentine** du 1er au 25 juin. En finale, l'Argentine bat les Pays-Bas 3-1 (a. p.).
Meilleur buteur de la compétition : Mario Kempes (Argentine), avec 6 buts.

Coupe du monde 1982

Elle a lieu en **Espagne** du 14 juin au 11 juillet. En finale, l'Italie bat la RFA 3-1.
Meilleur buteur de la compétition : Paoli Rossi (Italie), avec 6 buts.

Coupe du monde 1986

Elle a lieu au **Mexique** du 31 mai au 29 juin. En finale, l'Argentine bat la RFA 3-2 (a.p.).
Meilleur buteur de la compétition : Gary Lineker (Angleterre), avec 6 buts.

Coupe du monde 1990

Elle a lieu en **Italie** du 9 juin au 8 juillet. En finale, la RFA bat l'Argentine 1-0.

Meilleur buteur de la compétition : Salvatore Schillaci (Italie), avec 6 buts.

COUPE DU MONDE 1994

Elle a lieu aux **États-Unis** du 17 juin au 17 juillet. En finale, le Brésil bat l'Italie 0-0 (a. p.) avec 3 tirs au but à 2.
Meilleurs buteurs de la compétition : Oleg Salenko (Russie) et Hristo Stoitchkov (Bulgarie), avec 6 buts.

COUPE DU MONDE 1998

Elle a lieu en **France** du 10 juin au 12 juillet. En finale, la France bat le Brésil 3-0.
Meilleur buteur de la compétition : Davor Suker (Croatie), avec 6 buts.

COUPE DU MONDE 2002

Elle a lieu en **Corée du Sud** et au **Japon** du 31 mai au 30 juin. En finale, le Brésil bat l'Allemagne 2-0.
Meilleur buteur de la compétition : Ronaldo (Brésil), avec 8 buts.

COUPE DU MONDE 2006

Elle a lieu en **Allemagne** du 9 juin au 9 juillet. En finale, l'Italie bat la France 1-1 (a. p.) avec 5 tirs au but à 3.
Meilleur buteur de la compétition : Miroslav Klose (Allemagne), avec 5 buts.

(a. p. signifie : après prolongation)

COUPE DU MONDE 2010

Elle a lieu en **Afrique du Sud** du 11 juin au 11 juillet. En finale, l'Espagne bat les Pays-Bas 1-0 (a. p.).
Meilleurs buteurs de la compétition : Diego Forlán (Uruguay), Thomas Müller (Allemagne), Wesley Sneijder (Pays-Bas), David Villa (Espagne) avec 5 buts.

COUPE DU MONDE 2014

Elle aura lieu au **Brésil** du 12 juin au 13 juillet. Ce sera la 20e édition de la Coupe du monde de football.

Ensuite, à vous de compléter !

...

...

...

Le zeppelin

Le zeppelin est un dirigeable constitué d'une structure rigide qui se présente sous la forme d'un gigantesque cigare. Équipé de systèmes de propulsion et de direction, il est aussi muni de nacelles pouvant transporter équipage, passagers et marchandises. Le comte et général allemand Ferdinand von Zeppelin (1838-1917) se consacre à la conception et à la fabrication de dirigeables dès 1894. Le premier service commercial ouvert aux passagers date de 1909. Long de 245 mètres, l'Hindenburg fut l'un des plus grands dirigeables jamais construits. Rempli d'hydrogène, il effectuait sa dixième traversée de l'Atlantique lorsqu'il explosa à Lakehurst (New Jersey), le 6 mai 1937. Accident qui porta un coup d'arrêt à ce type de moyen de transport.

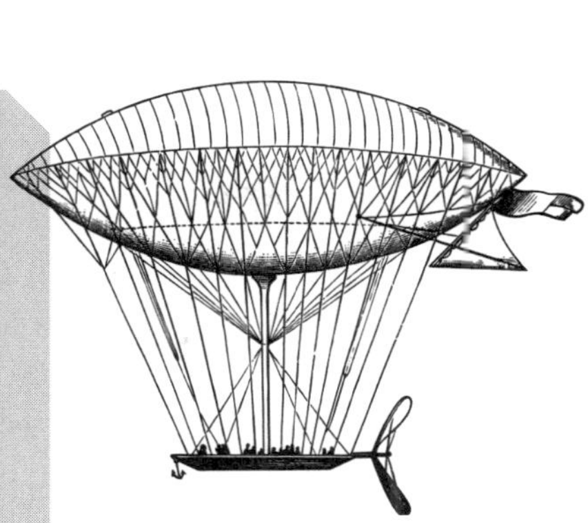

Les patronymes les plus courants dans un certain nombre de pays sont :
Martin (France),
Rossi (Italie),
Lopez (Espagne),
Da Silva (Portugal),
Smith (Grande-Bretagne, États-Unis et Australie),
Chang (Chine),
Jensen (Danemark)
Hansen (Norvège),
Tremblay (Québec).

La balle de golf telle que nous la connaissons aujourd'hui (une sphère couverte d'une juxtaposition de petites alvéoles) fut brevetée en 1908 par un certain Taylor. Les premiers golfeurs utilisaient des balles lisses. Certains joueurs avaient remarqué que les balles déjà utilisées (celles qui possèdent de multiples petits chocs dus aux coups de clubs) allaient plus loin que les balles neuves. Taylor conçut donc des balles pourvues de petites anfractuosités. En limitant la création de tourbillons intempestifs à l'arrière de la balle, les alvéoles permettent un jet plus long et plus précis.

Le projet d'organiser une Coupe du monde de football fut officiellement entériné le 28 mai 1928 par la FIFA (Fédération internationale de football association). L'idée en revient au Français Jules Rimet (1873-1956). Élu en 1921, il restera président de la FIFA pendant trente-trois ans. Entre 1930 et 1970, la compétition s'appelait « coupe Jules Rimet ». À la suite de sa troisième victoire en 1970, le Brésil reçut définitivement la coupe (une sculpture de l'artiste français Abel Lafleur). Depuis 1974, le trophée a pris le nom de FIFA World Cup.

L'Angola souffre de la plus forte mortalité infantile *(182,31 décès pour 1 000 naissances). Viennent ensuite la Sierra Leone (156,48) et l'Afghanistan (154,67). Figurent en fin de liste le Japon (2,8 décès pour 1 000 naissances), la Suède (2,75) et Singapour (2,3). La France enregistre un taux de mortalité infantile de 3,36.*

En France, pour obtenir la pointure de ses chaussures, il faut multiplier la longueur du pied (mesurée en centimètres) par 1,5. Ainsi, un pied qui mesure 26 cm chausse donc la pointure 39 (26 x 1,5 = 39).

LE 13 JANVIER 2002, GEORGE W. BUSH FUT VICTIME D'UN SÉRIEUX MALAISE EN S'ÉTOUFFANT AVEC UN BRETZEL TANDIS QU'IL REGARDAIT UN MATCH DE FOOTBALL AMÉRICAIN À LA TÉLÉVISION.

Le plus connu des carrés magiques se compose des neuf premiers chiffres (sans le zéro). Le total de chaque ligne du carré (horizontale, verticale et diagonale) est égal à quinze.

4	9	2
3	5	7
8	1	6

Compétition d'athlétisme masculine, le décathlon se compose de dix épreuves programmées sur deux jours : 100 m, saut en longueur, lancer du poids, saut en hauteur, 400 m, 110 m haies, lancer du disque, saut à la perche, lancer du javelot, 1500 m. Le décathlon entra pour la première fois aux jeux Olympiques de Saint-Louis, aux États-Unis, en 1904. Les athlètes féminines participent pour leur part à l'heptathlon, une discipline composée de sept épreuves : 100 m haies, saut en longueur, saut en hauteur, 200 m, lancer du poids, lancer du javelot, 800 m.

Les sept couleurs de l'arc-en-ciel sont : le rouge, l'orange, le jaune, le vert, le bleu, l'indigo et le violet. En projetant un faisceau de lumière solaire sur un prisme de verre, on obtient un spectre de la lumière blanche. Autrement dit, le prisme décompose la lumière en sept bandes colorées visibles par l'œil humain. Dans certaines conditions (comme la pluie), des gouttelettes d'eau jouent le rôle de prisme naturel et décomposent la lumière blanche du Soleil en un arc-en-ciel de sept couleurs.

Le calendrier julien

Le calendrier julien entre en vigueur en 45 avant J.-C. Il se fonde alors sur les calculs parfaitement justes de l'astronome grec Sogisène d'Alexandrie qui estime que l'année solaire dure 365 jours un quart. Il bâtit donc un calendrier de 365 jours composé d'un nombre fixe de douze mois et y ajoute un jour tous les quatre ans. Il vient d'inventer l'année bissextile.

Au XVIe *siècle, le pape Grégoire XIII désigne un comité d'astronomes pour réformer le calendrier julien qui accuse un retard de dix jours sur l'année solaire. Dans le calendrier grégorien, les années bissextiles sont divisibles par quatre. Pour leur part, les années séculaires (multiples de 100) deviennent bissextiles quand elles sont divisibles par 400. Ainsi, 1700, 1800 et 1900 n'ont pas connu de 29 février. En revanche, 1600 et l'an 2000 furent des années bissextiles, puisque divisibles par 400.*

Fils d'un marchand forain savoyard, Gaspard Monge, comte de Péluse (1746-1818), a créé l'École polytechnique en 1794. Il a enseigné la physique dès l'âge de seize ans et laissera de remarquables travaux de mathématiques et de géométrie. Monge sera également l'un des principaux artisans de la création de l'École normale supérieure. Ses cendres furent transférées au Panthéon en décembre 1989.

Sir Robert Baden-Powell crée le mouvement des boy-scouts en 1908. Ce général britannique (1857-1941) s'est inspiré de son expérience militaire pour élaborer les structures de l'organisation conçue pour procurer un cadre moral et sportif à la jeunesse. Le Chili (1909), puis les États-Unis, la France et les pays scandinaves (1910) lui emboîteront le pas.

L'air qui nous entoure *pèse 1 033 grammes par centimètre carré. Autrement dit, chaque centimètre de notre corps supporte plus de 1 kilogramme. Il s'agit de la pression atmosphérique, qui se mesure en pascal ou en bar, et qui diminue avec l'altitude (1 bar vaut 1 013,25 hectopascals). Nous ne ressentons pas cette pression dans la mesure où elle est identique à l'intérieur et à l'extérieur de notre corps. Il existe également des zones de haute pression (anticyclones) et de basse pression (dépressions) qui génèrent la formation des vents.*

Il y a 1,4 million de kilomètres de voies de chemin de fer à travers le monde, dont 227 000 aux États-Unis, 49 000 en Allemagne et 30 000 en France.

Chef spirituel indien partisan de la non-violence, Mohandas Karamchand Gandhi (1869-1948) a joué un rôle déterminant dans la lutte pour l'indépendance de l'Inde, qui sera effective en 1947.

Les Sept Merveilles du monde

Connue sous le nom de pyramide de Gizeh, la pyramide de Kheops reste la seule des Sept Merveilles du monde que l'on peut encore admirer. Ces monuments du monde antique se situaient en Grèce, au nord de l'Afrique et en Asie mineure et furent édifiés entre 2800 et 280 avant J.-C.

1. La grande pyramide de Kheops *(près du Caire, en Égypte), 2800 avant J.-C. Tombeau du pharaon Kheops.*

2. Les jardins suspendus de Babylone *(à une centaine de kilomètres au sud-est de l'actuelle Bagdad, en Irak), 600 avant J.-C. Voulus par Nabuchodonosor II en hommage à son épouse Sémiramis.*

3. La statue de Zeus *(côte ouest de la Grèce, Olympie), 435 avant J.-C. Statue de douze mètres en ivoire (cheveux, barbe et vêtements en or). Trône en ébène et ivoire. Elle fut détruite dans un incendie en 462.*

4. Le temple d'Artémis *(à Éphèse, aujourd'hui Selcuk, 50 kilomètres au sud de l'actuelle Izmir, en Turquie), 550 avant J.-C. Détruit et reconstruit plusieurs fois, il disparut définitivement dans un incendie en 356 avant J.-C.*

5. Le mausolée d'Halicarnasse *(une ville située au sud-ouest de l'actuelle Turquie). Édifié pour servir de tombeau au roi Mausole, mort en 350 avant J.-C., il fut détruit par un séisme au XIVe siècle.*

6. Le colosse de Rhodes *(île grecque de la Méditerranée), statue en bronze sculptée entre 303 et 292 avant J.-C. Partiellement détruite en 225 avant J.-C. (tremblement de terre), elle fut ensuite saisie pour ses treize tonnes de bronze par une expédition arabe.*

7. Le phare d'Alexandrie, *vers 280 avant J.-C. (à la pointe de l'île de Pharos, face à la ville d'Alexandrie, en Égypte). Détruit par un tremblement de terre au XIVe siècle.*

La première banque privée de type moderne fut créée à Sienne (Toscane) en 1193 par la famille des Piccolomini. Le mot « banque » vient de l'italien *banco* désignant tout simplement le banc sur lequel s'asseyaient les changeurs. « Banc rompu » a donné « banqueroute » (faillite). Deux membres de la famille Piccolomini devinrent papes : Enea Silvio (1405-1464) et Francesco (1439-1503), respectivement sous les noms de Pius II et Pius III.

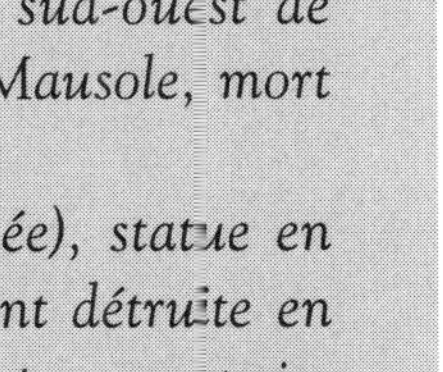

La quantité de téléphones portables utilisés dans le monde s'élevait à plus de 6 milliards d'unités en 2011. Dont 1,1 milliard en Chine, 290 millions aux États-Unis, 108 millions en Allemagne et 60 millions en France (selon les dernières estimations officielles connues à ce jour).

LA POMME DE TERRE, QUI CONTIENT ENVIRON 80 % D'EAU, SE CULTIVE DANS 125 PAYS À TRAVERS LE MONDE. LA CHINE EN EST LE PLUS GRAND PRODUCTEUR.

Les phases de la vie sont ainsi répertoriées :

- les huit premières semaines intra-utérines : embryon ;
- de la huitième semaine à la naissance : fœtus ;
- de la naissance à un mois : nouveau-né ;
- de un mois à un an : nourrisson ;
- de un an à 12/13 ans : enfant ;
- de 12/13 ans à 16/17 ans : adolescent ;
- de 16/17 ans à la mort : adulte.

On ne compte que 1 % de chômeurs en Islande ou dans l'île de Guernesey, mais 90 % dans l'île de Nauru, la plus petite république indépendante au monde. Nauru se situe en Micronésie, dans l'océan Pacifique Sud, à une cinquantaine de kilomètres au sud de l'Équateur. Pendant une trentaine d'années, ce minuscule État insulaire (21 km² de superficie) et ses habitants ont engrangé de colossaux revenus grâce à l'exportation du phosphate. Mais les exploitations minières sont aujourd'hui à l'abandon et Nauru a sombré dans la faillite générale.

« Marie Curie fut la première femme à occuper le poste de professeur de physique générale à la Sorbonne, en 1906, succédant ainsi à son défunt mari. En effet, nommé en 1904, Pierre Curie meurt le 19 avril 1906, renversé par un camion, près du Pont-Neuf, à Paris. L'administration du prestigieux établissement proposa aussitôt à Marie d'occuper la chaire de son époux. »

Le gâteau appelé « quatre-quarts » tient son nom des quatre ingrédients qui le composent à proportions égales : œufs, farine, beurre et sucre.

Dans de nombreuses traditions populaires, le rouge et le vert symbolisent Noël car ces deux couleurs se retrouvent dans les baies et les feuilles de houx dont les branches furent utilisées dans les décorations de ce jour de fête avant l'apparition du sapin au XIXe siècle.

Riche comme Crésus

L'expression figée « être riche comme Crésus » apparaît dans la langue française vers le milieu du XVIIe siècle. Elle définit un personnage doté d'une fortune impossible à estimer. En fait, Crésus (560-546 avant J.-C.) fut le dernier roi de Lydie. De son vivant, il devint le symbole même de l'opulence et de la richesse. Il conquit toutes les villes grecques de la côte d'Asie Mineure. Ces succès lui apportèrent de colossaux butins et vinrent alimenter le montant de sa proverbiale richesse.

Ancienne contrée d'Asie Mineure, sur la mer Égée, la Lydie possédait un sol fertile. La légende veut que la petite rivière Pactole roulait dans son lit des paillettes d'or et traversait Sardes, la capitale de la Lydie. Son or aurait permis de frapper les premières pièces de monnaie connues tout en alimentant la fortune de Crésus. Cette rivière donna son nom au mot « pactole » qui désigne une exceptionnelle source de profit.

Le fiacre tient son nom de saint Fiacre, fondateur au VIIe siècle d'un monastère proche de Meaux (Brie). En effet, en 1640, un cocher acheta une vingtaine de voitures hippomobiles (tirées par un ou plusieurs chevaux) qu'il stationna le long d'une auberge qui portait l'enseigne de saint Fiacre. Tout naturellement, les ancêtres des taxis s'appelèrent donc des fiacres. Et saint Fiacre devint le patron des chauffeurs de taxis.

En moyenne, un nourrisson pleure environ deux heures chaque jour.

La phytothérapie reconnaît l'action positive de l'ail sur le système cardio-vasculaire et sur l'appareil digestif. Dans la Rome antique, l'ail avait aussi la vertu d'accroître la résistance à l'effort et de décupler le courage. La plante fut donc l'emblème des légionnaires qui en mangeaient avant de combattre. Gladiateurs, athlètes et lutteurs s'en enduisaient le corps.

Moderne, luxueux et considéré par tous les spécialistes comme insubmersible, le Titanic appareille de Southampton (sud de l'Angleterre) le 10 avril 1912. Le bâtiment sombre en moins de trois heures dans la nuit du 14 au 15 avril après avoir heurté un iceberg au sud des bancs de Terre-Neuve. Sur les 2220 passagers et membres d'équipage, 1513 personnes trouvent la mort dans la catastrophe. Pour sa traversée inaugurale, le Titanic devait se diriger vers New York. Son épave fut localisée près de Terre-Neuve à une profondeur de 3800 mètres le 1er septembre 1985 par une expédition franco-américaine. Le navire était brisé en deux énormes morceaux.

Chez les francs-maçons, la pierre brute se réfère au profane (individu non-initié) ou au jeune apprenti (initié). La pierre taillée représente le travail parfait, l'objectif à atteindre.

Drôle de bretzel

Vers 610 après J.-C., un moine italien a l'idée de récompenser d'un gâteau les enfants qui apprennent correctement leurs prières. Il confectionne alors une sorte de petite brioche dont il enroule les extrémités pour tenter de représenter les bras croisés sur la poitrine des enfants qui récitent des prières (la main de chaque bras remontant vers l'épaule opposée). Cette légende serait à l'origine de la forme caractéristique du bretzel alsacien et allemand, une pâtisserie salée à base de pâte de brioche en forme de gros nœud. Le bretzel se présente aussi sous l'aspect d'un petit gâteau apéritif à la pâte croquante recouverte d'éclats de gros sel.

Boîtes de conserve

Appelée également « appertisation », la conserve fut inventée en 1795 par un confiseur français, Nicolas Appert (1749-1841). Il mit au point une méthode de conservation des aliments qu'il stérilisait par la chaleur dans des récipients de verre. Il créa également la première usine de conserves au monde.
En 1810, Pierre Durand breveta un procédé utilisant des boîtes en fer-blanc qui avaient été inventées par les Anglais John Hall et Bryan Donkin. Mais ces boîtes pesaient très lourd et nécessitaient l'emploi d'un marteau et d'un burin pour les ouvrir ! Elles seront cependant utilisées par l'armée britannique pendant la guerre de Crimée, un conflit armé (1853-1856) qui opposa la Russie à une coalition regroupant le Royaume-Uni, la France et l'Empire ottoman.

La « fée verte » (l'alcool d'absinthe) doit son exceptionnelle renommée, vers la fin du XIXe siècle, à ses supposées vertus aphrodisiaques. Mais cette liqueur alcoolique (et toxique) fut finalement interdite. Grecs et Romains attribuaient à ce breuvage une valeur fortifiante et les athlètes de l'Antiquité en consommaient pour améliorer leurs performances.

En argot, les Britanniques appellent leurs policiers des « cops ». Ce mot dérive du latin *capere* qui signifie « capturer, attraper ». Il ne s'agit en aucune façon (comme on le lit trop souvent) du diminutif de l'expression « *copper buttons* » (« boutons de cuivre »), qui aurait fait référence à leurs premiers uniformes.

Pour couvrir la distance qui sépare la Seine du bassin de la Villette (4 kilomètres), le canal Saint-Martin (Xe arrondissement de Paris) monte de 25 mètres. Il lui faut ainsi utiliser neuf écluses.

LES GALERIES DES ÉGOUTS DE PARIS SE DÉPLOIENT SUR UNE DISTANCE DE PRÈS DE 2 400 KM.

Le mot « basilic » désigne à la fois une plante (employée comme aromate ou condiment), un lézard à crête dorsale de l'Amérique tropicale et un animal de la littérature fantastique représenté sous la forme d'un serpent possédant des ergots, une tête et une crête de coq. Sur certaines gravures, le basilic ressemble à un dragon ailé avec une tête et des ergots de coq.

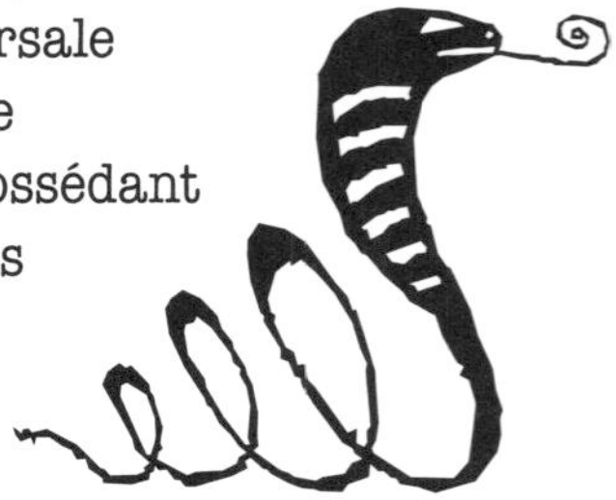

Entre le premier étage et son sommet, il faut repeindre la tour Eiffel tous les cinq ans. Mais entre le sol et le premier étage, les peintres ne passent que tous les dix ans.

En ballon

Papetiers de profession, à Annonay (Ardèche), Joseph (1740-1810) et Étienne (1745-1799) de Montgolfier furent les premiers à construire des ballons à air chaud composés de toile et de papier. Gonflée aujourd'hui par des brûleurs à gaz (butane), la montgolfière s'utilise désormais à des fins sportives et/ou touristiques.

Le premier essai eut lieu le 5 juin 1783 devant les membres des États généraux du Vivarais. Le ballon s'éleva à 2 000 mètres et parcourut 2,5 km. En septembre de la même année, les frères Montgolfier se rendirent au château de Versailles pour présenter leur invention à Louis XVI. La nacelle transporta un canard, un coq et un mouton. Long de trois kilomètres, le vol dura huit minutes.

Le 21 novembre 1783, le physicien français Jean-François Pilâtre de Rozier et François Laurent (marquis d'Arlandes) réalisèrent pour leur part un vol de 10 kilomètres en 25 minutes, à environ 1 000 mètres d'altitude, entre le château de la Muette et la Butte-aux-Cailles, à Paris. Ils devinrent ainsi les premiers passagers du ciel.

En janvier 1785, l'aéronaute français Jean-Pierre Blanchard et le physicien américain John Jeffries effectuèrent la première traversée de la Manche en ballon (entre Douvres et Calais).

Le mot « ovni » signifie « objet volant non identifié ». Un tel terme se prononce (et s'écrit) comme un « vrai » mot. Il s'agit d'un acronyme, terme qui se fabrique avec la (ou les) première(s) lettre(s) de l'expression. Ainsi, le mot français « radar » est un acronyme composé à partir de l'expression anglaise « RAdio Detection And Ranging » (détection et estimation de la distance par des ondes radio).

En ce début de XXIe siècle, environ un milliard de personnes parlent le chinois sur notre planète. Autour de 340 millions d'individus parlent l'anglais et l'espagnol. Près de 170 millions s'expriment en russe et 125 millions en japonais. À peine 80 millions de personnes parlent le français.

LA TOUR MONTPARNASSE MESURE 210 MÈTRES DE HAUT ET COMPTE 59 ÉTAGES, PLUS UNE TERRASSE SUR LE TOIT.

Musicien fort populaire au Moyen Âge, le ménétrier faisait danser les villageois, le plus souvent au son d'un violon. Il officiait pendant les noces, les banquets et les fêtes traditionnelles.

Les noms de chacun des sept jours *de la semaine sont marqués par leur origine céleste et latine. Par exemple, lundi (placé sous le signe de la Lune) correspond à* lunae dies *et se dit* monday *en anglais* (mo (o) nday, moon *signifiant « lune »). Viennent ensuite : mardi,* martis dies *(consacré à Mars) ; mercredi,* mercurii dies *(placé sous l'influence de Mercure) ; jeudi,* jovis dies *(signe de Jupiter) ; vendredi,* veneris dies *(consacré à Vénus) ; samedi,* saturni dies *(jour de Saturne),* saturday *chez les Britanniques* (satur (n) day)*; et enfin dimanche,* solis dies *(dédié au Soleil),* sunday *en Grande-Bretagne où* sun *signifie « soleil ». Le dimanche en langue française semble plutôt tirer son origine de* dies dominicus *(« le jour du Seigneur »).*

Les automobiles des diplomates en poste à l'étranger disposent d'une plaque d'immatriculation spécifique, qui indique que le propriétaire possède l'immunité diplomatique ou consulaire. Par exemple, ces plaques sont rouges au Canada, bleues au Brésil et vertes en France. Elles portent le plus souvent deux à trois lettres et un numéro : CMD pour chef de mission diplomatique ; CD pour corps diplomatique et CC pour corps consulaire. Ces plaques sont attribuées par le ministère des Affaires étrangères de chaque pays hôte.

DANS LES LANGUES COURANTES DONT L'ÉCRITURE SE FONDE SUR UN ALPHABET, ENVIRON 90 % DE L'ENSEMBLE DES ÉCRITS PUBLIÉS UTILISENT UN MILLIER DE MOTS.

Le colonel Livarot

Plante aquatique herbacée à feuilles coupantes très commune dans les zones humides, la laîche (typhia latifolia ou carex) *a gagné ses galons en cerclant le Livarot, un fromage originaire de Normandie, et très précisément de la région de Livarot, une commune proche de Lisieux (Calvados). Fromage à base de lait de vache (pâte molle, croûte de couleur orangée, forme cylindrique), le véritable Livarot doit se cercler de cinq laîches (bandelettes de tiges de carex) soigneusement séchées et découpées. À l'origine, elles servaient à la bonne tenue du fromage lors de son affinage.*
Grâce à ses célèbres cinq laîches immuables, le livarot a fort logiquement pris le surnom de « colonel ». En effet, au sein de l'armée française, un colonel porte cinq galons sur son uniforme.
*Dans la production industrielle de ce début de XXI*e *siècle, la bonne vieille laîche a malheureusement laissé place à de vulgaires bandelettes de papier, dans le meilleur des cas de couleur verte.*
Il convient de ne pas confondre notre laîche bas-normande dédiée au Livarot avec une autre « lèche » qui, elle, désigne l'action de louanger (amadouer, flagorner) complaisamment quelqu'un. Mot qui a par ailleurs donné « lèche-cul » ou « lèche-bottes ». Ainsi arrive-t-il cependant à certains soldats du rang de faire la lèche à leur colonel dans l'espoir d'obtenir une permission, voire une portion de rab de Livarot.

Le Coca-Cola *tient son nom de sa première composition : la feuille de coca et la noix de cola (avec bien sûr un sirop sucré mélangé à de l'eau gazeuse). Considéré à l'origine comme une sorte de remède tonifiant, le Coca-Cola fut inventé en 1886 par John Pemberton (1831-1888), pharmacien à Atlanta (États-Unis).*

Une glyptothèque est un endroit où l'on expose des pierres gravées. Par extension, le terme désigne un musée consacré aux sculptures.

L'Américain Thomas Sullivan inventa le sachet de thé en 1904 pour faire des économies. Afin de vanter la qualité de leurs thés, les commerçants avaient coutume de proposer un échantillon de leur précieux produit en le plaçant dans de petites boîtes en fer joliment décorées. Le coût d'une telle promotion incita Thomas Sullivan à utiliser de petits sachets en soie. Et la clientèle prit aussitôt l'habitude de faire infuser la décoction sans ouvrir les sachets. Dès 1930, les sachets en mousseline, soie ou papier envahissent le marché mondial.

Tout est OK

Expression la plus utilisée dans le monde, « OK » vient de l'abréviation de l'anglais « oll korrect ». En fait, il s'agit là d'une déformation cocasse de « all correct » (« *tout va bien* », « *tout est correct* »). Cette expression familière s'est répandue en Europe après la Seconde Guerre mondiale.

Vers la fin des années 1830, certains humoristes détournent l'écriture d'expressions populaires en conservant les seules initiales de leur création. Par exemple : « KY » *pour* « know yuse » (« no use », « *cela n'en vaut pas la peine* ») ; « NS » *pour* « nuff said » (« enough said », « *assez parlé* »).

« **Spécialisé en ophtalmologie, l'hôpital des Quinze-Vingts** (avec un « s » à vingt) tire son nom du nombre 300. En effet, cet hôpital fondé en 1260 par Saint Louis (1214-1270) disposait de 300 lits. Or, 300 = 15 x 20. Aujourd'hui situé dans le XIIe arrondissement de Paris, l'hôpital des Quinze-Vingts fut créé pour accueillir les soldats qui avaient eu les yeux crevés pendant la septième croisade. La fondation a conservé depuis sa spécificité dans le traitement des maladies des yeux.

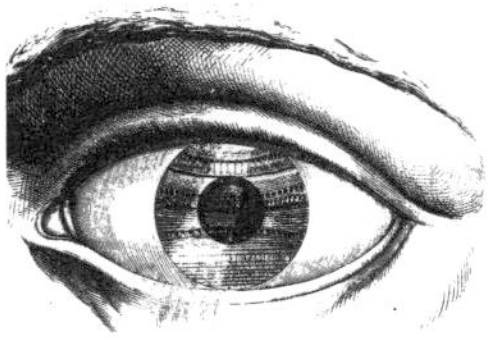

La tragédie du *Titanic* (nuit du 14 au 15 avril 1912) inspira de nombreux films dont *Saved from the Titanic* (1912, film muet américain réalisé avec la collaboration de rescapés), *Titanic* (1953, de Jean Negulesco), *Atlantique Latitude 41* (1958, de Roy Ward Baker) et *Titanic* (1997, de James Cameron).

Dow Jones

Le plus vieil indice boursier du monde est l'indice boursier américain Dow Jones, de New York. Il appartient à la Dow Jones & Company qui publie The Wall Street Journal.

Journaliste américain, Charles Henry Dow (1851-1902) a créé la société d'informations boursières Dow Jones & Company et le journal économique The Wall Street Journal. *Il chercha le moyen de prédire l'activité du New York Stock Exchange et élabora une analyse de trente valeurs qui reflétaient au mieux l'activité de l'ensemble des entreprises cotées à la Bourse de New York. Son nom fut associé à celui du statisticien américain Edward Jones (1856-1920) pour fonder le célèbre indice Dow Jones.*

On ne parle plus qu'environ 5 000 langues à travers le monde alors qu'il en existait deux fois plus au xve *siècle. Une bonne vingtaine de langues s'éteignent ainsi chaque année. Dans les décennies à venir, le rythme de l'érosion linguistique va encore s'intensifier et il ne restera que quelques centaines de langues dans un siècle.* »

Le jour J

Nombre de célébrités sont décédées le même jour : l'écrivain-journaliste britannique Gilbert Keith Chesterton et le romancier russe Maxime Gorki (14 juin 1936), le président américain John Kennedy et l'écrivain Aldous Huxley (22 novembre 1963), le scénariste Orson Welles et l'acteur Yul Brynner (10 octobre 1985), le danseur-chorégraphe Rudolf Noureïev et le musicien de jazz Dizzy Gillespie (6 janvier 1993)…
D'autres personnalités sont mortes le jour même de leur anniversaire : le peintre italien Raphaël (6 avril 1483 et 1520), le dramaturge anglais William Shakespeare (23 avril 1564 et 1616), l'actrice suédoise Ingrid Bergman (29 août 1915 et 1982)…

Une idée reçue voudrait que le sigle « SP » apposé sur une plaque ovale à l'arrière d'un véhicule espagnol (souvent un bus ou un camion) soit l'abréviation du mot *Spain* (« Espagne » en anglais). En fait, SP signifie *Servicio Publico* (« service public »), ce qui indique que le véhicule n'appartient pas à un particulier et qu'il peut circuler dans les rues piétonnes des villes espagnoles. Le code international apposé sur les plaques ovales des véhicules venant d'Espagne est bel et bien la lettre E.

La congélation (ou surgélation) ne tue pas les bactéries, elle les empêche seulement de proliférer. Dans un aliment congelé, les bactéries sont mises en sommeil. Lors de la décongélation, les microbes se multiplient. Il ne faut donc jamais recongeler un aliment décongelé puisqu'il contient davantage de bactéries que lors de sa première congélation.

INTERPRÉTER UNE ŒUVRE A CAPPELLA SIGNIFIE QUE L'ON CHANTE SANS ACCOMPAGNEMENT MUSICAL.

Un magazine qui paraît deux fois par mois s'appelle un bimensuel. Mais il s'agit d'un bimestriel si le périodique paraît une fois tous les deux mois.

Le boulevard périphérique de Paris atteint 35 kilomètres de long.

Appelé « cristal de roche », le quartz hyalin (minéral naturel transparent et dur) ressemble étonnamment à un morceau de glace. Symbole de pureté et de sérénité dans les civilisations anciennes, le cristal de roche passait pour un fragment détaché de la voûte céleste. Les Égyptiens en plaçaient un morceau sur le front des morts pour qu'ils trouvent la paix sur le chemin de l'au-delà.

Montagnes russes

Composées de petits wagonnets qui parcourent des chemins très sinueux empruntant de forts dénivelés, les montagnes russes génèrent à la fois la peur et l'amusement chez les passagers. Depuis plus de deux siècles, leur concept et leur succès ne s'est jamais démenti dans la plus banale des fêtes foraines et cette attraction occupe même désormais une place de choix dans les parcs à thèmes les plus prestigieux sur l'ensemble de la planète.

À l'origine, l'idée vient des courses de luges qui se déroulaient sur des collines de neige spécialement construites à cet effet dans les environs de Saint-Pétersbourg (ville du nord-ouest de la Russie, au bord du golfe de Finlande). Et, vers la fin du XVIIIe siècle, leur popularité grandissante encourage nombre d'entrepreneurs à transposer ce principe en utilisant des voiturettes attachées sur des voies. Plus de petites collines ni de neige, mais des circuits en ferraille au profil complexe et accidenté qui vont donc s'appeler tout naturellement « montagnes russes ».

Un brevet sera même déposé par l'homme d'affaires américain Marcus Thompson (1848-1919) en janvier 1865. Dès lors, le concept des montagnes russes se développe sur la base d'un chemin de fer constitué de rails qui montent et qui descendent. Le premier circuit en boucle fermée apparaît en 1884 dans Coney Island, une petite île au sud de Brooklyn dans la ville de New York.

***Supprimer une syllabe à la fin du mot s'appelle une « apocope »**, par opposition à l'« aphérèse » qui consiste à supprimer une syllabe au début du mot. Exemples d'apocopes : manif, télé, métro, prof, auto, photo, vélo, cinéma (puis ciné), etc. Exemples d'aphérèses : pitaine (capitaine) ou car (autocar).*

Le 7 août 1919, l'aviateur Charles Godefroy s'engouffre sous l'Arc de Triomphe aux commandes d'un biplan Nieuport 11. Surnommé « le Baron noir », Godefroy réalise cet incontestable exploit pour protester contre la décision qui obligeait les aviateurs français à défiler à pied lors du défilé du 14 juillet 1919.

Atchoum !

On a tous remarqué que certains individus éternuent (parfois de façon répétée et spectaculaire) lorsqu'ils sont exposés au soleil. Ce qui ne manque pas de surprendre dans la mesure où personne n'associe spontanément le rhume à l'astre du jour et à la chaleur qu'il dégage. Par ailleurs, il ne s'agit pas davantage d'une histoire d'allergie

En fait, nous sommes ici en présence du réflexe photo-sternutatoire, un phénomène physiologique qui se produit lorsqu'un sujet est exposé à une forte lumière. Ou plus précisément, à une brusque variation d'intensité lumineuse. Ce réflexe concerne environ 20 % des personnes.

Le visage possède une grande quantité de nerfs que l'on pourrait assimiler à une espèce de réseau électrique. Ainsi, le brusque passage à une lumière violente va créer un afflux de signaux électriques au niveau des nerfs en question, ce qui provoque une sorte de court-circuit entre les nerfs optiques et ceux qui relient la muqueuse nasale au cerveau. Et l'éternuement survient.

Ce réflexe photo-sternutatoire peut être particulièrement gênant pour les pilotes. C'est pourquoi les pilotes de chasse américains sont sélectionnés par l'US Air Force (l'armée de l'air américaine) pour leur insensibilité à ce phénomène.

Les plus fortes vitesses de vent ont été enregistrées aux États-Unis : plus de 370 km/h sur le mont Washington (1934) ; plus de 500 km/h dans l'Oklahoma (1999). En France, les plus fortes vitesses de vent ont été mesurées dans la plaine de Belfort (plus de 250 km/h, 1952) et sur le mont Ventoux (320 km/h, 1967).

Peu avant le coup d'envoi de la finale de la Coupe d'Europe des clubs champions (future Ligue des champions) qui se déroule au stade du Heysel à Bruxelles en 1985, 39 spectateurs trouvent la mort à la suite d'une émeute qui se déclenche dans les tribunes. On dénombrera aussi plus de 450 blessés. Malgré la tragédie, ce match de football qui opposait Liverpool à Turin aura tout de même lieu.

ÉCRIVAIN DANOIS CÉLÈBRE POUR SES *CONTES*, HANS CHRISTIAN ANDERSEN (1805-1875) EST MORT EN TOMBANT DE SON LIT !

Les trois couleurs primaires sont le bleu (cyan), le jaune (jaune cadmium) et le rouge (magenta). Ces couleurs pures ne peuvent jamais être obtenues par le mélange d'autres couleurs. En revanche, en ajoutant du blanc et du noir aux trois couleurs primaires, on peut obtenir toutes les gammes possibles. On obtient une couleur secondaire (dite aussi binaire) en mélangeant à parts égales deux primaires. Par exemple :

Cyan + magenta = violet.
Cyan + jaune = vert.
Magenta + jaune = orange.

Les collections des musées du Louvre, d'Orsay et du Centre Pompidou (Beaubourg) se complètent du point de vue de la chronologie. Le Louvre abrite des œuvres datant de l'Antiquité à 1848. Le musée d'Orsay couvre la période allant de 1848 à 1914 et Beaubourg accueille les artistes contemporains des XXe et XXIe siècles.

« Le principe des allumettes dites à friction que nous connaissons encore aujourd'hui fut mis au point par le Français Charles Sauria en 1830. Deux ans plus tard, l'Allemand Jakob Friedrich Kammerer a engagé la première production industrielle.

Chez les Grecs, Phéniciens et Égyptiens, certains peuples tibétains ou hindous et quelques civilisations sibériennes ou asiatiques, moult mythes et croyances considèrent que le monde naquit d'un oeuf.

Chez les Celtes et les Vikings, la fougère jouissait d'une solide réputation magique et était considérée comme une plante sacrée.

Les nuages sont constitués de minuscules gouttelettes d'eau *et/ou de cristaux de glace en suspension dans l'atmosphère. Le refroidissement de l'air (vapeur d'eau invisible) provoque le passage de l'eau de l'état gazeux à l'état liquide (gouttelettes d'eau visibles). Il s'agit du phénomène de condensation. Les nuages se forment lorsque de l'air humide se refroidit en s'élevant dans l'atmosphère.*

Officier et aviateur français, Roland Garros (1888-1918) a réussi la première traversée aérienne de la mer Méditerranée en 1913. Tué au cours d'un combat aérien à la fin de la Première Guerre mondiale, il a donné son nom au stade de la porte d'Auteuil (sud-ouest de Paris) qui accueille chaque année les Internationaux de France de tennis.

La procrastination désigne une tendance psychologique qui consiste à remettre sans cesse au lendemain des tâches ou actions de la vie quotidienne.

La bibliothèque Beinecke de l'université de Yale (États-Unis) possède environ 180 000 livres ainsi que des manuscrits rares.

Installée par Jean-Baptiste Colbert rue Vivienne en 1666, la Bibliothèque nationale de France a ouvert pour la première fois ses portes au public en 1695.

Les cristaux de neige se forment dans les nuages quand la température descend au-dessous de 0 °C. De forme hexagonale, ils s'agglomèrent pour former des flocons de neige. Le diamètre des cristaux de neige varie de quelques microns (millièmes de millimètres) à plusieurs millimètres.

De nombreuses personnalités ne se sont jamais mariées.

Par exemple :

- Greta Garbo,
- Isaac Newton,
- Ludwig van Beethoven,
- Frédéric Chopin,
- Henri de Toulouse-Lautrec,
- Alexander Pope,
- Jean-Paul Sartre,
- René Descartes,
- Emmanuel Kant,
- Friedrich Nietzsche,
- Edgar Degas,
- Stendhal,
- Johannes Brahms,
- Voltaire,
- Coco Chanel,
- Stéphane Grappelli.

Au lycée

Aujourd'hui, qu'il soit général, technologique ou professionnel, le lycée dispense un enseignement du second cycle. Au XVIIIe, le mot désignait un lieu où se rassemblent des gens de lettres pour débattre ou pour s'instruire. En fait, le substantif dérive du nom propre « Lycée ». Il s'agissait d'un gymnase du nord-est d'Athènes – un bâtiment situé à proximité du temple d'Apollon Lycien, d'où son nom.

Père Noël

Le Père Noël apparaît au XIX*e siècle sous les traits d'un débonnaire vieillard bedonnant qui arbore un sourire jovial enfoui sous une superbe barbe blanche. Vêtu d'un grand manteau rouge bordé de fourrure immaculée, il porte un large ceinturon de cuir. Cette image a été peaufinée dans les années 1930 sous l'impulsion des dessins publicitaires réalisés par Haddon Sundblom pour le groupe Coca-Cola. Mais les premières représentations du Père Noël virent le jour vers 1860 sous le crayon du talentueux illustrateur new-yorkais Thomas Nast.*
Le Père Noël correspond au saint Nicolas germanique, évêque d'Asie Mineure mort au IV*e siècle et protecteur des enfants qu'il venait couvrir de friandises et de cadeaux dans la nuit du 5 au 6 décembre. Accompagné de son âne et du Père Fouettard, saint Nicolas connut un immense succès au Moyen Âge et inspira à l'évidence la création du Père Noël.*

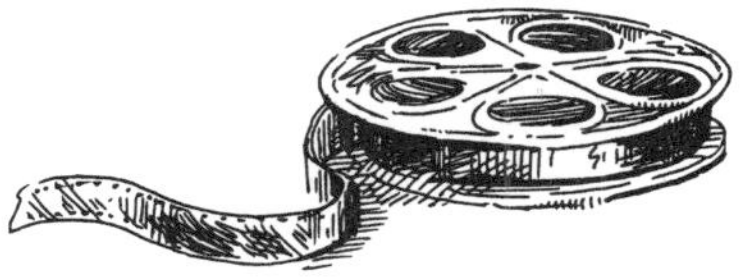

Les icebergs contiennent de l'eau douce car ils se détachent d'un glacier continental formé par l'accumulation de neige. En revanche, les *floes* sont des radeaux de glace qui proviennent de la fragmentation de la banquise constituée par la congélation de l'eau de mer salée. Les icebergs contiennent donc de l'eau douce et les *floes* de l'eau salée.

Des règles strictes régissaient la commission de censure des films produits à Hollywood. Un couple (même marié selon le scénario) ne pouvait être montré à l'écran dans un lit. Sauf si les deux acteurs posaient chacun au moins une jambe sur le sol !

L'AMÉRICAIN NEIL ARMSTRONG FUT LE PREMIER HUMAIN À FOULER LE SOL DE LA LUNE LE 21 JUILLET 1969.

Quelques inventeurs et inventions célèbres

Les inventions listées ici sont classées alphabétiquement.
Sont indiquées ensuite la date et le lieu de leur création, puis le nom de leur inventeur.

Accordéon
1829, Autriche
Cyrill Demiam

Aéroglisseur
Début xxe siècle, France
Clément Ader

Ampoule électrique
1879, Italie
Thomas Alva Edison

Autobus
1831, Allemagne
Walter Hancock

Baladeur (Walkman)
1977, Allemagne
Andreas Pavel

Baromètre
1643, Italie
Evangelista Torricelli

Basket-ball
1891, États-Unis
James Naismith

Bikini
1946, France
Louis Réard

Carte postale
1869, Autriche
Emanuel Herrmann

Chewing-gum
1855, Mexique
Antonio de Santa Anna
1872, États-Unis
Thomas Adams (commercialisation)

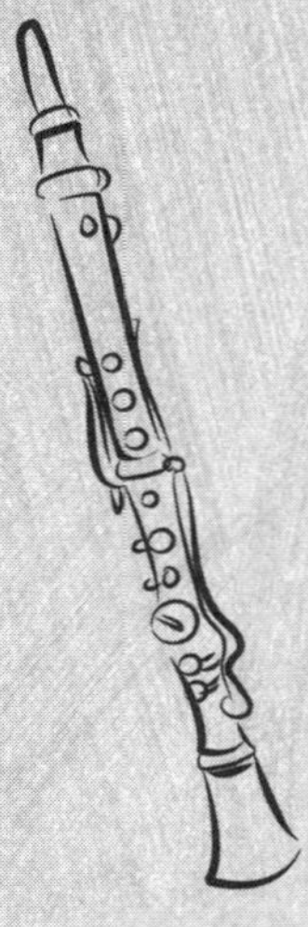

Clarinette
1690, Allemagne
Johann Denner

Coca-Cola
1886, États-Unis
John Pemberton

Conserve
1795, France
Nicolas Appert

Dynamite
1866, Suède
Alfred Nobel

Dynamo
1869, Belgique
Zénobe Gramme

Eau de javel
1777, France
Claude Louis Berthollet

Épingle de sûreté
1849, États-Unis
Walter Hunt

Fer à repasser électrique
1882, États-Unis
Henry Seely

Fermeture à glissière
1851, États-Unis
Elias Howe (1)

Four à micro-ondes
1945, États-Unis
Percy Spencer

Gomme à effacer
1770, Grande-Bretagne
Joseph Priestley
1770, Grande-Bretagne
Edward Naime (commercialisation)

Harmonica
1821, Autriche
Friedrich Buschmann

Judo
1882, Japon
Jigoro Kano

Ketchup
1844, États-Unis
Henry John Heinz

Lego (Jeu)
1949, Danemark
Ole Kirk Christiansen

Locomotive à vapeur
1802, Grande-Bretagne
Richard Trevithick

Métier à tisser
Vers 1802, France
Joseph-Marie Jacquard

Microphone
1877, Allemagne
Emile Berliner

Monopoly
1933, États-Unis
Charles Darrow

Moteur quatre temps
(à essence)
1886, Allemagne
Carl Benz (2)

Moteur quatre temps
(au gaz)
1876, Allemagne
Nikolaus Otto (3)

Mots-croisés
1913, États-Unis
Arthur Wynne

Ouvre-boîte
1858, États-Unis
Ezra Warner

Ouvre-boîte à molette
1870, États-Unis
William Lyman

Perceuse électrique
1895, Allemagne
Wilhelm Emil Fein

Perceuse électrique portative
1917, États-Unis
Duncan Black et Alonso Decker

Pile
1799, Italie
Alessandro Volta

Poupée Barbie
1959, États-Unis
Ruth Handler

Prothèse auditive
Vers 1800, Grande-Bretagne
Frederic Charles Reim

Punaise
1900, États-Unis
Edwin Moore

Rasoir électrique
1928, États-Unis
Jacob Schick

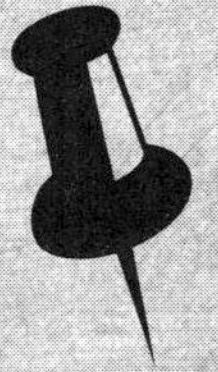

Rasoir jetable
1975, France
Société Bic (4)

Rouleau à peinture
1940, Canada
Norman Breakey

Roulement à billes
1907, Suède
Sven Wingquist

Saxophone
1841, Belgique
Adolphe Sax

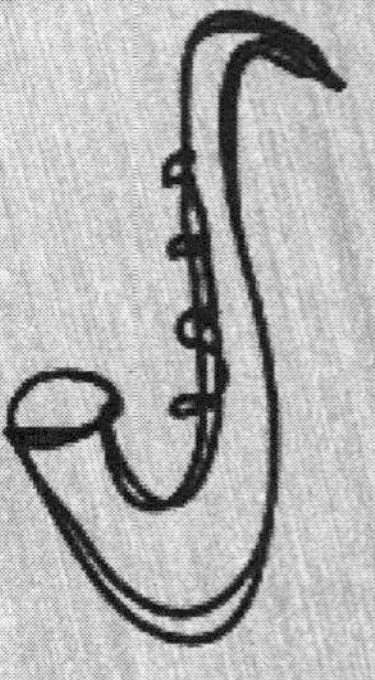

Scooter
1902, France
Georges Gauthier

Scrabble
1929, États-Unis
Alfred Mosher Butts

Sécateur
1815, France
Bertrand de Moleville

Stéthoscope
1815, France
René Laennec

Téflon
1938, États-Unis
Roy Plunkett

Tennis
1873, Angleterre
Walter Clopton Wingfield (5)

Thermomètre
1593, Italie
Galileo Galilei (Galilée)

Trombone (attache métallique)
1900, Norvège
Johan Vaaler

Trombone (instrument de musique)
1814, Allemagne
Heinrich Stölzel

Vélo
1817, Allemagne
Karl Friedrich Drais (6)

Vernis à ongles
1932, États-Unis
Charles Revson

---

(1) La fermeture à glissière ne sera exploitée que vers la fin du XIX*e siècle, lorsque Whitcomb Judson y apportera quelques améliorations.*

(2) Benz équipe un véhicule à trois roues de son moteur. Les Français René Panhard et Émile Levassor construisent le premier modèle de voiture à quatre roues (le moteur est placé à l'avant en position horizontale) en 1891. Aux États-Unis, la première automobile à essence fut construite par Charles et Frank Duryea (1892).

(3) L'invention repose sur une théorie établie dès 1862 par l'ingénieur français Alphonse Beau de Rochas.

(4) Dès 1895, on connaissait un rasoir inventé par la société Gillette, qui permettait déjà de changer les lames.

(5) Walter Clopton Wingfield avait d'abord baptisé son jeu le sphairistikè*, ce qui signifie en grec « l'art de la balle ». Puis il l'appela* Lawn-tennis *(« tennis sur gazon »).*

(6) Le premier vélo s'appelait une « draisienne » (en hommage au nom de l'inventeur). Il s'agissait d'un engin à deux roues dont une très grosse à l'avant et une plus petite à l'arrière. La draisienne avançait par l'action alternative des pieds sur le sol. C'est l'ancêtre de la bicyclette.

La première voiture à dépasser les 100 km/h disposait d'un moteur électrique, avait la forme d'une torpille et s'appelait « La Jamais Contente ». Ce record fut établi en 1899 par Camille Jenatzy (1868-1913) sur la route d'Achères (Yvelines).

En réaction aux fastes et aux déviances de l'Église romaine, le théologien allemand Martin Luther (1483-1546) fonde le protestantisme au début du XVIe siècle. Son concept prône un strict retour à la foi. Dès lors, catholiques et protestants s'affrontent dans toute l'Europe. Jean Calvin va relayer la pensée de Martin Luther sur le territoire français.

Le dôme de la cathédrale de Florence (Italie) a un diamètre de 36 mètres et une hauteur de 91 mètres. Construit entre 1417 et 1446, il s'agit là d'un pur chef-d'œuvre de l'architecture de la Renaissance.

La devise de l'Union européenne fut adoptée en mai de l'an 2000. En latin : *In varietate concordia.* Ce que l'on peut traduire par : « l'unité dans la diversité ».

La vaccination

Le mot « vaccination » vient de la vaccine, une maladie proche de la variole qui touche les vaches. Au milieu des années 1770, Edward Jenner (1749-1823), naturaliste et médecin anglais, s'intéresse à la variole et remarque que les fermiers de sa région disent ne pas l'attraper lorsqu'ils ont d'abord contracté la vaccine. En 1796, il injecte le contenu d'une pustule de vaccine à un jeune garçon, qui tombe malade et guérit très vite. Deux mois plus tard, Jenner lui injecte la variole. L'enfant reste en bonne santé. Jenner vient d'inventer la vaccination, un principe repris par Louis Pasteur soixante-dix ans plus tard.

Aller au charbon

Le charbon qui sort encore aujourd'hui des mines provient de végétaux morts issus de gigantesques forêts et accumulés au fond d'anciens marais tropicaux pendant la période carbonifère (de 355 à 295 millions d'années). Ces débris se sont d'abord transformés en une matière organique compacte : la tourbe. Ensuite, les couches successives de sédiments ont tassé la tourbe. Puis la pression a entraîné une lente diminution de l'humidité tout en développant la teneur en carbone pour produire le charbon. Les charbons se sont accumulés dans des bassins côtiers et lagunaires, ou continentaux et lacustres.

Plus d'un milliard de personnes utilisent le réseau de l'Internet à travers le monde. Il y a environ 250 millions d'internautes aux États-Unis, plus de 390 millions en Chine et près de 100 millions au Japon. L'Allemagne, le Royaume-Uni et la France arrivent dans le *top ten* mondial avec respectivement 66, 52 et 46 millions d'utilisateurs (statistiques 2009. Source : *The World Fact Book*, 2013.)

En concevant l'espéranto vers la fin des années 1870, le docteur Ludwik Lejzer Zamenhof, un ophtalmologue polonais, voulait faciliter la communication entre les individus sur l'ensemble de la planète. En ce début de XXIe siècle, environ deux millions de personnes (sur 6,7 milliards de Terriens) parlent l'espéranto. Soit 0,03 % de la population mondiale. Ou, pour le dire encore autrement, 3 personnes sur 10 000.

LE BOIS DU NOISETIER (OU COUDRIER) SERVAIT À FABRIQUER LES SCEPTRES ROYAUX, LES BAGUETTES DES MAGICIENS OU CELLES DES SOURCIERS.

En 1816, l'Allemand Karl Friedrich Drais conçoit le premier véhicule à deux roues doté d'un système de direction *et donc considéré comme l'ancêtre de la bicyclette. Appelée « draisienne », cette machine disposait d'un guidon pivotant dans le cadre, ce qui permettait à l'utilisateur de tourner la roue avant. En 1839, l'ajout de pédales par l'Écossais Kirkpatrick Macmillan permit de propulser la machine sans que les pieds ne touchent terre.*

Machine programmable, numérique et entièrement électronique, l'ENIAC (Electronic Numerical Integrator And Computer) est présenté en 1945. Ancêtre de l'ordinateur, ce prototype pèse alors environ trente tonnes.

PRÉSENTÉ POUR LA PREMIÈRE FOIS À L'EXPOSITION UNIVERSELLE DE PARIS EN 1900, L'ESCALATOR (INVENTÉ AUX ÉTATS-UNIS) FUT INSTALLÉ DIX ANS PLUS TARD DANS LA STATION DE MÉTRO DU PÈRE-LACHAISE.

La marque rouge (et souvent ronde) portée sur le front par les hindous s'appelle le *tilak* (mais aussi *tika*, *bindi* ou *pottu*). Le *tilak* symbolise le troisième œil de Shiva, l'un des trois grands dieux de l'hindouisme avec Brahma et Vishnu. Il se trouve à l'emplacement du sixième chakra dans lequel résident les capacités psychiques et exprime l'élévation spirituelle de celui qui le porte. Certains hindous considèrent le *tilak* comme un simple porte-bonheur. Dans d'autres cas (notamment chez les hommes), il dévoile l'appartenance à un groupe religieux. Dans le nord de l'Inde, une femme mariée porte le *tilak*.

Animaux

Le cheval est le seul animal dans lequel on puisse planter des clous.

Jules Renard (1864-1910)
Écrivain français

La planète se peuple des premiers vertébrés, et notamment d'insectes sans ailes, il y a environ 410 millions d'années. Forêts et fougères se déploient il y a quelque 360 millions d'années.

Il n'existe aucune différence entre une pieuvre et un poulpe (mots synonymes). Comme les seiches et les calmars, les pieuvres font partie de la classe des céphalopodes.

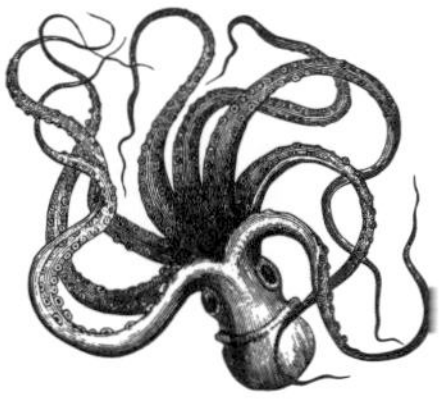

L'albatros hurleur *a la plus grande envergure de tous les oiseaux : il déploie ses ailes jusqu'à 3,70 mètres. Il appartient à la famille des procellariidés qui est composée d'une centaine d'espèces d'oiseaux de mer.*

Une année dans la vie d'un chien ne correspond pas à sept ans chez un humain. Autrement dit, il ne faut pas multiplier par sept l'âge de votre toutou pour lui donner une équivalence en âge humain. Les vétérinaires ont cependant mis au point une formule pour s'approcher d'une parité « raisonnable ». Il faut d'abord retirer une année à l'âge du chien. Puis multiplier par 4. Et, enfin, ajouter 21 au résultat. Ainsi, pour un chien âgé de 7 ans : 7 - 1 = 6 ; 6 x 4 = 24 ; 24 + 21 = 45 années « humaines ».

REPTILE CARNIVORE DE L'ORDRE DES CROCODILIENS, L'ALLIGATOR NE SAIT PAS MARCHER À RECULONS.

Le poisson voilier (3,4 mètres de long à l'âge adulte) atteint facilement les 110 km/h pendant des pointes d'une dizaine de secondes. Une vitesse sensiblement équivalente à celle que soutient le guépard des savanes d'Afrique australe (l'animal le plus rapide sur la terre ferme) pendant une quinzaine de secondes.

La puce saute 33 centimètres en longueur et autour d'une vingtaine de centimètres en hauteur. Proportionnellement à la taille de l'insecte, cela correspondrait chez l'humain à un saut en longueur de 180 mètres et à un bond en hauteur supérieur à une centaine de mètres !

Des études ont montré que des personnes possédant des chats sont moins stressées et ont moins d'accidents cardiaques que le reste de la population.

LES DINOSAURES ONT DISPARU IL Y A 65 MILLIONS D'ANNÉES (AU DÉBUT DE L'ÈRE TERTIAIRE), TANDIS QU'ÉMERGEAIT UNE VASTE PHASE DE DIVERSIFICATION DES MAMMIFÈRES (APPARITION DES MARSUPIAUX ET DES PLACENTAIRES).

Il y a tyran et tyran

Nom commun de différentes espèces d'oiseaux américains gobe-mouches, le tyran n'excède pas 30 cm. Mais quand son nid est menacé, il peut courageusement s'attaquer à des oiseaux prédateurs aussi gros qu'un faucon. Le tyran se nourrit d'insectes volants et de fruits. Il existe même un tyran mélancolique, que l'on rencontre entre l'Arizona et l'Amérique du Sud.

Le tyran est aussi un despote (dictateur, autocrate) qui exerce le pouvoir suprême de façon oppressive, excessive et parfois sanguinaire. Dans l'Antiquité grecque, le mot « tyran » désignait un personnage qui s'empare du pouvoir par la force et tente de gouverner avec le soutien des classes populaires en limitant l'influence des aristocrates.

Excès de vitesse

Le faucon pèlerin fond en piqué sur sa proie à la vitesse de 350 km/h, tandis que sa vitesse de vol régulier n'atteint que les 80 km/h. Le martinet à gorge blanche rencontré au Japon vole pour sa part à une vitesse de croisière de 170 km/h. Dans ses phases d'accélération, un rapace comme la buse approche les 120 km/h. Le faucon pèlerin mesure une cinquantaine de centimètres. Il possède un dos gris-bleuté, un ventre clair avec de fines rayures noires et une tache noire en forme de moustache de chaque côté du bec.

Au cours des années 1960, ces oiseaux furent gravement affectés par les pesticides utilisés dans plusieurs régions. Ces poisons ont perturbé leur reproduction et plus aucun faucon pèlerin ne naquit dans l'est de l'Amérique du Nord.

La famille des martinets (ils ressemblent aux hirondelles) est composée d'une centaine d'espèces. Les martinets disposent d'un bec court et d'une bouche béante pour attraper les insectes en vol. Ils nichent le long de surfaces verticales et construisent leur nid à partir de divers matériaux agglomérés à l'aide d'une sorte de ciment sécrété par leurs glandes salivaires.

Quant à la buse, elle appartient à la même famille que les aigles et que certains vautours. Ailes larges et longues et queue courte, elle maîtrise à la perfection la technique du vol plané et se nourrit essentiellement de petits mammifères (lapins, campagnols). Certaines espèces préfèrent les reptiles et les amphibiens. D'autres se nourrissent d'oiseaux ou de simples insectes.

Avec l'abeille, le ver à soie fait partie des rares insectes que l'homme a su domestiquer. Chenille du papillon de nuit appelé « bombyx du mûrier », le ver à soie tisse un cocon de soie (fait d'un seul très long fil) avant de se métamorphoser en papillon adulte. Les cocons sont alors ébouillantés, puis le fil de soie de chaque cocon est dévidé.

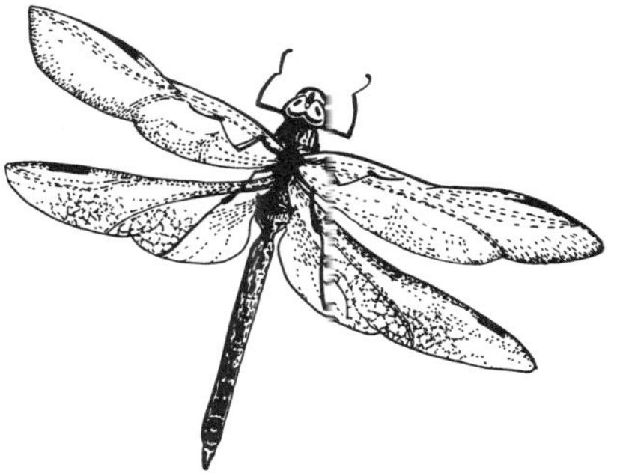

Des libellules géantes sont apparues sur Terre il y a environ 350 millions d'années. Les reptiles non mammaliens, les premiers mammifères et diptères (mouches, moustiques), mais aussi les premiers dinosaures géants voient le jour il y a 200 millions d'années.

Les trois étalons orientaux qui ont donné naissance à la lignée des chevaux appelés « pur-sang » furent importés en Grande-Bretagne entre 1683 et 1728. Ils s'appelaient Byerley Turk, Darley Arabian et Godolphin Arabian. Les Anglais vont alors créer l'appellation thoroughbred *(« élevé dans la pureté », « pur-sang »), qui certifie l'appartenance à cette lignée, puis vont enregistrer les géniteurs dans un répertoire officiel : le* General Stud Book, *publié pour la première fois en 1808. En France, le premier* Stud Book *voit le jour en 1833. Un cheval pur-sang doit obligatoirement posséder un père et une mère certifiés* thoroughbred.

Toute petite !

Le plus petit vertébré est une minuscule grenouille qui, au stade adulte, ne mesure que 7,7 millimètres. Les premiers spécimens ont été découverts en août 2009 près du village d'Amau (Papouasie-Nouvelle-Guinée) par des biologistes de l'Université de Baton Rouge (Louisiane). Cette nouvelle espèce de batracien a été baptisée Paedophryne amauensis.
Le précédent record pour un vertébré miniature appartenait à un poisson indonésien (Paedocypris progenetica) *qui mesure environ un centimètre. À l'opposé, le plus grand des vertébrés reste la baleine bleue (ou rorqual bleu), un cétacé à fanons dont la longueur peut atteindre trente mètres pour une bonne centaine de tonnes. Le rorqual bleu détient aussi le titre de plus gros animal de la planète.*
Cette découverte de grenouilles minuscules vivant sur la terre ferme remet en cause une thèse jusqu'ici solidement établie. En effet, la plupart des biologistes pensaient que les extrêmes de tailles chez les vertébrés se rencontraient chez les espèces aquatiques, l'eau paraissant propice au développement de mensurations très petites ou très grandes. Une hypothèse désormais caduque.

Dans l'embranchement des vertébrés figure la classe des mammifères qui apparaissent il y a 225 millions d'années et qui prolifèrent il y a 65 millions d'années. Cette classe compte 4600 espèces.

Des millions d'œufs

La fourmi peut rester deux semaines sans boire la moindre goutte d'eau. Dotée d'une prodigieuse capacité d'adaptation, elle peut à l'inverse résister quatorze jours à l'immersion dans l'eau. Enfin, on sait qu'elle survit onze mois à l'irradiation par du césium radioactif.

La fourmi appartient à la classe des insectes, ordre des hyménoptères (avec l'abeille, la guêpe, le frelon et le bourdon). Les sociétés de fourmis se composent de trois types d'individus : mâles, femelles fertiles (reines) et femelles stériles (ouvrières). Au cours de sa vie, une reine pond plusieurs millions d'œufs.

Insecte à métamorphose complète, la fourmi passe par quatre stades au cours de sa vie : œuf, larve, nymphe et adulte. Les œufs (minuscules, blancs ou jaunâtres) éclosent de deux à six semaines après la ponte. Ils donnent naissance à des larves blanches, dépourvues de pattes et immobiles. Tout au long de leur développement, les larves sont nourries, nettoyées et protégées par les ouvrières. Elles se transforment ensuite en nymphes souvent enveloppées dans un cocon. L'adulte succède au stade nymphal.

Mammifère ruminant, la girafe peut mesurer jusqu'à six mètres de haut. C'est le plus grand des mammifères et le plus lourd des ruminants : le mâle pèse une tonne et demi. Entre autres caractéristiques amusantes, l'animal possède une langue de cinquante centimètres de long et un cœur de onze kilos qui pompe soixante litres de sang par minute.

Crocodile ou alligator ?

Le crocodile et l'alligator se distinguent par quelques détails anatomiques. Notamment au niveau de leur tête. Celle des crocodiles est plutôt fine, longue et pointue. De plus, lorsque l'animal referme sa gueule, deux dents du bas restent à l'extérieur, au niveau d'une sorte d'échancrure sur la lèvre supérieure. Pour sa part, l'alligator possède le museau court, large et arrondi.

Ces deux familles diffèrent aussi par leur répartition géographique. Il existe quatorze espèces de crocodiles qui vivent dans les régions chaudes (Afrique, Asie, Amérique et Australie). Quant à la famille des alligators, elle comprend deux genres : les alligators proprement dits et les caïmans. Le genre alligator ne possède que deux espèces : l'alligator du Mississippi et l'alligator de Chine. Le caïman, lui, vit surtout en Amérique du Sud et centrale.

Dans tous les cas, crocodiles, alligators et caïmans sont de grands reptiles recouverts d'une épaisse couche d'écailles qui forment des plaques partiellement ossifiées. Ils vivent en eau douce, mais effectuent des incursions régulières sur la terre ferme.

Redoutables carnivores prédateurs, les crocodiliens n'ont pas d'ennemis lorsqu'ils ont atteint l'âge adulte. Hormis les serpents constricteurs (anaconda ou python) et... l'humain. En effet, la plupart des espèces sont menacées de disparition, en particulier à cause de la chasse intensive. Car la peau des crocodiliens est très recherchée pour produire du cuir. Par ailleurs, les extraits de leurs glandes musquées sont utilisés en parfumerie et leurs œufs sont consommés dans certaines régions du monde.

Chez les espèces ovipares, la femelle pond (sur terre, dans les arbres ou dans l'eau) des œufs fécondés. La croissance de l'embryon dans l'œuf s'appelle « l'incubation ». Généralement, les reptiles abandonnent leurs œufs dès la ponte, tandis que les oiseaux les couvent. L'éclosion correspond au moment où le petit sort de l'œuf.

Aucun nouvel animal n'a été domestiqué au cours de ces quatre mille dernières années.

LE DAUPHIN ET TOUS LES MAMMIFÈRES MARINS RESPIRENT À L'AIDE DE POUMONS. LE DAUPHIN INSPIRE L'OXYGÈNE ESSENTIEL À SA VIE PAR UNE NARINE (L'ÉVENT) SITUÉE SUR LE DESSUS DU CRÂNE.

Dix-huit tonnes et trois mille dents

Inoffensif pour l'homme, le requin-baleine se nourrit de plancton (près d'une tonne par jour) ou de petits poissons. Sa gueule (deux mètres d'envergure) se situe à l'avant (et non pas sur le dessous) de son museau large et aplati. Ses mâchoires portent trois mille dents minuscules.

Originaire des mers tropicales, le requin-baleine reste le plus grand poisson connu et le plus grand des requins encore en vie. Il peut atteindre jusqu'à seize mètres de long et pèse plus de dix-huit tonnes. Il est chassé pour la chair de ses ailerons particulièrement appréciée en Chine et à Taïwan.

De coloration plus foncée que la plupart des requins (gris-vert sur le dessus et blanc sur le dessous), il possède une peau d'environ quinze centimètres d'épaisseur et se déplace très lentement (jamais plus de 15 km/h).

Le requin-baleine est ovovivipare, ce qui signifie que les jeunes éclosent à l'intérieur du corps de leur mère (à partir des œufs fécondés à l'intérieur du corps de la femelle). Les jeunes poissons développés sont ensuite libérés en pleine eau.

De la même façon, de nombreux serpents (marins ou non) et lézards sont eux aussi ovovivipares. Sans oublier certaines espèces d'acariens, ces petits parasites du groupe des arthropodes (classe des arachnides) qui ne mesurent qu'un quart de millimètre.

Ver à soie

L'élevage du ver à soie naît en Chine 2600 ans avant J.-C. Il se répand en Occident au Moyen Âge et ne s'installe en Europe qu'au XIXe siècle. Son élevage et la production de la soie (sériciculture) s'effectuent alors dans des fermes spécialisées appelées « magnaneries », notamment dans les régions de Lyon et Orléans, mais aussi dans les Cévennes. Les premières maladies du ver à soie sont apparues en 1845. Louis Pasteur (1822-1895) a travaillé sur ces épidémies de 1865 à 1869 car la situation était devenue préoccupante. La pébrine, qui contamine à la fois vers, papillons et œufs, faisait en effet des ravages. Pasteur a démontré que cette maladie contagieuse est également héréditaire et a imposé une méthode de sélection qui a sauvé l'industrie de la soie. Aujourd'hui encore, la Chine alimente la moitié de la production mondiale de soie naturelle, suivie de l'Inde et du Japon (chacun à hauteur de 15 %). L'arrivée sur le marché des fibres synthétiques (viscose et Nylon) a sonné le glas des magnaneries françaises. La dernière a fermé ses portes en 1968.

Mules, mulets, bardots, bardines, tigrons et ligrons, mais aussi zébrânes ou zébrules... tous sont issus du croisement de deux espèces différentes appartenant au même genre. Ces animaux hydrides ne peuvent pas se reproduire.
Quelques exemples :
Âne et jument = mulet ou mule.
Étalon et ânesse = bardot ou bardine.
Tigre et lionne = tiglon (aussi appelé tigron).
Lion et tigresse = ligron.
Zèbre mâle et jument = zébrule.
Zèbre mâle et ânesse = zébrâne.

Les chats distinguent six couleurs : noir, blanc, vert, jaune, rouge et bleu. De surcroît, ils discernent vingt-cinq nuances de gris.

COMME TOUS LES AUTRES MAMMIFÈRES, Y COMPRIS L'HUMAIN, LA GIRAFE POSSÈDE SEPT VERTÈBRES CERVICALES. CHAQUE « PIÈCE » MESURE UNE TRENTAINE DE CENTIMÈTRES !

Six mille mètres d'altitude

L'envergure du condor des Andes peut atteindre 3,5 mètres. Cet oiseau de proie diurne (rapace) appartient à la famille des vautours de Nouveau Monde (les cathartidés, de l'ordre des falconiformes).
En exploitant astucieusement les courants ascendants, l'exceptionnelle surface portante de ses ailes lui permet d'atteindre six mille mètres d'altitude. Le condor des Andes pèse une douzaine de kilos. Il possède un plumage noir, une grande tache blanche sur la partie supérieure de ses ailes et une collerette duveteuse blanche cerne la partie inférieure de son cou. Le mâle arbore une crête charnue sur le front. Le condor des Andes peut vivre jusqu'à 90 ans. Il se nourrit surtout de charognes, mais il lui arrive aussi de fondre sur de petits mammifères ou de voler jusqu'aux rivages du Pacifique en quête de poissons morts ou pour se nourrir des œufs d'oiseaux marins. Il ne bâtit pas de nid et pond ses œufs à même le sol ou dans les cavités des falaises.

Le groupe des arthropodes se compose des quatre principales classes suivantes : les insectes (trois paires de pattes et une ou deux paires d'ailes) ; les myriapodes (mille-pattes, scolopendres) ; les crustacés ; les arachnides (quatre paires de pattes, comme les scorpions, araignées ou acariens).

Les pingouins vivent dans l'hémisphère Nord, tandis que les manchots habitent dans l'hémisphère Sud. Contrairement aux pingouins, les manchots ne volent pas. On dénombre une seule espèce de pingouin, mais seize espèces de manchots.

Loup peint

Aussi appelé chien sauvage africain, le lycaon vit exclusivement dans les steppes et les savanes de l'Afrique subsaharienne. Mammifère carnivore, il se déplace en meutes parfois composées de plus de cinquante individus et peut couvrir plusieurs milliers de kilomètres à la recherche de proies. Un groupe de grande taille s'attaque volontiers à de gros animaux tels que des lions.

Espèce en voie de disparition (ne restent aujourd'hui que trois petits milliers de sujets, contre cent mille au début du XXe siècle), le lycaon pèse une bonne vingtaine de kilos et mesure une soixantaine de centimètres au garrot.

Il possède de grandes oreilles arrondies, des pattes minces et allongés et une curieuse fourrure courte et éparse composée d'une grande variété de motifs noirs, jaunes et blancs. Aussi le surnomme-t-on parfois « loup peint ».

Le lycaon appartient à la famille des canidés, qui rassemble trente-huit espèces de mammifères carnivores comprenant notamment : le chacal, le chien domestique, le coyote, le dhole (chien sauvage d'Asie), le dingo, le fennec, le loup, le renard…

Le ver luisant appartient à l'ordre des coléoptères (groupe des arthropodes, classe des insectes). L'ordre des coléoptères se compose d'une quantité impressionnante d'espèces : entre 400 000 et 500 000. Difficile à évaluer car les spécialistes découvrent régulièrement de nouvelles espèces. Quoi qu'il en soit, le seul ordre des coléoptères représente environ 40 % de la totalité des insectes.

L'ours, le chameau et la girafe vont l'amble. C'est-à-dire que, pour courir, ces animaux lèvent simultanément les deux pieds situés d'un même côté du corps.

Dans la classification des mammifères, la zoologie reconnaît trois grandes catégories. Tout d'abord, les mammifères placentaires : le jeune effectue la totalité de son développement dans l'utérus de la femelle. Vient ensuite l'ordre des marsupiaux (koalas, kangourous, wombats, opossums, etc.) : le développement du jeune commence dans l'utérus, mais sa croissance se poursuit dans la poche ventrale de la mère. Existe enfin l'ordre des curieux monotrèmes (échidnés et ornithorynques) : la femelle de ce mammifère atypique pond des œufs, comme les animaux appartenant à la classe des oiseaux. Les monotrèmes sont donc des mammifères ovipares.

***L'éléphant est le seul mammifère** qui ne peut pas sauter. Herbivore massif, c'est aussi le plus lourd des mammifères terrestres. Les zoologues ont répertorié trois espèces : l'éléphant d'Asie, l'éléphant d'Afrique de savane et l'éléphant d'Afrique de forêt (éléphant nain). Les deux éléphants d'Afrique vivent en Afrique subsaharienne et l'éléphant d'Asie en Inde et en Asie du Sud-Est.*

La blatte n'a pratiquement pas changé d'aspect depuis le carbonifère. Sur l'échelle des temps géologiques, le carbonifère couvre la période comprise entre 365 et 290 millions d'années. Les fossiles prouvent que la blatte proliférait déjà il y a 320 millions d'années. Une bonne vingtaine d'espèces de blattes sont très largement répandues à travers le monde.

UN POULET DOMESTIQUE NE SAIT PAS VOLER PLUS DE TREIZE SECONDES.

La seule classe des insectes (groupe des arthropodes) compte plus d'un million d'espèces, soit environ 75 % du monde animal aujourd'hui répertorié !
Dans cette classe, l'ordre des coléoptères (coccinelles, vers luisants, scarabées, etc.) abrite plus de 400 000 espèces connues (pour 153 familles). L'ordre des hyménoptères (fourmis, bourdons, guêpes, frelons) se compose lui de 115 000 espèces (pour 89 familles).

Mammifères marins

Les mammifères marins sont adaptés à la vie en mer. À l'intérieur de cette classe, on distingue trois ordres. D'une part, les cétacés (77 espèces) : baleine, bélouga, cachalot, dauphin, marsouin, narval, orque, rorqual, etc. D'autre part, les siréniens : lamantins et dugongs. Enfin, les pinnipèdes, aussi appelés carnivores marins : morses, otaries, phoques. Cétacés et siréniens évoluent dans le seul milieu aquatique. Les pinnipèdes reviennent sur les côtes pour se reproduire.
En fait, du point de vue évolutif, nombre d'espèces sont très éloignées les unes des autres. Par exemple, chez les pinnipèdes, le phoque est beaucoup plus proche de la belette que de l'otarie. Pour sa part, cette dernière se rapproche bien davantage de l'ours que du morse. Nombre de zoologues considèrent d'ailleurs que la classification de l'ordre des pinnipèdes n'a plus de réelle valeur scientifique.
Cependant, tous les mammifères marins ont une forme fuselée et hydrodynamique. Chez les cétacés et les siréniens, les membres postérieurs n'existent plus, tandis qu'est apparu un appendice caudal aplati à l'horizontal permettant la propulsion. En revanche, morses, phoques et otaries ont conservé leurs membres postérieurs, ces derniers leur servant à se diriger sous l'eau et non à se propulser.
Les ancêtres des mammifères marins vivaient sur la terre ferme. Au fil du temps, ils optèrent pour une adaptation à la vie aquatique. Les ancêtres des siréniens datent eux aussi d'une quarantaine de millions d'années. Leurs plus proches parents seraient les éléphants.

L'étendue de la mémoire du poisson rouge ne serait pas supérieure à trois secondes. Ce qui pourrait expliquer pourquoi l'animal ne se lasse pas de tourner en rond dans son bocal dans la mesure où il ne se souvient pas de ce qu'il a vu au tour précédent !

L'œil de l'autruche a la taille d'une balle de tennis et est plus gros que son cerveau.

Mille pulsations par minute

Minuscule oiseau des climats tropicaux, le colibri soutient le rythme de 70 à 90 battements d'ailes par seconde. Champion du vol stationnaire, il reste immobile à la verticale pour déguster le nectar des fleurs. Son cœur bat alors à la fréquence d'un millier de pulsations par minute !
Communément appelé « oiseau-mouche » en raison de son vol bourdonnant, le colibri mesure de 6 à 12 cm pour un poids de deux à six grammes. La plus petite espèce, le colibri d'Hélène, est le plus petit oiseau du monde. À l'opposé, le colibri géant atteint 22 cm et pèse une vingtaine de grammes.
Le colibri se nourrit du nectar qu'il trouve au fond des corolles de fleurs, selon une technique qui consiste à y plonger sa longue langue extensible. Il construit des nids en forme de tasse qu'il tapisse de lichen, de toiles d'araignée et de petits bouts d'écorce. La femelle pond deux œufs blancs par nichée. On recense plus de 300 espèces de colibris répartis sur tout le continent américain, de l'Alaska à la Terre de Feu, ainsi que dans toutes les îles des Antilles. Néanmoins, la majorité des sujets se rencontre dans les régions tropicales de l'Amérique du Sud.
Une trentaine d'espèces est menacée de façon préoccupante et neuf sont en danger critique d'extinction. D'ores et déjà, deux espèces des îles caribéennes (l'Émeraude de New Providence et l'Émeraude de Gould) ont disparu au XXe siècle.

À la vitesse du guépard

Le poisson voilier est le poisson le plus rapide au monde : il atteint facilement les 110 km/h pendant des pointes d'une dizaine de secondes. Il nage sensiblement aussi vite que le guépard court sur la terre ferme. Le voilier mesure environ 3,5 m de long pour un poids de 90 kg. Il possède une haute nageoire brillante de couleur bleue qu'il déploie lorsqu'il saute hors de l'eau. Son museau fin se prolonge en forme de longue épée. Nageur puissant et rapide, il se rencontre dans les régions tropicales et tempérées. Ceux qui s'adonnent à la pêche sportive le considèrent comme une prise de choix.

Le poisson voilier ressemble au marlin, lui-même très proche des espadons et des makaires, tous connus pour leur vitesse et leur endurance. Certaines espèces de marlin flirtent avec les deux cents kilos. En moyenne, l'espadon n'atteint « que » la centaine de kilos, tandis que le makaire dépasse souvent la demi-tonne.

Un chat domestique qui frotte ses griffes sur un meuble ou un tissu ne les aiguise pas. Il se contente d'essayer de les nettoyer. D'où l'importance d'un toilettage régulier de ses coussinets.

LE PIGEON EST LE SEUL OISEAU AU MONDE À POUVOIR BOIRE DE L'EAU SANS AVOIR ENSUITE À LEVER LA TÊTE POUR L'AVALER.

Petit rongeur des régions désertiques d'Afrique et d'Asie, la gerboise*, qui ne sort que la nuit, ne boit pratiquement jamais. Pour s'hydrater, elle se contente de l'eau contenue dans les graines et les pousses qu'elle mange. Elle peut ainsi rester pendant plus de trois ans sans boire.*

Les poissons rouges sont verts

Originaire d'Extrême-Orient, le poisson rouge a été introduit avec succès en eau douce dans le monde entier. Dans la nature, ces poissons arborent une magnifique couleur vert olive et dépassent les trente centimètres. Ils se nourrissent d'herbes, de vers, de petits coquillages et d'insectes. Ils peuvent atteindre l'âge de soixante-dix ans.

Il existe une grande variété de poissons rouges domestiques. Par exemple, des formes albinos ont été produites en Chine et certaines espèces (totalement blanches, avec des nageoires rouges ou argentées) sont appelées « poissons d'argent ». On rencontre aussi les poissons-voiles caractérisés par de longues nageoires ; les calicots (poissons rouges tachetés) ou les poissons-paons (deux nageoires caudales et deux nageoires dorsales).

Les poissons rouges auraient été introduits en Angleterre en 1691 et en France au milieu du XVIIIe siècle, lorsque des spécimens furent offerts à Madame de Pompadour, la maîtresse de Louis XV (1710-1774).

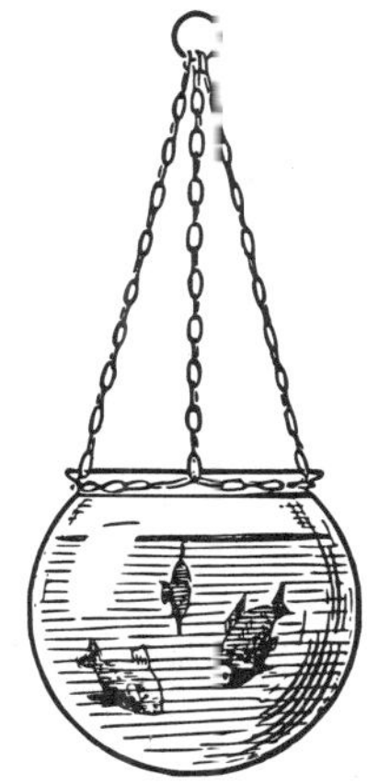

Antilope des steppes de l'Asie centrale, le saïga se reconnaît à son museau renflé et allongé comme une courte trompe.

Une espèce se compose de sujets qui peuvent se reproduire et dont la descendance peut elle aussi se reproduire. C'est ce que l'on appelle « l'interfécondité ». Les individus de deux espèces différentes (mais proches) peuvent, au mieux, produire des animaux hybrides qui sont stériles. Par exemple, le cheval et l'âne sont des mammifères ongulés (pourvus de sabots) qui appartiennent à l'ordre des périssodactyles (nombre impair de doigts), de la famille des équidés.
Ils peuvent se reproduire, mais leur descendance (mule, mulet, bardot ou bardine) sera un animal hybride stérile. Cheval et âne appartiennent donc à deux espèces différentes.

Minuscules invertébrés, les acariens appartiennent à la classe des arachnides (araignées, scorpions, tiques), groupe des arthropodes. On a recensé plus de 7000 espèces d'acariens dont la plupart ne mesurent qu'un quart de millimètre.

Le plus grand carnivore terrestre

Encore appelé « ours polaire », l'ours blanc vit sur les zones côtières glacées de l'Arctique. Mammifère carnivore très spectaculaire à la fourrure abondante, cet animal bénéficie d'un odorat excessivement développé. La légende veut qu'il sente la présence humaine une vingtaine de kilomètres à la ronde.

L'ours blanc peut atteindre 700 kg, pour une taille dépassant les 2,5 mètres (lorsqu'il est dressé sur ses pattes arrière). Seul le kodiak d'Alaska (l'une des deux sous-espèces d'ours brun, 800 kg, 3 mètres de long) lui dispute le statut de plus grand carnivore terrestre. Située dans le sud-ouest de l'Alaska, l'île Kodiak (160 km de long et une vingtaine de kilomètres de large) est le repère favori de ce grand ours brun (aussi appelé plus simplement « kodiak »).

Excellent nageur et bon plongeur, l'ours blanc passe son temps à quadriller la banquise sur de très longues distances, souvent suivi par l'isatis (le renard bleu) qui profite des restes de ses repas. Il se nourrit essentiellement de phoques, de morses et de poissons. Mais il s'attaque aussi parfois à des rennes. En effet, agile et véloce, l'ours blanc peut piquer des pointes de vitesse de 40 km/h.

Quant au renard bleu (renard arctique, renard blanc ou renard polaire), il possède un pelage brun en été et blanc (ou gris bleuté) en hiver. Les renards polaires n'hibernent pas et restent donc actifs toute l'année. Ils ont un régime alimentaire varié : lemmings, oiseaux, œufs, bébés phoques, charognes, etc.

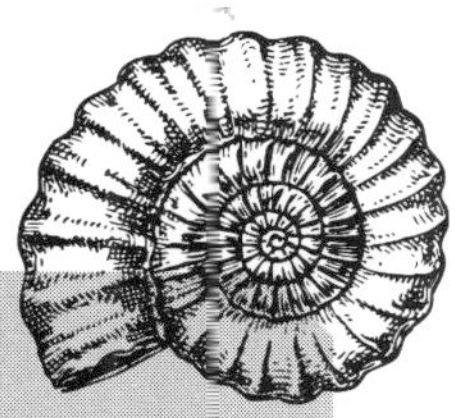

Les plus vieux fossiles

Les restes fossilisés restituent une partie de l'animal (ou de la plante) os, dents, coquilles, feuilles, etc. Pour leur part, les empreintes fossiles appartiennent aux traces laissées par des animaux : traces de pas ou d'enfouissement (voire des crottes fossilisées). À l'évidence, un animal a pu laisser des milliers de traces, mais il ne lègue aux chercheurs qu'un seul corps à sa mort. Les empreintes fossiles sont donc bien plus nombreuses que les restes fossilisés.

En 2012, on a découvert les plus petites empreintes de pas fossilisées (en Nouvelle-Écosse). Laissées par un tétrapode il y a 315 millions d'années (carbonifère), ces traces se présentent sur une longueur de 48 millimètres. Il s'agit d'une trentaine d'empreintes de pas. Celles des pattes postérieures mesurent 2,4 millimètres et celles des pattes antérieures 1,6 millimètre. Proche de notre actuelle salamandre, l'animal était un jeune amphibien dont la longueur n'excédait pas le centimètre.

En novembre 2011, une équipe de chercheurs allemands parvient à mettre en évidence l'un des plus petits fossiles au monde : un acarien de 0,2 millimètre de long. L'arthropode était fixé sur la tête d'une araignée elle-même piégée dans un fragment de résine (de l'ambre) datant d'il y a 49 millions d'années. Quant au plus vieux fossile complet observé, il a été découvert en août 2012 dans le gisement belge de Strud (province de Namur, Wallonie) : un insecte proche de nos sauterelles d'aujourd'hui. L'animal vivait il y a 365 millions d'années (dévonien supérieur).

Il existe environ 350 espèces de requins, de tailles très variables, que l'on trouve dans tous les océans et toutes les mers du monde, bien qu'ils préfèrent les eaux chaudes. Le grand requin blanc peut mesurer plus de 6 mètres de long, pour un poids de 3 tonnes. Le requin-baleine (plus grand poisson du monde) fait en moyenne 15 mètres de long. Mais, en réalité, la majorité des requins ne mesurent guère plus d'un mètre.

Disparu au début du XVIIe siècle, l'aurochs vivait en Afrique, en Europe et au Moyen-Orient. Grand taureau sauvage de couleur noire (entre 1,75 et 2 mètres à l'épaule), il disposait de deux cornes impressionnantes en forme de croissant. L'aurochs a été domestiqué vers 6 500 avant J.-C.

Mammifères à fourrure, les renards *peuvent atteindre la vitesse de 50 km/h. Il existe une vingtaine d'espèces différentes de renards qui vivent essentiellement dans l'hémisphère Nord.*

Trois naissances par siècle

Fin juin 2012, un rhinocéros de Sumatra a vu le jour dans un refuge du parc de Way Kambas, sur l'île indonésienne de Sumatra. Cet événement constitue un réel espoir pour une espèce en danger critique d'extinction. En un siècle, il ne s'agit que de la quatrième naissance d'un rhinocéros de Sumatra. Les trois autres ont eu lieu aux États-Unis, au zoo de Cincinnati (sud de l'État de l'Ohio).

Inscrit sur la liste rouge des espèces menacées, le rhinocéros de Sumatra ne serait représenté à l'état sauvage que par environ 200 spécimens. Car, au nom de prétendues vertus médicinales ou aphrodisiaques, ses cornes sont très recherchées. Victime d'un braconnage inconsidéré et de la destruction de son habitat (déforestation), l'espèce a vu sa population chuter de façon monumentale. Au cours de ces vingt dernières années, la moitié des spécimens a disparu. Autrefois répartis sur l'ensemble de l'Asie, les rhinocéros de Sumatra ne se rencontrent plus qu'en Indonésie et en Malaisie.

Il n'existe aujourd'hui que cinq espèces de rhinocéros. Trois en Asie et Malaisie, deux en Afrique tropicale : rhinocéros de l'Inde, rhinocéros de Java, rhinocéros de Sumatra, rhinocéros noir d'Afrique et rhinocéros blanc d'Afrique. Le rhinocéros reste l'un des plus grands mammifères terrestres avec l'éléphant et l'hippopotame : il atteint entre 1,5 et 1,85 mètre au garrot et peut mesurer de 3 à 4 mètres de long. Le rhinocéros de Sumatra est le plus petit des cinq espèces encore vivantes.

Flamants roses

Grand oiseau aux pattes longues et au cou très souple, le flamant possède un bec incurvé vers le bas. Étroite, la mandibule supérieure s'emboîte dans la mandibule inférieure comme le couvercle d'une boîte. Pour se nourrir, les flamants plongent la tête dans l'eau qu'ils ratissent vers l'arrière, la tête à l'envers. Et leur langue charnue filtre l'eau à travers les lamelles, arrêtant ainsi les petits invertébrés et les matières végétales dont il se nourrit.

Dans le cas du flamant rose qui habite les Caraïbes, la France (Camargue) et l'Espagne, on a remarqué que sa couleur passe au gris sale lorsqu'il vit en captivité. Par conséquent, l'échassier ne produit pas lui-même le colorant qui lui donne sa couleur. Celle-ci provient de son alimentation.

Ainsi le flamant rose mange-t-il des crevettes (Artemia salina), *elles-mêmes roses, qui pullulent dans les étangs saumâtres, eaux stagnantes des lagunes ou autres mares peu profondes des îles basses. Dès lors, son astucieux bec lui permet de capturer le petit crustacé qui, lui, ingère des algues unicellulaires de couleur rose pour se nourrir. Ces algues contiennent des pigments photosynthétiques (caroténoïdes que l'on trouve dans la carotte et dans de nombreux végétaux). La crevette mange une algue qui la colore en rose… et ainsi de suite.*

Le buffle fut utilisé par les peuples natifs de l'Amérique du Nord jusqu'à l'arrivée des premiers colonisateurs européens (fin XVIe et XVIIe siècle). À l'époque, il y avait environ 50 millions de buffles sur l'ensemble du territoire nord-américain. Vers la fin du XIXe siècle, il ne restait plus qu'un millier de têtes.

La chauve-souris bourdon ne mesure que 3 cm de long et pèse 2 g. Mais, avec les ailes ouvertes, elle possède une envergure d'une douzaine de centimètres. La chauve-souris bourdon vit dans l'ouest de la Thaïlande. Ce mammifère est malheureusement en voie d'extinction.

Aux origines de la domestication

Les plus anciennes traces de domestication réussie remontent à une dizaine de milliers d'années avant J.-C. Mais une forme de domestication organisée s'est développée avec les premières sédentarisations d'humains (vers 8 000 avant J.-C.). Entre 11 000 et 9 000 avant J.-C., l'homme vit encore de chasse et de cueillette et apprivoise quelques loups. Devenu sédentaire, il va domestiquer les grands herbivores pour disposer d'une réserve de nourriture et de peau (vêtements). Ces premières traces de domestication alimentaire surviennent en Mésopotamie (actuel Irak) avec le mouflon et la chèvre. Viendront ensuite l'aurochs (bœuf sauvage) et le sanglier (porc sauvage).

Canard sauvage au plumage noir, le morillon est aussi une variété de raisin noir appelé « pinot tête-de-nègre ». Ce raisin fut autrefois cultivé dans l'actuel XVe arrondissement de Paris où existe une rue des Morillons.

Rongeurs à la longue queue touffue, les écureuils vivent dans les arbres ou dans des terriers comme les tamias et les sousliks d'Eurasie et d'Amérique du Nord. Certains peuvent « planer » d'arbre en arbre grâce à une sorte de peau (patagium) tendue entre leurs pattes avant et leurs pattes arrière.

Petits oiseaux du continent américain, les colibris sont les seuls oiseaux au monde capables de voler en marche arrière. Quant au colibri d'Hélène, le plus petit des colibris et le plus petit oiseau du monde, il ne mesure que 2,5 cm de long et vit uniquement à Cuba.

Des courses de chevaux se déroulèrent sur les Champs-Élysées jusqu'en 1860. Elles émigrèrent ensuite vers l'hippodrome de Longchamp (inauguré en avril 1857), dans le bois de Boulogne.
Célèbre avenue de l'ouest de Paris située sur la rive droite de la Seine, les Champs-Élysées (le nom apparaît en 1709) furent tracés par l'architecte André Le Nôtre, paysagiste du château de Versailles (1670). Mais c'est Marie de Médicis qui avait suggéré d'aménager ce lieu d'une longue allée bordée d'arbres (1616). D'abord appelée « Grand-Cours », l'avenue ne fut fréquentée qu'à partir de 1779.

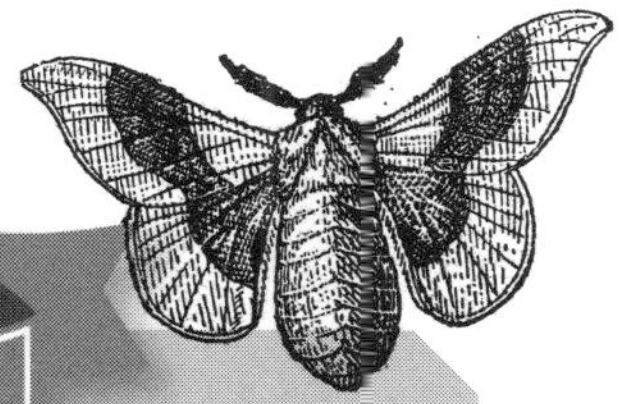

Seule la femelle du moustique pique, aussi bien l'humain que d'autres vertébrés (mammifères, oiseaux, amphibiens), car elle a besoin de sang pour que ses œufs se développent correctement. Elle pond sur des plans d'eau douce (lacs, étangs) mais peut aussi se contenter d'une réserve d'eau stagnante. On dénombre 1 600 espèces de moustiques à travers le monde.

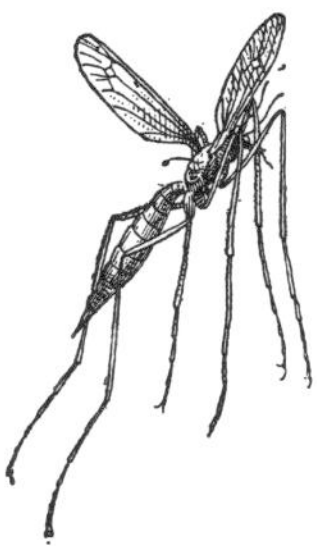

Une journée...

Papillon de nuit originaire d'Extrême-Orient, le bombyx du mûrier a une espérance de vie qui n'excède guère la journée. Sa chenille, appelée « ver à soie », produit la soie naturelle utilisée depuis plusieurs millénaires dans la confection de tissus.
La chenille du bombyx du mûrier se métamorphose en un papillon blanc incapable de voler. Car il pèse trop lourd et possède de trop petites ailes. Au mois de juin, la femelle du bombyx pond environ 500 œufs qui vont éclore en mai de l'année suivante pour libérer à leur tour de nouvelles chenilles (le ver à soie). Ces chenilles se nourrissent exclusivement de feuilles de mûrier blanc. Après trente à quarante jours de développement, elles cessent de s'alimenter. Pour tisser leur cocon, elles sécrètent alors un fil unique de soie (plus de 1 500 mètres de long). Une fois déroulé, ce fil donnera la soie grège utilisée dans l'industrie textile.

Antiquité

Par convention, l'Antiquité se situe entre 2000 avant J.-C. et 476 après J.-C., date qui marque la fin de l'Empire romain d'Occident.

1. L'ancienne Égypte

Les Égyptiens dressaient des singes *(notamment des babouins) pour les aider à la cueillette des fruits. De nombreuses fresques tombales illustrent de telles scènes.*

Tous les pharaons qui se succèdent dans l'ancienne Égypte sont considérés comme des dieux, car la légende veut que le premier roi d'Égypte fut Osiris, envoyé sur la Terre par le dieu Soleil Rê.

LE LOTUS FUT LE SYMBOLE DE L'ÉGYPTE ANCIENNE. LA TIGE DE LA PLANTE REPRÉSENTE LA VALLÉE DU NIL ET LA FLEUR, SON DELTA.

Chaque moment de la vie du pharaon (s'habiller, manger, se laver) se déroulait selon un rituel précis. De surcroît, il se rendait chaque jour au temple pour nourrir ses ancêtres. Le peuple imaginait que le pharaon disposait d'un pouvoir sur le cours et les crues du Nil.

En 1799, un soldat de Napoléon participant à la campagne d'Égypte découvre la pierre de Rosette, une stèle de basalte noir (115 cm de haut, 73 de large, 25 d'épaisseur pour un poids de 762 kg), près de la ville de Rosette (Basse-Égypte), très précisément au fort Saint-Julien. Cette stèle se trouve aujourd'hui au British Museum de Londres. Datée de 196 avant J.-C., la pierre de Rosette est recouverte d'inscriptions en deux langues et trois écritures (hiéroglyphes, démotique et grec). Elle porte un décret de Ptolémée V (210-181 avant J.-C.). La stèle permit de déchiffrer les hiéroglyphes égyptiens et de fonder l'égyptologie moderne, grâce aux travaux du physicien britannique Thomas Young (1773-1829) et de l'égyptologue français Jean-François Champollion (1790-1832).

Les hiéroglyphes de l'ancienne Égypte sont des caractères utilisés dans tous les systèmes d'écriture fondés sur des représentations pictographiques. Chaque caractère représente ainsi des objets reconnaissables. Les anciens Grecs utilisaient le terme « hiéroglyphe » (inscription sacrée) pour désigner les caractères décoratifs gravés sur les monuments égyptiens. Le mot « hiéroglyphe » fut également utilisé pour désigner d'autres systèmes pictographiques (hittites, crétois, mayas), bien que ces systèmes n'aient aucun rapport entre eux.

Ornés de formules magiques, de peintures divines et de hiéroglyphes *glorifiant les mérites du défunt, les cercueils en bois ou en cartonnages contenant les momies étaient placés dans des sarcophages de pierre afin de les protéger des pilleurs et de l'assaut des animaux sauvages.*

L'ensorcelante Cléopâtre (69-30 avant J.-C.) pratiquait des bains de boue dans la mer Morte. Fille du roi d'Égypte Ptolémée XII, elle accéda au trône d'Égypte en 51 avant J.-C. La légende veut que ses bains réguliers lui donnèrent un teint superbe.

La mythologie égyptienne met en scène le dieu Thot, qui fut surtout honoré dans la région du delta du Nil. Divinité lunaire, démiurge créateur, inventeur de l'écriture, juge des âmes et magicien, Thot possède un corps d'homme et une tête d'ibis (il est parfois représenté avec une tête de chien ou de chacal).

La monnaie n'existant pas dans l'ancienne Égypte, les achats s'effectuaient par le truchement du troc. Ainsi échangeait-on les produits sur le marché, le prix d'une marchandise étant fixé par son poids.

Poupées russes

La momification pratiquée par les Égyptiens de l'Antiquité empêchait la décomposition des cadavres ou, du moins, en retardait le dessèchement. Pratiquée par des prêtres embaumeurs, la cérémonie de momification durait soixante-dix jours.
Les officiants retiraient au défunt intestins, estomac, poumons et foie qu'ils plaçaient dans des canopes (des urnes funéraires en forme de petits vases) qui étaient ensuite déposés aux côtés de la momie. On enlevait également le cerveau, tandis que le cœur, symbole de l'âme, restait à sa place. Lavé dans du vin de palme, puis recouvert d'un sel absorbant l'humidité, le cadavre reposait pendant une quarantaine de jours.
Puis les embaumeurs remplissaient le corps d'épices, d'étoffes, de sable et de sciure de bois avant de l'envelopper de bandelettes de lin imprégnées de résine. Pour terminer, la momie était déposée dans son cercueil. Parfois, plusieurs cercueils s'emboîtaient comme des poupées russes. Les prêtres plaçaient enfin le (ou les) cercueil(s) dans un grand coffre de pierre : le sarcophage. Outre les humains, les Égyptiens momifiaient veaux, chats et crocodiles. À leurs yeux, ces animaux passaient pour les messagers des dieux. Des centaines de milliers de chats momifiés furent ainsi découverts dans des tombeaux.

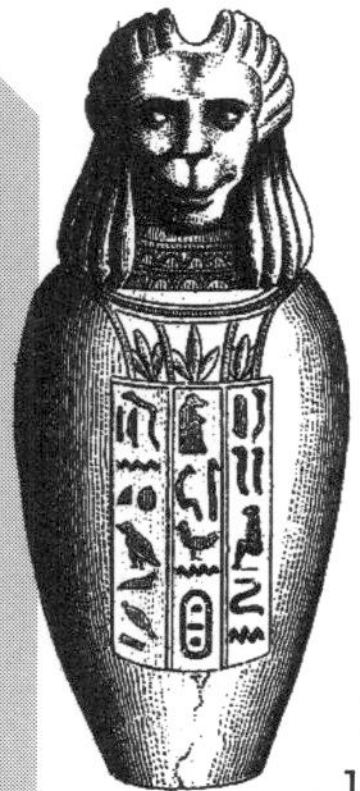

Les Égyptiens de l'Antiquité vénéraient le chat au point que toute la famille prenait le deuil, en se rasant les sourcils, dès qu'un félin domestique attaché à un foyer mourait. Pauvres ou riches s'adonnaient alors à un rituel immuable. Le chat était embaumé, enveloppé de bandelettes et placé dans un sarcophage de bronze. Le chat fut longtemps considéré comme un dieu vivant dans l'Égypte antique. Notamment dans la ville de Bubastis, lieu du culte principal de la déesse Bastet, représentée sous la forme d'une chatte (ou d'une femme à tête de chatte). Non loin du temple dédié à Bastet (bienfaitrice et protectrice des hommes), on découvrit une nécropole de chats momifiés (d'autres cimetières semblables furent mis à jour dans le pays).

Les plus riches Égyptiens de l'Antiquité mangeaient de l'oie, de la gazelle, du lièvre, des œufs d'autruche, des grenades et des figues et buvaient du vin. Les pauvres se contentaient de bière, de pain et de poisson.

Les femmes portaient des robes fourreaux en voile de lin qui descendaient sur les chevilles. Les hommes s'habillaient de pagnes, de jupes et de tuniques. Certains notables de la haute société se couvraient de peaux de bêtes, notamment de léopards.

Pour se nourrir, les Égyptiens de l'âge de la pierre polie (12 000 avant J.-C.) chassaient le lion, le taureau sauvage, l'hippopotame et le crocodile.

La ville d'Alexandrie fut fondée par Alexandre le Grand lorsqu'il envahit l'Égypte en 331 avant J.-C. La bibliothèque d'Alexandrie rassemblait plus de sept cent mille livres roulés, dits « *volumen* ».

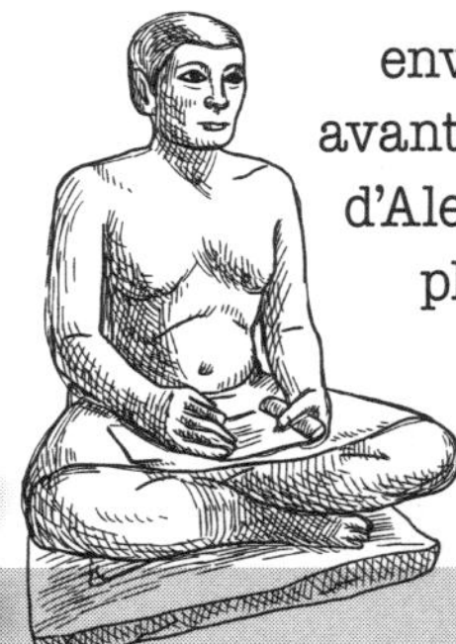

Les hiéroglyphes

Les scribes de l'Égypte ancienne utilisaient les hiéroglyphes pour rédiger des documents officiels et pour raconter des événements historiques essentiels. On en peignait aussi sur les murs des tombeaux et sur les sarcophages en bois. Chaque hiéroglyphe représentait une image stylisée inspirée d'un objet réel (serpent, main, oiseau, etc.). Les scribes utilisaient environ sept cents hiéroglyphes différents.

Les inscriptions hiéroglyphiques sont écrites verticalement ou horizontalement, le plus souvent de droite à gauche. Les signes représentant des êtres animés indiquent le sens de la lecture : ils sont tournés vers le début de l'inscription.

Les hiéroglyphes furent utilisés entre 3200 avant J.-C. et la fin du IVe siècle après J.-C. (la dernière inscription hiéroglyphique date de 394).

La grande pyramide de Khéops, sur le site de Gizeh, mesure 146 mètres de haut. Il s'agit là du plus imposant édifice de pierre au monde.
Les Égyptiens assimilaient leurs dieux aux astres. Certains spécialistes affirment que la disposition des trois pyramides de Gizeh correspond à celle de la constellation céleste du Baudrier d'Orion. À l'instar des trois étoiles de cette constellation, le plus petit des trois tombeaux est décalé vers la gauche.

Les chasseurs égyptiens entraînaient leurs chats *à débusquer les oiseaux nichés dans les papyrus. Il ne leur restait plus qu'à les abattre à l'aide d'un boomerang.*

Des briques de boue séchée au soleil servaient à construire les maisons ordinaires, la pierre étant destinée à édifier les monuments officiels. L'utilisation de ce type de matériau explique pourquoi les archéologues n'ont retrouvé que très peu d'exemples de ces maisons de l'ancienne Égypte.

Les Égyptiens de l'Antiquité produisaient de la cervoise (bière d'orge sans houblon) qui figurait parmi leurs boissons favorites. Il fallait filtrer cette bière très épaisse avant de la boire.

Mort vers 1343 avant J.-C. à l'âge de vingt ans, le jeune Toutankhamon (gendre d'Akhenaton, le mari de Néfertiti) n'a pratiquement pas régné. Dans son tombeau découvert dans la Vallée des Rois en novembre 1922, par Howard Carter et Lord Carnarvon, ont été retrouvés (outre d'inestimables trésors) : ses jouets d'enfant, 116 paniers de fruits, une quarantaine de jarres de vin et des boîtes contenant du canard rôti et des gâteaux, sans oublier du pain.

Il n'y avait pas de lapins dans l'ancienne Égypte, mais des lièvres, comme l'attestent clairement de nombreux dessins ou fresques murales de l'époque.

Les principales civilisations du monde

Le continent africain fut sans doute le berceau de l'humanité. En effet, on y a notamment retrouvé :
- Toumaï (7 millions d'années), un crâne fossile de primate découvert au nord du Tchad en juillet 2001 ;
- Orrorin, « l'homme originel » (6 millions d'années), un hominidé trouvé en l'an 2000 au Kenya ;
- un australopithèque *Anamensis*, qui vivait au Kenya et en Tanzanie il y a 4,2 à 3,9 millions d'années ;
- Lucy et l'australopithèque *Afarensis* (4,1 à 2,9 millions d'années), en Afrique orientale ;
- Abel et l'australopithèque *Bahrelghazali* (3,5 à 3 millions d'années), découverts en 1995 au Tchad ;
- l'*Homo habilis* (2,4 à 1,6 million d'années), en Afrique orientale ;
- les premiers outils de pierre taillée en Éthiopie et Tanzanie (2,6 à 2,3 millions d'années) ;
- l'*Homo ergaster* (2 à 1 million d'années), le premier hominidé à consommer régulièrement de la viande.

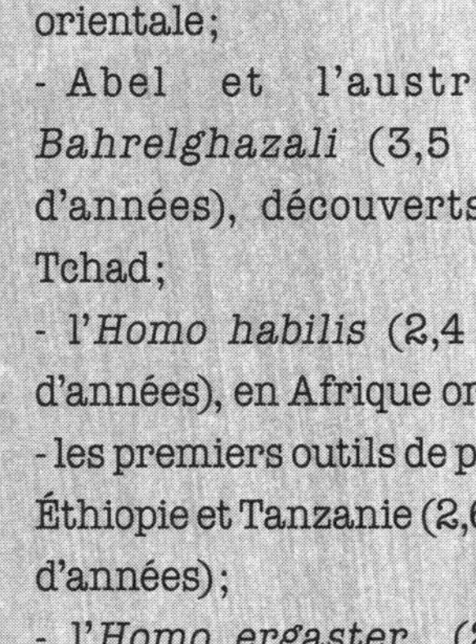

Dès le néolithique, de nombreuses civilisations se développent sur l'ensemble de la planète : dans le bassin de la Méditerranée orientale, au Proche-Orient (notamment dans une zone que l'on appelle « le Croissant fertile »), mais aussi en Amérique du Sud, en Afrique et en Asie. Cette liste n'a rien d'exhaustif, mais elle permet de mieux comprendre où et comment vécurent les premières sociétés humaines.

Les Sumériens

(vers 5000 à 2400 avant J.-C.)

Ils organisent leur sédentarisation dans l'embouchure du Tigre et de l'Euphrate (d'abord autour des villes d'Our, Nippour et Éridou), au sud de l'actuel Irak. Cette région va s'appeler ensuite Mésopotamie (« le pays entre les deux fleuves »). La civilisation mésopotamienne se caractérise par le développement de l'élevage et de la grande agriculture céréalière, ainsi que par l'établissement de cités-États (sortes de principautés) organisées autour d'une ville (centre religieux et administratif). Vers 3000 avant J.-C., les Sumériens mettent au point la première écriture (pictographique puis idéographique). Vers 2300 avant J.-C., un fugitif empire se forme autour de la ville d'Akkadé (plus au nord sur l'Euphrate). Pendant un siècle, les Akkadiens dominent la région, de l'actuel golfe Persique à l'actuel Iran du sud-ouest.

Les Égyptiens

Dès 3500 avant J.-C., ils s'installent dans le delta du Nil.

La civilisation égéenne

(vers 3000-1200 avant J.-C.)
Elle se développe autour de la mer Égée, notamment en Crète, dans les îles Cyclades et en Grèce continentale. On distingue deux cultures essentielles : d'une part, celle des Minoens (en Crète, entre 2000 et 1450 avant J.-C.) ; d'autre part, celle des Mycéniens (dans le Péloponnèse, entre 1450 et 1100 avant J.-C.).

La civilisation de la vallée de l'Indus

Elle se fonde le long du fleuve du même nom (l'Indus) des actuels Inde et Pakistan (vers 2500-1500 avant J.-C.). Certains archéologues situent même ses origines à 6000 avant J.-C. Cette civilisation était extrêmement développée : elle cultivait le grain et l'orge, disposait de silos à grains ventilés, de maisons rectangulaires, de larges avenues et ruelles perpendiculaires, de piscines à degrés, d'outils et d'armes (en pierre, cuivre ou bronze) et de fortifications. Environ 40 000 habitants occupaient deux grandes villes très organisées (Harappa et Mohenjo-Daro) dont les rues et les maisons disposaient d'égouts très élaborés. Leur écriture était composée de 270 signes. Cette civilisation a brutalement et mystérieusement disparu.

Les Cananéens

(vers 2000-1200 avant J.-C.)
Ils s'établissent sur la terre riche et fertile du pays de Canaan (côte est de la Méditerranée, aujourd'hui Israël, le Liban et une partie de la Syrie et de la Jordanie), point de contact entre l'Afrique et l'Asie. La Bible explique que des tribus nomades, les Hébreux, sont contraintes d'aller travailler en Égypte. Échappant à l'esclavage, ils reviennent conquérir Canaan. Mais des envahisseurs, les Pelesets (« Peuple de la Mer », « Philistins » dans la Bible, mot qui donnera ensuite celui de « Palestine ») s'installent dans le sud de Canaan autour de l'an mil avant J.-C. Les tribus hébraïques résistent et fondent le royaume d'Israël qui prospère sous les rois Saül, David et Salomon. À la mort de ce dernier en 932 avant J.-C., un schisme se produit. Le royaume se coupe en deux : Israël au Nord (capitale Samarie) et Juda au Sud (capitale Jérusalem). Le premier subira les assauts des Assyriens (722 avant J.-C.). Jérusalem sera quant à elle détruite par Nabuchodonosor II en 587 avant J.-C.

Les Babyloniens

(vers 1900-539 avant J.-C.)
Ils se fixent entre le Tigre et l'Euphrate. Ils subissent de multiples invasions (Assyriens, Chaldéens, Kassites). Grand centre intellectuel et capitale de la Mésopotamie, Babylone (une ville splendide sur les rives de l'Euphrate) se réveille sous le règne de Nabuchodonosor II (605-562 avant J.-C.) pour devenir la plus grande cité de son temps.

Les Hittites

(vers 1900 à 700 avant J.-C.)
Ils s'implantent sur le haut plateau anatolien (Anatolie) de l'actuelle Turquie.

Les Phéniciens

(1200-146 avant J.-C.)
Ils se déploient sur la côte est de la Méditerranée, appelée « Phénicie » (aujourd'hui la côte du Liban). Audacieux marins, ils descendent des Cananéens. Ils rayonnent depuis les villes de Tyr, Sidon ou Bérytos (l'actuelle Beyrouth) et commercent avec de nombreux pays à bord de splendides bateaux remplis de bois de cèdre, de verres teintés, d'ivoire et d'étoffes. Vers 700 avant J.-C., ils explorent Malte, la Sicile, la Sardaigne, la Corse, le sud de l'Espagne et le nord de l'Afrique où ils installent leur plus célèbre colonie : Carthage.

Les Assyriens

(vers 900-612 avant J.-C.)
Ils sont originaires des collines et vallons proches du Tigre, dans l'actuel Irak du Nord. Jusque vers 2000 avant J.-C., les Sumériens, puis surtout les Akkadiens, dominèrent la région. Vers 900 avant J.-C., les Assyriens commencent à conquérir les pays voisins, mais cet empire fragile tombe aux mains d'une armée de Babyloniens et de Mèdes (des guerriers venus de Perse).

Les Celtes

(750 avant J.-C.-100 après J.-C.)
Qualifiés de « barbares » par les Grecs et les Romains, ils sont pourtant les héros de l'âge de fer et surtout d'adroits métallurgistes et de vaillants guerriers, qui pratiquent également la polyculture intensive. D'abord utilisé en Asie Mineure, le fer se répand en Europe avec la période de Hallstatt (Autriche, 1000 à 500 avant J.-C.), puis avec celle de La Tène (Suisse, entre 500 et 50 avant J.-C.).

Les Perses

(à l'origine, tribu située aux abords de Babylone)
Avec leurs voisins Mèdes, ils arrivent dans l'actuel Iran autour de 1300 avant J.-C. En 549 avant J.-C., Syrus devient roi des Perses, annexe la Lydie (l'Ouest de l'actuelle Turquie) et s'empare de l'Empire babylonien (539 avant J.-C.). Leur empire va alors de l'Égypte à l'Inde.

Les Grecs

(entre 800 et 31 avant J.-C.)
Ils diffusent leur culture sur toute la région méditerranéenne (théâtre, musique, mathématiques, philosophie, médecine) et propagent un débat porteur d'un élan d'idées politiques originales. Mais la civilisation grecque manque d'unité administrative : le continent et les îles sont divisés en petites cités-États, comme Athènes, la plus puissante. En 323 avant J.-C., Alexandre le Grand avait conquis un gigantesque empire allant de la Grèce à l'Asie Mineure (jusqu'au fleuve Indus, en Inde), en passant par l'Égypte. Onze années durant, il parcourut 32 000 km pour assouvir sa soif de conquêtes. Âgé de 33 ans, il meurt à Babylone en 323 avant J.-C. Le partage des territoires entre les généraux d'Alexandre affaiblit l'empire. En 31 avant J.-C., l'Égypte sera le dernier royaume hellénistique à tomber aux mains de l'empereur romain Auguste.

Les Romains

Entre 750 avant J.-C. et 476 après J.-C., ils ont constitué un empire qui fut le plus puissant qu'ait jamais connu l'Occident. Vers 220 après J.-C., ils contrôlaient l'Afrique du Nord, une partie du Proche-Orient et l'essentiel de l'Europe. Cette grande saga commença en 750 avant J.-C. avec une tribu de paysans installée sur les collines surplombant le Tibre.

Les royaumes africains

Parmi ces royaumes, au sud de l'Égypte, celui de Méroé (en Nubie) atteint son apogée vers 700 avant J.-C. De leur côté, les peuples bantous gagnent le bassin du Congo vers 500 avant J.-C. Un millénaire plus tard, l'Afrique occidentale abrite de grands royaumes : Ghana (700-1200), Mali (1200-1500), Songhaï (1350-1600, dans la vallée du fleuve Niger). Leurs richesses venaient essentiellement de l'or. À l'extrême sud de la mer Rouge, le royaume d'Axoum devint très puissant au IIIe siècle (commerce de l'ivoire, de l'encens et des épices). Au VIe siècle, il conquit même une partie de l'Arabie. Quant au royaume forestier du Bénin, il connut son apogée au XIVe siècle (grâce au commerce de l'ivoire, du poivre et de l'huile de palme).

En Chine

Les différents États (administrés par un roi) se firent une guerre sans merci pendant près de trois siècles. En 221 avant J.-C., Zheng, roi de l'État de Qin (ou Ch'in, d'où le mot « Chine »), impose l'unité du pays et devient le premier empereur souverain de Qin. Entre 214 et 210 avant J.-C., il fait construire la Grande Muraille de Chine (3 460 km de long).

L'Empire s'effondre en 210 avant J.-C. Après plusieurs siècles de chaos et de luttes fratricides, le pays connaît un véritable âge d'or avec l'arrivée au pouvoir de la dynastie Tang (de 618 à 906 après J.-C.). Vient ensuite la dynastie Song (960 à 1279), qui invente le papier-monnaie.

Civilisation particulièrement avancée, la Chine a été et reste le foyer de nombreuses innovations comme la pratique de l'acupuncture (dès 2700 avant J.-C.) ou l'art de l'écriture (vers 1200 avant J.-C.). Pendant l'âge du bronze (vers 2000 avant J.-C.), l'art et la technologie s'y sont développés. Confucius (552-479 avant J.-C.), le personnage historique ayant le plus marqué la civilisation chinoise, est considéré comme le premier « éducateur » du pays.

Les Mayas

Ils vivaient sur des terres organisées en petits royaumes. Leur civilisation culmine de 250 à 900 après J.-C. Les principales villes royales sont Tikal, Uaxactún, Piedras Negras et Quiriguá (actuel Guatemala) ; Copán (Honduras) ; Palenque, Uxmal, Chichén Itzá et Yaxchilán (Mexique d'aujourd'hui). Leurs ancêtres, les Olmèques (peuple originaire de la côte du golfe du Mexique), se déployèrent dans la région entre 1200 et 400 avant J.-C.

Les Aztèques

Cette tribu de farouches guerriers domina le centre et le sud de l'actuel Mexique entre le XIIIe et le XVIe siècle, jusqu'aux débuts de l'invasion espagnole (1519) avec le conquistador Hernãn Cortés (1485-1547). Au cours de leurs rituels religieux, ils pratiquaient le sacrifice humain et offraient des cœurs à leur dieu Soleil.

Les Incas

Ils déploient leur empire au pied de la cordillère des Andes sur les traces des cultures Moche, Chavin, Nazca et Chimu. Vers 1200 après J.-C., ils s'organisent en une société unifiée sous l'autorité d'un seul roi, descendant supposé du dieu Soleil. Au milieu du XVe siècle, l'Empire inca rayonne sur 3 500 km, le long du Pacifique. Il couvre alors l'essentiel des actuels Pérou, Bolivie, Équateur et Chili.

Hommes et femmes des riches familles de l'Antiquité égyptienne se fardaient les paupières de poudre verte de malachite et soulignaient le contour de leurs yeux de poudre noire de plomb. D'une façon générale, les Égyptiens prenaient grand soin de leur corps et de leur apparence physique. Les femmes disposaient de peignes et de miroirs (en bronze ou en cuivre poli) et utilisaient du rose à lèvres et du fard à joues. Portées lors des cérémonies et banquets, les perruques les protégeaient du soleil.

Comme le prouvent de nombreuses figurines funéraires, les fermiers de l'ancienne Égypte retournaient la terre avec une charrue en bois tirée par deux bœufs.

Quatre classes bien distinctes composaient la société de l'Égypte ancienne. Au sommet de la pyramide : les prêtres, scribes, architectes, avocats, nobles et membres officiels de la famille royale et de la cour du pharaon. Venait ensuite la classe moyenne des artisans, artistes, marchands, négociants et commerçants. Au bas de l'échelle : les fermiers et laboureurs. Il y avait enfin le groupe des esclaves (prisonniers de guerre embauchés sur les chantiers) et des domestiques employés par les riches familles.

L'esprit des dieux

Pour les Égyptiens de l'Antiquité, les temples abritaient l'esprit des dieux. Le pharaon en personne, mais plus généralement le grand prêtre, déposait nourriture et boissons trois fois par jour dans le sanctuaire situé au centre du temple, à l'endroit même où se trouvait la statue du dieu vénéré en ces lieux. Seuls le pharaon et le grand prêtre pénétraient dans le sanctuaire et jamais le peuple ne voyait la statue du dieu. Les grands prêtres portaient de fines tuniques de lin blanc et avaient l'obligation de prendre quatre bains par jour et de se raser le crâne et le corps. L'intendance déployée autour d'un temple exigeait une importante main-d'œuvre.

LE PHARAON POUVAIT RÉQUISITIONNER FERMIERS ET LABOUREURS POUR PARTICIPER À LA CONSTRUCTION DES PYRAMIDES ET AUTRES MONUMENTS.

La chasse à l'hippopotame était considérée comme une sorte de sport national adopté par les jeunes hommes des riches familles de l'ancienne Égypte. Le pharaon lui-même s'adonnait à cette pratique comme en témoignent de nombreuses peintures murales. Mais on chassait aussi le lion, le taureau sauvage, l'antilope et la gazelle. La légende veut que le huitième pharaon de la XVIIIe dynastie, Aménophis III (qui régna de 1391 à 1353 avant J.-C.), ait tué une centaine de lions (et autant de taureaux sauvages) en dix ans.

Les crues du Nil recouvraient chaque année ses rives *d'une épaisse boue fertile. Dans le delta de la Basse-Égypte (au nord), près de l'embouchure du fleuve, on appelait cette région « la terre Noire », par opposition à « la terre Rouge », une immense étendue inculte et aride (vers le désert du Sud). Les crues du Nil rythmaient l'activité agricole en trois moments : le temps des inondations, de juillet à octobre ; le temps de l'émergence (labours et semailles), de novembre à février ; et le temps des moissons, de mars à juin.*

Utilisés dans les anciennes civilisations égyptienne, grecque et romaine, les livres roulés étaient fabriqués avec des feuilles de papyrus, un matériau proche du papier élaboré à partir de tiges broyées de papyrus (ces roseaux poussant dans le delta du Nil). Ces livres se présentaient sous la forme d'une bande enroulée autour d'un bâton. Le plus grand rouleau égyptien retrouvé mesure plus de quarante mètres de long ; il est conservé au British Museum de Londres.

Les jouets des enfants dans l'ancienne Égypte étaient des toupies, des balles en argile, des animaux et des jeux en bois.

Dieux et déesses de la mythologie égyptienne

La mythologie égyptienne regroupe l'ensemble des croyances qui ont alimenté la religion de l'Égypte ancienne et perduré pendant plus de trois millénaires (entre 3 000 avant J.-C. et le IVe siècle de notre ère). Les dieux et l'au-delà étaient une préoccupation de premier plan pour les Égyptiens. Ils envahissaient chaque instant de leur vie quotidienne. Le temple était le monument le plus important de leurs cités. À certaines époques, la puissance des prêtres alla même jusqu'à menacer celle du pharaon. La mythologie égyptienne repose sur la mise en scène d'innombrables divinités. En voici quelques exemples :

Nom	Attributions	Aspect
Amon	Dieu des forces créatrices, puis vénéré comme créateur suprême sous le nom d'Amon-Rê.	Homme à tête de bélier ou à visage humain coiffé de cornes de bélier.
Anubis	Dieu des morts et juge des âmes.	Homme à tête de chacal.
Aton	Symbole du Soleil, dieu suprême et unique pour Akhenaton lors de sa brève réforme monothéiste.	Disque solaire ourlé de longs rayons se transformant en mains à leur extrémité.
Bastet	Déesse de l'amour et de la fertilité.	Femme à tête de chat.
Hathor	Déesse du ciel associée à l'amour, à la naissance et à la fertilité.	Femme à tête de vache.
Isis	Déesse de la fertilité et de la maternité.	Femme avec un trône sur la tête.
Mout	Souveraine des dieux et mère universelle.	Femme, parfois avec une tête de vautour.
Osiris	Dieu des morts.	Momie, les bras croisés sur la poitrine, tenant d'une main un sceptre et de l'autre un fouet.
Rê	Dieu du Soleil et de la création.	Homme à tête de faucon, coiffé du disque solaire.
Thot	Dieu lunaire, de la magie et de la sagesse.	Homme à tête d'ibis ou de chien.

2. La Grèce antique

Grand lieu public situé au cœur de la cité, l'agora désignait l'endroit propice aux réunions, mais servait aussi de place de marché.

Dans la mythologie grecque, le dieu Pan (fils d'Hermès) possède un torse d'homme mais une tête et des pieds de bouc. À l'origine, il protégeait les troupeaux, chevriers et bergers avant de devenir le dieu de la fécondité et de la puissance sexuelle.

SORTE D'ARGILE LIQUIDE, LA BARBOTINE S'UTILISAIT POUR PEINDRE LES VASES.

Les esclaves de l'Antiquité grecque travaillaient dans les maisons comme domestiques.
Ils faisaient le ménage, la cuisine et s'occupaient des enfants. D'autres travaillaient dans les fermes, les mines ou assistaient commerçants et artisans. Certains esclaves hautement qualifiés étaient parfois payés.
D'autres pouvaient aussi servir de tuteurs pour les fils de très riches familles.

« *Juge issu d'une famille aristocratique athénienne, Dracon élabora vers 621 avant J.-C. le premier système législatif écrit de la cité. Et afin que nul ne les ignore, ces premiers règlements furent affichés sur des panneaux de bois. Dracon avait prévu une série de lois exagérément sévères : ainsi, la mort sanctionnait le simple vol et les délits mineurs. Il donna son nom à l'adjectif draconien : un acte d'une sévérité excessive.*

Les animaux sacrifiés lors des rituels religieux *étaient cuits et leur carcasse partagée entre les citoyens les plus pauvres qui ne pouvaient pas acheter de viande.*

La caryatide désigne une colonne sculptée en forme de jeune fille.

Les citoyens achetaient et vendaient des esclaves comme n'importe quel autre bien en leur possession. Capturés au cours des campagnes militaires, les esclaves ne disposaient d'aucun droit. Certains d'entre eux étaient de simples civils étrangers pourchassés par les marchands d'esclaves qui accumulèrent à cette époque des fortunes gigantesques.

« La démocratie fut introduite à Athènes en 508 avant J.-C. Ce « règlement du peuple » se range parmi les plus importantes avancées de la Grèce antique. Mais seuls les citoyens mâles natifs d'Athènes et âgés de plus de dix-huit ans pouvaient participer aux débats concernant les affaires publiques et voter. « L'Assemblée du Peuple » rassemblait environ 6000 citoyens et se tenait tous les quinze jours sur la Pnyx, l'une des collines proches de l'Acropole.

Hiérarchie athénienne

La société de la Grèce antique comprenait deux groupes principaux : les hommes libres (les citoyens) et les esclaves. Les citoyens disposaient du droit de vote et prenaient part à la vie politique de la cité. Mais la citoyenneté ne concernait que les hommes âgés de plus de dix-huit ans. À Sparte, seuls les hommes issus des plus riches familles pouvaient devenir propriétaires et participer à la vie politique. À Athènes, la citoyenneté se limitait exclusivement aux fils de parents athéniens. Les hommes qui habitaient la cité sans être nés à Athènes s'appelaient des « métèques ». Ils devaient servir dans l'armée, payaient des impôts mais ne pouvaient pas devenir propriétaires ni participer aux affaires publiques de la cité. Enfin, les femmes n'étaient pas autorisées à prendre part à la vie politique, administrative ou légale (jurys) de la cité. Leur statut social dépendait intégralement de celui de leur mari.

Pendant la période dite « archaïque » *(800-500 avant J.-C.), des groupes de riches propriétaires terriens dirigeaient la plupart des cités-États, y compris Sparte et Athènes. On les appelait les « aristoi », ce qui peut se traduire par « les meilleures personnes ». Ce mot donna ensuite sa racine au terme « aristocrate ».*

Les premières pièces de monnaie grecques apparurent au VIIe siècle avant J.-C. Elles venaient de Lydie, une ancienne contrée d'Asie Mineure sur la mer Égée, et étaient fabriquées dans un mélange d'or et d'argent. Sparte ne frappa sa monnaie que trois siècles plus tard.

Les guerres médiques sont une série de conflits qui opposèrent les cités grecques et l'Empire perse au Ve siècle avant J.-C.
En 490 avant J.-C., l'armée perse débarqua en baie de Marathon, près d'Athènes. Mais les Athéniens la rejettèrent à la mer. Face à une nouvelle offensive, les cités grecques s'unirent en 482 avant J.-C. Sous la conduite du stratège Thémistocle, les Athéniens infligèrent encore une terrible défaite à la flotte perse à Salamine (480 avant J.-C.). Sur terre, les Spartiates triomphèrent à Platées (479 avant J.-C.). Et le même jour, la victoire grecque fut confirmée par le combat naval du cap Mycale. La principale source de l'histoire des guerres médiques vient d'Hérodote (485-425 avant J.-C.), un écrivain considéré comme le père de l'Histoire.

Les femmes n'avaient pas le droit de vote dans la Grèce antique. Elles ne pouvaient posséder ni argent personnel ni aucune propriété (maison, terrain, etc.). Les jeunes filles recevaient une éducation qui se limitait à l'apprentissage de leçons sur la tenue du foyer et se mariaient le plus tôt possible. Celles qui ne trouvaient pas l'âme soeur demeuraient sous l'autorité de leur père ou de leur frère aîné. Seules les jeunes filles des familles fortunées apprenaient à lire et écrire à leur domicile (et non à l'école).

De cruels combats d'animaux (coqs, chats, chiens ou cailles) se déroulaient régulièrement dans toutes les cités de la Grèce antique. Ils se terminaient obligatoirement par la mort de l'un des deux protagonistes.

Située sur une colline, l'Acropole (« ville haute ») de l'Athènes antique abritait des temples et divers bâtiments: le Parthénon, l'Érechthéion, les Propylées, le temple d'Athéna Niké, etc. Décidé par Périclès (495-429 avant J.-C.) et conçu par le sculpteur Phidias, l'aménagement de l'Acropole date de la seconde moitié du Ve siècle avant J.-C. À son sommet, le Parthénon (447 et 432 avant J.-C.), temple consacré à Athéna Parthénos, reste l'un des monuments majeurs de l'art grec classique et le symbole de la suprématie politique et culturelle de la cité.

LE CENTAURE EST UN PERSONNAGE MYTHOLOGIQUE, À LA FOIS MI-HOMME MI-CHEVAL.

Mariages à la greque...

La plupart des mariages de la Grèce antique se concluaient après un arrangement entre les parents respectifs des futurs époux. Les filles convolaient en justes noces vers treize ou quatorze ans, tandis que leurs maris affichaient plutôt la trentaine. À Sparte, les hommes ne pouvaient pas se marier avant vingt ans. La veille de la cérémonie, la future mariée se baignait dans l'eau d'une source sacrée. Le jour du mariage, les deux époux portaient une tunique blanche. Les femmes passaient la majeure partie du temps dans leur maison et n'en sortaient qu'accompagnées de leur mari ou d'un esclave. Curieusement, les femmes appartenant aux plus modestes familles bénéficiaient de davantage de libertés. Trop pauvres pour détenir des esclaves, elles pouvaient sortir seules, notamment pour effectuer des achats, mais éventuellement aussi pour travailler.

Les riches familles de la Grèce antique se nourrissaient essentiellement de fruits, de légumes (choux, épinards, pissenlits, carottes), de poissons, de coquillages, d'oursins et de calamars, sans oublier les figues, les œufs, le fromage de chèvre, l'huile d'olive et le miel (utilisé à la place du sucre). Ils mangeaient également de la viande (porc et mouton) et cuisinaient quasiment tous les morceaux de l'animal. Ainsi faisaient-ils frire les poumons, bouillir la cervelle et mijoter les intestins en ragoût. Les plus pauvres ne se mettaient sous la dent que du pain et de la bouillie d'avoine. Aussi certains chassaient-ils de petits oiseaux pour agrémenter l'ordinaire tandis que d'autres capturaient des lièvres.

De multiples jeux, distractions de plein air, festivals et représentations théâtrales rythmaient le déroulement de l'année dans chaque cité. Riches familles ou hommes politiques en quête d'un soutien populaire consacraient d'importantes sommes d'argent pour organiser ces divertissements dont raffolaient tous les citoyens qui pouvaient y assister gratuitement.

Les Grecs de l'Antiquité pensaient que leurs dieux vivaient sur le mont Olympe, la plus haute montagne du pays. L'absorption de produits légendaires tels que le nectar et l'ambroisie les rendait immortels.

Patronne d'Athènes, Athéna était aussi la déesse de la guerre*, de la sagesse et des arts. La légende veut qu'elle offrît à la cité son premier olivier.*

Les personnages clés de la Grèce antique

Archimède
(287-212 avant J.-C.)
Mathématicien et inventeur de génie, auteur d'une œuvre scientifique monumentale, il est assassiné à Syracuse par un soldat romain.

Aristophane
(448-380 avant J.-C.)
Polémiste, poète et auteur de comédies, c'est aussi un non-conformiste et un infatigable militant de la paix.

Aristote
(384-322 avant J.-C.)
Philosophe et encyclopédiste avant l'heure, il fut le disciple de Platon et le précepteur d'Alexandre le Grand.

Eschyle
(526-456 avant J.-C.)
Il est le fondateur de la tragédie antique.

Euripide
(480-406 avant J.-C.)
Poète et auteur de tragédies, il est aussi l'ami de Socrate.

Hérodote
(485-425 avant J.-C.)
Cet écrivain est considéré comme le père de l'Histoire.

Hippocrate
(460-377 avant J.-C.)
Initiateur de l'observation clinique et de l'application de traitements simples, il est considéré comme le père de la médecine. Il enseignait son art sur l'île de Cos.

Homère
(IXe siècle avant J.-C.)
Ce poète épique grec est l'auteur supposé de deux œuvres monumentales, *l'Iliade* et *l'Odyssée*, deux épopées composées en vers de six pieds.

Périclès
(495-429 avant J.-C.)
Il fut tribun, général et homme d'État athénien.

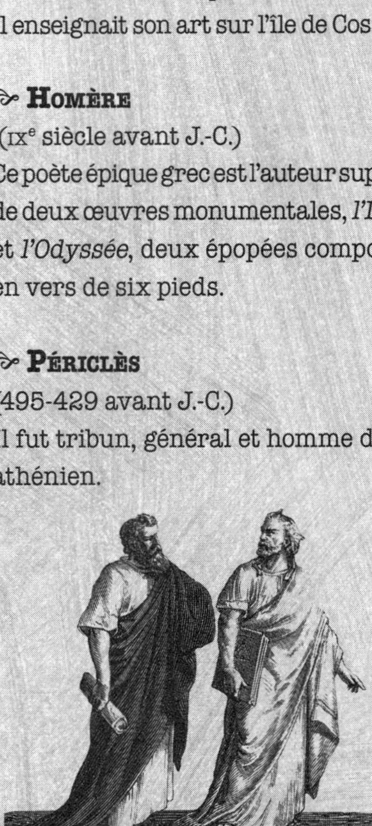

Phidias
(490-430 avant J.-C.)
Il est l'un des plus grands sculpteurs de la Grèce antique. L'une de ses œuvres, la statue de Zeus à Olympie, était considérée comme la Troisième des Sept Merveilles du monde.

Platon
(427-347 avant J.-C.)
Élève de Socrate, ce philosophe athénien a développé le concept d'un État idéal dans la République.

Plutarque
(49-125)
L'œuvre de ce biographe et moraliste grec se décompose en deux grandes catégories : les biographies historiques et les œuvres morales. Son texte le plus connu reste *Vies parallèles*, un ouvrage contenant quarante-six biographies de citoyens grecs et romains.

Pythagore
(580-500 avant J.-C.)
On ne possède aucun écrit de ce philosophe et mathématicien. Ses découvertes et théorèmes (mis en forme par Euclide au IIIe siècle avant J.-C.) furent très probablement établis par l'ensemble des adeptes de l'école pythagoricienne.

Socrate
(470-399 avant J.-C.)
Philosophe athénien, ce maître à penser est considéré comme le père de la philosophie. Fervent adepte de la maïeutique (l'art de faire découvrir par des questions à son interlocuteur les vérités qu'il a en lui), Socrate n'a rien écrit personnellement et n'a jamais fondé d'école de philosophie. Sa pensée nous fut transmise par Platon. Accusé de négliger les dieux de la cité et de corrompre la moralité de la jeunesse, il fut condamné à mort et accepta de boire une coupe de ciguë, conformément à la procédure d'exécution habituelle.

Sophocle
(496-406 avant J.-C.)
Ami de Périclès, de Phidias et d'Hérodote, ce dramaturge athénien est l'auteur d'une centaine de pièces de théâtre.

Femmes et jeunes filles filaient la laine des moutons, tissaient des étoffes et élaboraient les vêtements de la famille, mais aussi des couvertures, des coussins et des tentures murales.

La trirème est un navire de guerre rapide et léger pourvu de trois rangées de rames superposées.

Les soldats des armées *de chaque cité-État fournissaient leurs propres armes. Il n'existait donc pas d'uniforme ni d'équipement standard. Parfois munis d'un élémentaire gourdin de bois et d'un modeste lance-pierres, les plus pauvres s'habillaient de rudimentaires armures (peu efficaces) confectionnées de plusieurs couches de toile empesée. D'autres pouvaient s'offrir des armures de cuir et combattaient avec une courte épée ou un arc. Les plus riches revêtaient une sorte de plastron de bronze sur la poitrine. Ils possédaient un large bouclier circulaire, un casque, une lance et enfilaient des sortes de hauts protège-tibias en bronze. Les fils de grandes familles combattaient à cheval ou dans un chariot et disposaient d'une variété de lances et d'épées.*

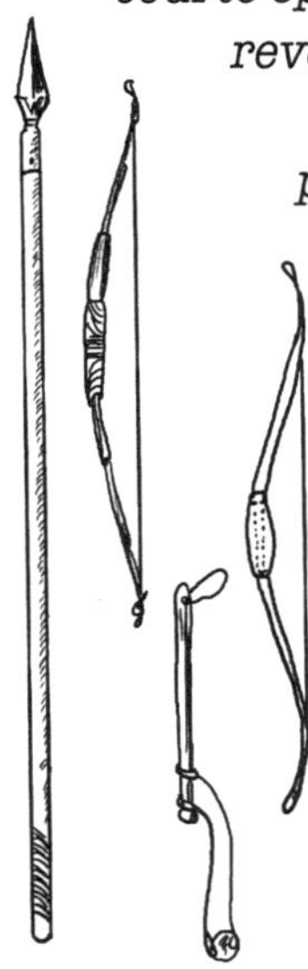

« Seulement la moitié des nourrissons d'une famille de la Grèce ancienne atteignait l'âge de vingt ans, en raison d'un important taux de mortalité infantile. D'ailleurs, le fait qu'un enfant parvienne à l'âge de trois ans donnait lieu à une cérémonie festive dans la famille qui voyait dans cet anniversaire le passage d'un cap délicat. Chaque printemps, Athènes organisait même une sorte de festival dédié à tous les enfants de la cité qui avaient franchi cet obstacle dans l'année. Un enfant devenait un jeune adulte dès l'âge de douze ans. »

Les jeux Olympiques

Les premiers jeux Olympiques se déroulèrent à Olympie (nord-ouest du Péloponnèse) vers 476 avant J.-C. Les compétitions duraient cinq jours et avaient lieu tous les quatre ans. Elles furent organisées jusqu'en 393 après J.-C. Olympie était alors un centre religieux dédié au culte de Zeus.
L'idée d'un renouveau de ces jeux prend forme en 1892, sous l'impulsion du baron Pierre de Coubertin (1863-1937). Le Comité international olympique (CIO) voit le jour en 1894. Athènes sera le premier site des jeux Olympiques d'été dits « modernes » en 1896, qui réunirent 14 nations et 245 athlètes disputant 43 épreuves.
Les jeux Olympiques antiques débutaient par une journée consacrée aux rituels religieux avec le sacrifice à Zeus d'un sanglier. Le lendemain suivaient des courses de chevaux et le pentathlon (saut en longueur, course, lancer du disque, lutte et lancer de javelot). Le troisième jour accueillait de petites compétitions réservées aux jeunes gens. Le quatrième jour voyait l'entrée en lice des lutteurs, boxeurs et coureurs sur piste (avec notamment la spectaculaire course d'athlètes revêtus d'une lourde armure). Ce grand divertissement très populaire se terminait par une cinquième journée de nouveau consacrée aux rituels religieux et ponctuée par un gigantesque banquet.

Dans le menu-type d'un banquet du IIIe siècle avant J.-C., les familles aisées servaient : en entrée, alouettes rôties, cœurs d'artichauts, champignons, sauterelles et œufs de poisson ; ensuite, en plat, thon farci aux herbes (ou viande au fromage parfumée à l'anis) ; enfin, en dessert, amandes, noix et sucreries au miel.

Les vêtements féminins se composaient essentiellement de longues tuniques de fine laine ou de lin retenues sur les épaules par des fibules (sortes de broches). Les hommes préféraient des tuniques plus courtes. En hiver, on se drapait dans une cape chaude en laissant une épaule libre. Le coton fut importé en Grèce vers 325 avant J.-C., après l'expédition d'Alexandre le Grand en Inde.

Seuls les garçons des riches familles allaient à l'école (les leçons étaient payantes) pour apprendre à lire, écrire et compter. Munis de stylets, les écoliers de l'époque écrivaient sur des tablettes recouvertes d'une couche de cire, ce qui permettait d'effacer sans peine les erreurs. Ils pratiquaient aussi la gymnastique et la danse. Enfin, un cithariste leur enseignait la lyre, la flûte et la poésie. Les parents fortunés employaient un esclave (appelé « pédagogue ») pour accompagner leur fils à l'école et pour surveiller son travail pendant les cours.

Longtemps considérée comme légendaire, Troie, la cité qui apparaît dans les poèmes épiques d'Homère, fut mise à jour en 1870 par l'archéologue allemand Heinrich Schliemann sur une colline appelée Hissarlik, dans l'actuelle Turquie, à environ sept kilomètres de la mer Égée et des Dardanelles. De nouvelles fouilles furent organisées entre 1932 et 1938 par l'archéologue américain Carl Blegen. Au total, les fondations de neuf villes superposées (datant du troisième millénaire à l'époque romaine) furent ainsi découvertes. La Troie homérique serait probablement la septième cité, datée de 1280 à 1240 avant J.-C., qui fut détruite par un incendie.

Les grandes dates de l'Égypte et de l'Antiquité gréco-romaine

Par convention, l'Antiquité se situe entre 2000 avant J.-C. et 476 après J.-C. (date qui marque la fin de l'Empire romain d'Occident).

Entre 8000 et 5000 avant J.-C.

Les forêts disparaissent de l'Afrique du Nord et le Sahara se dessèche progressivement.

De nombreuses tribus s'installent en Haute-Égypte (au sud) et en Basse-Égypte (au nord). Ces peuples viennent d'Asie, du centre de l'Afrique et de l'Occident. Les populations se concentrent alors dans la vallée du Nil et plus particulièrement dans le delta du fleuve.

Vers 3000 avant J.-C.

On assiste aux débuts de la civilisation égyptienne, qui va durer environ trois mille ans. L'irrigation se développe et les villages se multiplient. Ménès, le souverain fondateur de la première dynastie, unifie les Haute- et Basse-Égypte.

La période archaïque (2920-2575 avant J.-C.) commence avec lui et la première dynastie des pharaons – une dynastie durait le temps du règne d'une famille ou d'un groupe de pharaons.

La période archaïque précède sept grandes périodes – précisons que les dates concernant l'ensemble des dynasties égyptiennes restent approximatives (celles figurant ici sont communément admises par les égyptologues sérieux) :

↗ **L'Ancien Empire (2575-2134 avant J.-C.)** : artisanat et architecture se développent. De nombreuses pyramides sont construites avec les premières inscriptions en hiéroglyphes à l'intérieur.

↗ **Première période intérimaire (2134-2040 avant J.-C.)** : les pharaons sont affaiblis et les notables locaux (gouverneurs) tentent d'accroître leurs pouvoirs. Une famine due aux crues du Nil se délare.

↗ **Le Moyen Empire (2040-1640 avant J.-C.)** : de puissants pharaons unissent de nouveau le pays. Le commerce, l'artisanat, les arts et la construction de temples connaissent alors un développement considérable.

↗ **Deuxième période intérimaire (1640-1550 avant J.-C.)** : les pharaons sont affaiblis. Les Hyksos, venus du Proche-Orient, s'installent dans le delta (*hyksos* signifiant « princes des pays étrangers »).

↗ **Le Nouvel Empire (1550-1070 avant J.-C.)** : les pharaons retrouvent le pouvoir après avoir chassé les Hyksos. Une nouvelle période de prospérité s'ouvre, notamment sous la XVIIIe dynastie. Un véritable empire se forme.

↗ **Troisième période intérimaire (1070-712 avant J.-C.)** : les pharaons partagent le pouvoir avec les grands prêtres.

↗ **Basse époque (712-332 avant J.-C.)** : l'empire est envahi par des vagues successives de Nubiens, d'Assyriens et de Perses. En 332 avant J.-C., Alexandre le Grand libère l'Égypte du joug perse.

Vers 2800 avant J.-C.
Le premier tombeau royal est créé sous la forme d'une pyramide à degrés et domine le faubourg de Saqqarah, près de Memphis.

Vers 2600 avant J.-C.
Kheops succède à Snéfrou. La pyramide de Gizeh est construite.

Vers 2520 avant J.-C.
Khéphren succède à Kheops et édifie à son tour une pyramide à Gizeh avec un célèbre sphinx (d'une hauteur de vingt mètres) sculpté à son effigie. Son fils, Mykérinos, y ajoutera ensuite une troisième pyramide.

Vers 1468 avant J.-C.
Thoutmôsis III s'empare de la Syrie et de la Palestine avant de dominer la Nubie.

Vers 1360 avant J.-C.
Aménophis IV tente d'imposer le monothéisme en ordonnant le culte unique du Dieu-Soleil Aton. Aménophis épouse Néfertiti (célèbre pour sa stupéfiante beauté maintes fois représentée) et prend le nom d'Akhenaton.

Vers 1343 avant J.-C.
Toutankhamon meurt à l'âge de vingt ans. Le gendre d'Akhenaton n'a pratiquement pas régné, mais il gagnera une gigantesque célébrité mondiale en novembre 1922, lorsque Howard Carter et Lord Carnarvon découvriront son tombeau entièrement préservé dans la Vallée des Rois.

Vers 1295 avant J.-C.
Monté sur le trône vers 1490, le jeune Ramsès II livre une impressionnante bataille à Qadesh contre les Hittites. Il scelle les accords de paix en épousant l'une des filles du roi hittite.

Vers 1100 avant J.-C.
Habiles marins et commerçants audacieux, les Phéniciens commencent à fonder des ports sur une grande partie des côtes africaines.

1080 AVANT J.-C.

Le déclin de l'Égypte commence. Le grand prêtre du dieu Amon prend le contrôle de Thèbes. Ramsès XI règne au nord. L'empire se brise puis sera secoué par une succession d'invasions.

814 AVANT J.-C.

Selon la légende, la reine de Tyr fonde la ville de Carthage. Déjà comptoir phénicien, la cité connaît dès lors un développement exceptionnel et en vient à dominer la quasi-totalité de la côte d'Afrique du Nord.

753 AVANT J.-C.

Selon la légende, les jumeaux Remus et Romulus sont abandonnés sur le Tibre dans un panier d'osier. Sauvés par une louve qui les allaite, ils sont recueillis et élevés par un berger.

Bien plus tard, ils fonderont Rome. Romulus en deviendra le premier roi après avoir tué son frère jumeau.

Dans la réalité, Rome naquit de la réunion de tribus issues des sept collines qui dominaient le Tibre.

Il y a notamment là des Sabins et des Latins, mais surtout des Étrusques (peuple originaire de l'Asie Mineure), une brillante civilisation dont les premiers sites datent de la fin du IXe siècle avant J.-C.

605 AVANT J.-C.

Nabuchodonosor II (fils aîné de Nabopolassar, fondateur en 625 avant J.-C. de la dynastie néo-babylonienne) est couronné roi de Babylone. Peu avant son couronnement, il avait chassé les Égyptiens du Moyen-Orient.

593 AVANT J.-C.

Athènes subit une grave crise agraire et le législateur Solon réforme le fonctionnement de la cité.

586 AVANT J.-C.

- Nabuchodonosor II s'empare de Jérusalem. Il régnera jusqu'en 562 avant J.-C. Les Hébreux s'exilent à Babylone.
- Allié des Mèdes, Nabuchodonosor II annexe la Cilicie (plaine littorale de Turquie). Il protège son empire en édifiant les murailles de Babylone, dont les jardins suspendus sont l'une des Sept Merveilles du monde.

565 AVANT J.-C.

Les Phocéens envahissent la Corse, créent Alelia (la future Aléria) et apportent à l'île la technique et la culture grecque (introduction de la vigne et de l'olivier).

525 AVANT J.-C.

L'Égypte est conquise par les Perses.

514 avant J.-C.

La tyrannie, un régime politique propre à la Grèce, qui avait jusqu'ici fait prospérer Athènes, est de plus en plus impopulaire. Le régime dictatorial d'Hippias sera renversé quelques années plus tard.

510 avant J.-C.

↗ Hippias ne parvient pas à maintenir son autorité. Il est renversé deux ans après l'assassinat de son frère et fuit pour rejoindre la cour du roi perse, Darius Ier. Cet exil sera perçu comme une ultime trahison. Athènes vit alors une grave crise politique.

↗ Les citoyens romains expulsent leur dernier roi, Tarquin le Fier. Rome accède ainsi au rang de république et est gouvernée par des fonctionnaires élus. La République va durer jusqu'en 27 avant J.-C.

Vers 508 avant J.-C.

La démocratie athénienne naît. Clisthène, un homme politique, instaure une règle précise : tous les citoyens ont les mêmes droits et devoirs.

500 avant J.-C.

Les premiers Celtes abordent en Irlande. Les tribus gaéliques s'installent peu à peu sur la totalité du territoire. Pendant plusieurs siècles, les Celtes irlandais échapperont à l'influence romaine.

490 avant J.-C.

↗ Le roi perse Darius Ier envahit, pille et détruit la cité de Byzance, occupée par des Grecs depuis sa fondation (deux siècles plus tôt).

↗ Les Athéniens lancent une attaque contre les troupes perses débarquées sur la plaine de Marathon et les mettent en déroute. Selon la légende, un soldat (Philippidès) court alors jusqu'à Athènes pour annoncer la victoire et meurt d'épuisement à son arrivée. L'épreuve du marathon fait honneur à cette course glorieuse. L'apogée d'Athènes et de la démocratie s'amorce.

486 avant J.-C.

Darius Ier meurt. Xerxès Ier lui succède. C'est le second pharaon de la XXVIIe dynastie égyptienne.

480 avant J.-C.

↗ Léonidas Ier, roi de Sparte, résiste héroïquement aux Perses. Les Grecs se replient pour se concentrer sur l'isthme de Corinthe. Athènes est saccagée par les Perses et le Parthénon (alors en bois) est incendié.

↗ Les Grecs remportent une victoire sur les Perses dans le détroit de Salamine (un étroit passage entre l'île et le continent). Xerxès Ier assiste à la défaite de son armée du haut d'une colline de l'Attique.

479 AVANT J.-C.
Pausanias, régent de Sparte, prend les rênes de l'armée grecque contre les Perses qui finissent par se replier et quitter les cités ioniennes qu'ils dominaient depuis la fin du siècle précédent. Puis il marche sur Chypre et s'empare de Byzance, détruite par Darius quelques années plus tôt.

461 AVANT J.-C.
Dénués de tout droit civique et affectés au travail de la terre, les serfs (hilotes) de Sparte se révoltent.

454 AVANT J.-C.
Athènes étend sa domination sur les autres cités.

451 AVANT J.-C.
Périclès entreprend de profondes réformes politiques à Athènes. Deux ans plus tard, il fait construire un nouveau temple en l'honneur de la déesse Athéna (le Parthénon). Les travaux durent onze ans.

443 AVANT J.-C.
Périclès accède à la plus haute magistrature de la cité d'Athènes. Il accompagne l'apogée de sa cité jusqu'à l'épidémie de peste qui le terrasse en 429 avant J.-C.

431 AVANT J.-C.
Les Spartiates gagnent l'Attique (le territoire entourant la ville d'Athènes) et le dévastent. La guerre entre Sparte et Athènes se prolonge jusqu'en 421 avant J.-C.

421 AVANT J.-C.
Athènes et Sparte signent la paix de Nicias.

414 AVANT J.-C.
La paix de Nicias entre Athènes et Sparte est rompue. La guerre du Péloponnèse reprend vigueur.

405 AVANT J.-C.
↗ Une flotte spartiate inflige une sévère défaite à la flotte athénienne qui avait pour objectif de garantir le ravitaillement en blé de la cité. Sparte entreprend un siège qui se solde, un an plus tard, par la capitulation d'Athènes.
↗ La démocratie est remplacée par un régime oligarchique : le Conseil des Trente. Sparte imposera ensuite à toutes les démocraties construites sur le modèle athénien des régimes autoritaires et violents gouvernés par dix personnes.

357 AVANT J.-C.
Byzance acquiert son indépendance et va ainsi accroître sa puissance maritime.

343 AVANT J.-C.
Philippe de Macédoine confie au philosophe Aristote l'éducation de son fils, le futur Alexandre le Grand.

341 AVANT J.-C.
Byzance résiste au siège de Philippe de Macédoine grâce à l'aide fournie par Athènes. Mais elle devra plus tard accepter l'autorité d'Alexandre le Grand.

336 AVANT J.-C.
À la mort de son père, Alexandre devient roi de Macédoine. Âgé de vingt ans, il reprend le combat contre l'Empire perse.

332 AVANT J.-C.
Alexandre le Grand pénètre en Égypte, libère le pays de la domination perse et se fait proclamer pharaon. Il ne remettra jamais les pieds sur le sol égyptien.

331 AVANT J.-C.
Alexandre le Grand remporte la victoire sur le roi de Perse, Darius III, en Mésopotamie. Il assoit ainsi son pouvoir sur le Proche-Orient et l'Égypte.

324 AVANT J.-C.
Maître d'un gigantesque territoire qui s'étend de la Grèce aux abords de l'Indus, en passant par l'Égypte, Alexandre le Grand (33 ans) meurt de la fièvre à Babylone. Son empire, conquis en une décennie, ne lui survivra pas.

305 AVANT J.-C.
En Égypte, Ptolémée succède à Alexandre le Grand et fait édifier la célèbre bibliothèque d'Alexandrie. La ville devient un grand centre intellectuel.

272 AVANT J.-C.
Les Romains s'emparent de la ville de Tarente et créent ainsi l'unité italienne. L'Étrurie (une région limitée au sud et à l'est par le Tibre, au nord par l'Arno et à l'ouest par la mer Tyrrhénienne) et les Étrusques sont passés sous domination romaine en 283 avant J.-C.

264 AVANT J.-C.
↗ La première guerre punique commence. Hiéron de Syracuse et les Carthaginois sont défaits par les Romains.
↗ Trois guerres puniques ont opposé Rome à Carthage.
La première entre 264 et 241 avant J.-C., la deuxième entre 218 et 201 avant J.-C. et la troisième entre 149 et 146 avant J.-C. À chaque fois, Rome remporte la victoire. L'adjectif « punique » vient de Poeni, nom que les Romains donnaient aux Carthaginois, descendants des Phéniciens.

259 AVANT J.-C.
Dans la lutte qui l'oppose à Carthage lors des guerres puniques, Rome n'oublie pas la Corse qu'elle envahit en 259 avant J.-C.

241 AVANT J.-C.
La Sicile tombe aux mains des Romains.

219 AVANT J.-C.

À la tête de l'armée carthaginoise, Hannibal prépare sa revanche contre Rome. Il prend la ville espagnole de Sagonte, acquise aux Romains, puis il envisage d'attaquer l'Italie en passant par l'Espagne et la Gaule méridionale.

217 AVANT J.-C.

Hannibal se dirige vers le sud de l'Italie pour attaquer Rome. Il connaît une victoire sur les collines surplombant le lac Trasimène. Cependant, il renoncera finalement à poursuivre sa route en direction de Rome.

216 AVANT J.-C.

Grand stratège militaire, Hannibal remporte une écrasante victoire sur les Romains en Apulie (Italie méridionale). Capoue, Syracuse et Tarente décident de rompre l'alliance avec Rome. Mais la deuxième guerre punique (218-201 avant J.-C.) s'achève par la défaite d'Hannibal qui s'empoisonne pour échapper aux Romains en 183 avant J.-C.

149 AVANT J.-C.

Carthage ayant retrouvé son rayonnement depuis la seconde guerre punique, le général romain Scipion Émilien entreprend de détruire définitivement la ville. C'est le début de la troisième guerre punique.

146 AVANT J.-C.

Rome annexe la Tunisie. Après trois ans de siège, Scipion Émilien pénètre dans Carthage. La cité est rasée et les survivants vendus comme esclaves. Les territoires carthaginois formeront la province romaine d'Afrique.

100 AVANT J.-C.

Jules César naît. Issu d'une famille patricienne (des citoyens appartenant à la classe aristocratique), il se lie aux plébéiens (prolétaires) et choisit le parti des *populares*.

69 AVANT J.-C.

- Cléopâtre (69-30 avant J.-C.), fille du roi d'Égypte Ptolémée XII, naît à Alexandrie.
- César forme un premier triumvirat avec Crassus et Pompée.

58-51 AVANT J.-C.

Les armées de César triomphent en Gaule.

52 AVANT J.-C.

Tenue depuis le IIIe siècle avant J.-C. par des Celtes, Lutèce tombe aux mains des Romains.

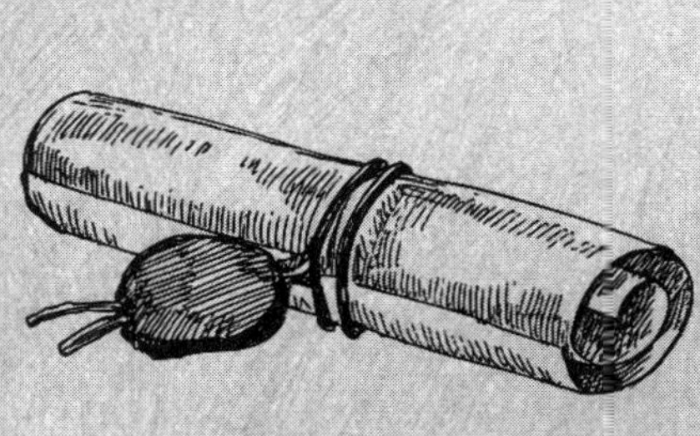

51 AVANT J.-C.
Cléopâtre accède au trône d'Égypte avec son frère (de sept ans son cadet), Ptolémée XIII, après l'avoir épousé, selon la coutume en vigueur.

49 AVANT J.-C.
César franchit le fleuve Rubicon, séparation entre la Gaule cisalpine et l'Italie, une frontière que le Sénat romain lui interdisait de traverser. Il entre dans Rome, évince Pompée et soumet l'Empire romain en devenant dictateur à vie.

48 AVANT J.-C.
Jules César écrase les troupes de Pompée à Pharsale en Thessalie.
Un an plus tôt, Pompée et les sénateurs avaient abandonné Rome et s'étaient embarqués pour la Grèce. Pompée cherchera refuge en Égypte, auprès de Ptolémée XIII, mais celui-ci le fait assassiner par ses hommes.

47 AVANT J.-C.
César fait assassiner Ptolémée XIII, alors en conflit avec sa sœur et épouse, Cléopâtre. Après avoir vaincu les armées du pharaon, César offre le trône d'Égypte à Cléopâtre. Elle gouverne avec son deuxième frère (âgé de 11 ans), Ptolémée XIV. César et Cléopâtre deviennent amants. Un fils (Césarion), le futur Ptolémée XV, naît de cette idylle.

46 AVANT J.-C.
Cléopâtre s'installe à Rome.

45 AVANT J.-C.
César adopte Octave, son petit-neveu.

44 AVANT J.-C.
↗ La future ville de Lyon est fondée sur la colline de Lugdunum et deviendra la capitale administrative et religieuse des trois Gaules (lyonnaise, aquitaine et belge).
↗ Jules César vient de se faire proclamer dictateur à vie. Au Sénat, il est assassiné par un groupe de conjurés partisans de la restauration de la république oligarchique. Dans son testament, il désigne pour héritier son fils adoptif, Octave, futur empereur Auguste.
↗ Cléopâtre retourne en Égypte, fait empoisonner son frère (Ptolémée XIV) et place Césarion à ses côtés sur le trône.

43 AVANT J.-C.
↗ Marc Antoine, Lépide et Octave forment un nouveau triumvirat. Le monde romain sera ainsi partagé en trois. L'Orient reviendra à Marc Antoine, l'Occident à Octave et l'Afrique à Lépide.
↗ Le sénateur romain Cicéron est égorgé par les hommes de Marc Antoine.

41 AVANT J.-C.
À son tour, Marc Antoine s'éprend de Cléopâtre. Ils s'installent bientôt à Alexandrie. Des jumeaux naissent l'année suivante.

32 AVANT J.-C.
Octave déclare la guerre à Marc Antoine et Cléopâtre.

31 AVANT J.-C.
Octave bat Marc Antoine et Cléopâtre au large de la Grèce occidentale (lors de la bataille d'Actium). La guerre civile arrive à son terme. Peu après la défaite, Marc Antoine se suicide.

27 AVANT J.-C.
L'Empire romain voit le jour (une période qui s'achèvera avec la chute de l'Empire romain d'Occident en 476 après J.-C.). Octave devient le premier empereur romain sous le nom d'Auguste.

30 AVANT J.-C.
Depuis la défaite et le suicide de Marc Antoine, Cléopâtre vit recluse dans son palais d'Alexandrie. Apprenant l'arrivée d'Octave (futur empereur Auguste), elle préfère se suicider (probablement par empoisonnement). L'Égypte devient une province romaine.

23 AVANT J.-C.
Auguste se fait attribuer le pouvoir de tribun à vie et obtient ainsi l'immunité et le droit de veto sur toutes les décisions et actions des magistrats. Il acquiert progressivement une autorité absolue.

14 APRÈS J.-C.
Auguste, fondateur de l'Empire romain, fils adoptif de Jules César, meurt. Tibère, son fils adoptif, lui succède.

41 APRÈS J.-C.
Quatre ans après son avènement, Caligula, troisième empereur romain, petit-neveu de Tibère, est assassiné par des soldats de la garde prétorienne. La folie l'avait transformé en tyran sanguinaire.

64 APRÈS J.-C.
Rome est ravagée par un incendie.

68 APRÈS J.-C.
Mort de Néron.

69 APRÈS J.-C.
L'empereur Vitellius est égorgé par les partisans du général Vespasien. Ce dernier met fin à la crise de succession ouverte par la mort de Néron en 68 et règne sur l'empire pendant dix ans. Son fils Titus lui succède de 79 à 81.

70 APRÈS J.-C.

Les troupes de Titus (fils de l'empereur Vespasien) entrent dans Jérusalem après deux années de siège et de luttes acharnées. La ville est pillée et incendiée, la population massacrée ou réduite à l'esclavage.
Le temple, centre du culte judaïque, est détruit. Créée dans les premières années de notre ère, la province de Judée avait toujours été le théâtre de violentes tensions entre Juifs et Romains. La révolte des Juifs éclate en 66.
La prise de Jérusalem met fin à quatre années de sanglants affrontements.

98 APRÈS J.-C.

Trajan devient empereur de Rome. Hadrien lui succède en 117.

138 APRÈS J.-C.

À la mort d'Hadrien, son fils adoptif, Antonin, lui succède.

284 APRÈS J.-C.

Dioclétien (245-313) est proclamé empereur par ses soldats de l'armée de Chalcédoine. Il doit faire face à de multiples soulèvements.
Afin d'améliorer l'administration, Dioclétien partage son gigantesque territoire en deux zones : l'Empire romain d'Occident, qui revient à Maximilien (en 286), et l'Empire d'Orient, conservé par Dioclétien.

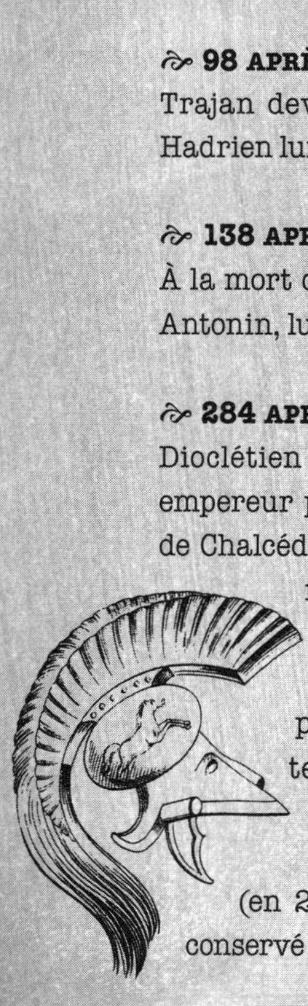

305 APRÈS J.-C.

↗ Dioclétien et Maximilien abdiquent.
↗ Constantin (306-333) leur succède et s'empare de l'ensemble de l'Empire romain en 324. Il décrète le christianisme religion officielle de l'Empire.

330 APRÈS J.-C.

Constantinople, fondée en 324 par Constantin sur le site de l'antique colonie grecque de Byzance, est inaugurée.
Elle supplante rapidement Rome par sa richesse et le nombre de ses habitants. En 395, elle devient la capitale de l'Empire romain d'Orient (ou Empire byzantin) et, à la chute de celui-ci en 1453, celle de l'Empire ottoman.

395 APRÈS J.-C.

Théodose Ier, qui avait un temps réussi à réunifier l'Empire, meurt. Il laisse le pouvoir à ses deux fils, Arcadius et Honorius. Le premier prend les rênes de l'Empire romain d'Orient, son frère hérite de l'Occident. L'Empire romain ne sera plus jamais unifié.

406 APRÈS J.-C.

Des bandes d'Alains, de Vandales et de Suèves ravagent la Gaule. Bientôt, ils occupent l'Espagne et le nord de l'Afrique. Alamans, Burgondes, Wisigoths et Francs leur emboîtent le pas.

410 APRÈS J.-C.
Alaric Ier, roi des Wisigoths, envahit l'Italie et s'empare de Rome.

452 APRÈS J.-C.
Attila épargne Rome. Il meurt peu après sur les bords du Danube et l'Empire des Huns ne lui survit pas.

455 APRÈS J.-C.
Genséric (428-477), roi des Vandales, mène une importante opération de pillage à Rome. Pendant douze jours, ses soldats dévalisent tous les bâtiments de la ville, allant même jusqu'à démonter et emporter les tuiles dorées des temples. Auparavant, il avait installé sa capitale à Carthage (439) et s'était rendu maître d'une grande partie de l'Afrique romaine.

476 APRÈS J.-C.
Odoacre, roi des Hérules, chasse le dernier empereur romain d'Occident, Romulus Augustule. C'est la chute de l'Empire romain d'Occident, la fin de l'Antiquité et les débuts du Moyen Âge.

565 APRÈS J.-C.
Justinien Ier (482-565), l'empereur romain d'Orient qui tenta une dernière fois, mais en vain, de reconstituer l'Empire romain dans son intégrité territoriale, meurt.

1453 APRÈS J.-C.
Constantinople (aujourd'hui Istanbul, Turquie) est prise par les troupes du sultan ottoman Mehmet II (1432-1481) et devient la capitale de l'Empire ottoman. C'est la chute de l'Empire byzantin (ou Empire romain d'Orient).

3. La Rome antique

Pour célébrer le culte de Dionysos (le dieu grec du vin et du théâtre), plus connu chez les Romains sous le nom de Bacchus, les disciples sacrifiaient des chèvres.

Les Romains pensaient que l'esprit des morts traversait le Styx, une rivière mythique, pour aller aux Enfers. Aussi plaçaient-ils une pièce de monnaie dans la bouche du défunt pour en payer le passage.

Nombre de soldats de l'armée romaine adoraient Mithra, le dieu perse de la lumière et de la sagesse, car la légende disait qu'il naquit une épée à la main. L'empereur Aurélien (212-275) avait même porté le culte de ce dieu solaire par excellence au rang de religion d'État.

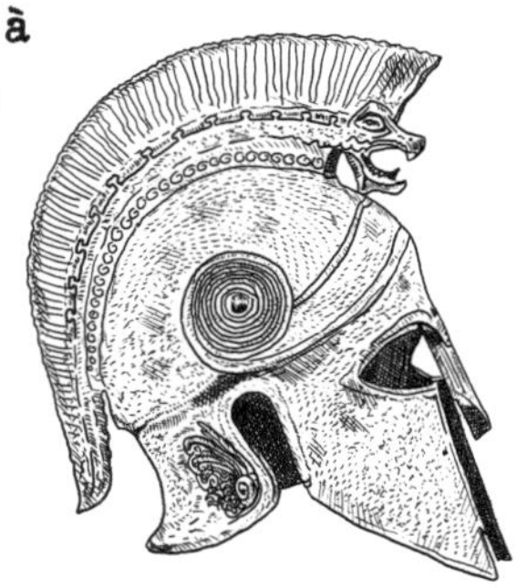

L'empereur romain Trajan (53-117) organisa des jeux qui durèrent 117 jours. Les plus longs que Rome ait jamais connus. Recrutés parmi les prisonniers ou les esclaves, dix mille gladiateurs s'y affrontèrent. Le vainqueur gagnait sa liberté. Le Colisée (l'amphithéâtre de Rome) pouvait accueillir cinquante mille spectateurs.

Dans l'Empire romain, *on dénombrait une douzaine de dieux directement « impliqués » et unanimement vénérés pour la seule et unique bonne marche de l'agriculture.*

La plupart des médecins de la Rome antique étaient des esclaves grecs. Ils pratiquaient quelques opérations banales (sans anesthésie), mais prescrivaient surtout des herbes et conseillaient régimes et exercices à leurs patients.

DANS LA MYTHOLOGIE ROMAINE, LES JUMEAUX REMUS ET ROMULUS (FUTURS FONDATEURS DE ROME) SONT RECUEILLIS ET NOURRIS PAR UNE LOUVE.

« Les Romains utilisaient une éponge humide attachée à un bâton en guise de papier toilette. »

Système de classes

La société romaine s'organisait autour d'un système de classes rigide, très hiérarchisé et, finalement, relativement complexe. En 510 avant J.-C., après avoir chassé le dernier roi (Tarquin le Fier), Rome accède au rang de République où l'on trouve les citoyens (qui jouissent de tous les droits) et les « étrangers » (peregrini). *Sous l'Empire, on distingue les citoyens, les provinciaux, les affranchis et les esclaves.*

Les citoyens disposent du droit de vote. Il y a trois classes de citoyens : les riches familles aristocratiques (patriciens) ; les familles de rang « équestre » (issues d'officiers de la cavalerie, elles occupent des postes administratifs importants) ; et les plébéiens, la masse du peuple, plutôt pauvres, mais disposant du droit de vote.

Les provinciaux appartiennent aux régions sous domination romaine. Ils n'ont pas le droit de vote, mais payent des impôts. Les affranchis sont d'anciens esclaves « promus » au rang d'hommes libres (en achetant leur liberté après une longue période d'esclavage).

Quant aux esclaves, ils n'ont aucun droit et sont considérés comme un bien marchand. Le nombre d'esclaves détenus déterminait le rang social d'une famille de patriciens. Les esclaves étaient des prisonniers de guerre, des criminels ou des enfants d'esclaves.

Les malades romains s'en remettaient le plus souvent à Esculape, le dieu de la guérison. Aussi dormaient-ils benoîtement dans son temple en espérant la venue d'un rêve qui leur apportât un remède miracle.

Le Colisée : stade et théâtre

Gigantesque amphithéâtre de Rome inauguré par Titus en 80 après J.-C., le Colisée fut conçu comme un lieu de représentations de jeux variés et fastueux. Il accueillait les féroces combats de gladiateurs ou d'animaux, mais aussi des joutes nautiques. Il pouvait recevoir cinquante mille spectateurs. Lors des jeux de l'inauguration, neuf mille animaux périrent en cent jours.

L'arène était formée d'un plancher en bois recouvert de sable. Dessous, des galeries souterraines abritaient les équipements et les accessoires nécessaires aux spectacles, ainsi que les cages contenant les animaux sauvages destinés aux jeux.

Dérivé du modèle grec, le Colisée tient à la fois du stade et du théâtre antique. Il servira de modèle à l'amphithéâtre romain dont s'équiperont des villes italiennes comme Pouzzoles et Vérone, mais aussi les grandes cités des provinces romaines comme El Djem en Afrique, ou encore Arles et Nîmes dans le sud de la France.

Dans la Rome antique, les cérémonies d'expiation et de purification se déroulaient en février. Certaines de ces pratiques ont survécu au Moyen Âge, lorsqu'on sonnait les cloches dans la nuit du 5 février pour éloigner les esprits maléfiques.

L'historien britannique Edward Gibbon (1737-1794) écrivit une remarquable *Histoire du déclin et de la chute de l'Empire romain* (en six volumes de 1776 à 1788). Cette œuvre fut l'une des premières tentatives d'une lecture scientifique de l'Histoire.

Ancêtres de la civilisation romaine, les Étrusques, à leur apogée du VIIe au Ve siècle avant J.-C., adoraient de nombreux dieux. Leurs prêtres lisaient l'avenir dans un foie de mouton savamment divisé en sections, chacune portant le nom d'un dieu spécifique.

La première flotte de guerre romaine n'apparaît qu'en 260 avant J.-C. et sera anéantie... par une tempête ! Ces premiers bateaux ressemblaient aux galères carthaginoises. En 67 avant J.-C., les Romains disposaient de deux cents bateaux de guerre, des copies des bâtiments utilisés par la flotte grecque. Il faut attendre les débuts de l'ère chrétienne et l'empereur Auguste pour que l'armée se dote enfin d'une puissante marine de combat.

La montagne Sainte-Geneviève

Construites vers la fin du Ier siècle, les arènes de Lutèce appartiennent à la catégorie des amphithéâtres gallo-romains où se déroulaient les combats de gladiateurs, les jeux et les affrontements avec des animaux sauvages. Mais ces arènes ont aussi accueilli des représentations théâtrales.

En 1867, le percement de la rue Monge (à Paris) permet d'entreprendre les premières fouilles de l'édifice dont les ruines seront restaurées en 1915. Situé sur les pentes sud-est de la montagne Sainte-Geneviève, l'édifice pouvait recevoir dix-sept mille spectateurs. Aujourd'hui, les arènes de Lutèce sont accessibles par la rue des Arènes et le square Capitan (Ve arrondissement de Paris).

Cité antique gauloise, Lutèce (aujourd'hui Paris) fut conquise par les Romains en 52 avant J.-C. Beaucoup affirment que Lutèce se nichait alors au cœur de l'actuelle île de la Cité – bien que des fouilles récentes remettent en cause cette hypothèse.

Au Ier siècle, la cité romaine de Lutèce se développe sur la rive gauche de la Seine, entre la montagne Sainte-Geneviève, le boulevard Saint-Germain et le jardin du Luxembourg. Le centre de la ville se situe alors autour de l'actuel numéro 172 de la rue Saint-Jacques, le point le plus élevé de la montagne Sainte-Geneviève.

L'argent n'a pas d'odeur

La vespasienne tient son origine de l'empereur romain Vespasien (9-79). Petit-fils d'un centurion et fils d'un publicain, Vespasien est proclamé empereur en 69 par les légions d'Orient. Il restaure la confiance dans une société déchirée par une succession de guerres civiles, mène de grands travaux (Capitole et Colisée), renfloue les finances publiques et n'hésite pas à abuser de l'impôt pour accomplir ses réformes. Ainsi va-t-il jusqu'à créer une taxe sur l'urine. En fait, la nouvelle redevance touche la collecte et le commerce de cette matière première naturelle destinée aux foulons (fabricants de draps et étoffes), qui utilisent l'urine comme un produit dégraissant.

L'impôt sur l'urine de Vespasien n'a pas seulement laissé le mot « vespasienne ». Il a aussi engendré une formule populaire encore fréquemment utilisée dans les conversations courantes : « L'argent n'a pas d'odeur. » Explication.

Lorsqu'il est associé à la conduite des affaires, Titus n'apprécie guère certaines décisions de son père et lui reproche notamment d'avoir eu cette curieuse idée d'établir un impôt sur l'urine. Dans ses fameuses Vies des douze Césars (biographies des empereurs romains), Suétone (70-128) raconte que Vespasien met alors sous le nez de son fils la première somme collectée par cette nouvelle taxe et lui demande si l'odeur le choque ou l'importune. Titus répond que non. Son père ajoute alors d'un ton moqueur : « C'est pourtant le produit de l'urine ! » Ce qui donnera par extrapolation : « L'argent n'a pas d'odeur. »

Peu de temps avant sa mort, Galère (284-311, empereur romain de 305 à 311) publie un édit de tolérance envers les Chrétiens qu'il autorise à célébrer leur culte « à condition qu'ils n'agissent pas contre l'ordre établi ». En 380, sous Théodose Ier (empereur de 379 à 395), le christianisme devient la religion officielle de l'Empire.

Le nom « barbare » fut utilisé par le peuple grec pour désigner les étrangers et les non-Romains vivant en dehors de l'Empire romain.

Les grands écrivains de la Rome antique

Virgile
(70 avant J.-C. - 19 après J.-C.)
C'est le plus grand poète du règne d'Auguste (empereur de 27 avant J.-C. à 14 après J.-C.), dont il fut aussi l'ami, et l'auteur de l'*Énéide*, un récit épique et mythologique auquel il consacra les onze dernières années de sa vie, considéré comme un chef-d'œuvre de la littérature mondiale. Virgile a aussi composé des poèmes pastoraux, comme *les Bucoliques* (37 avant J.-C.) et *les Géorgiques* (36 à 29 avant J.-C.), qui célèbrent le monde paysan et l'Italie rurale.

Tite-Live
(vers 59 avant J.-C. - 17 après J.-C.)
Auteur d'une histoire de Rome en 142 volumes et précepteur de Claude (empereur de 41 à 54), son œuvre propose le récit des événements depuis la fondation de Rome (753 avant J.-C.) jusqu'à la mort de Drusus (9 avant J.-C.). Tite-Live dresse le portrait d'hommes illustres (Hannibal, Scipion), mais le véritable héros en est le peuple romain, épris de liberté et de justice.

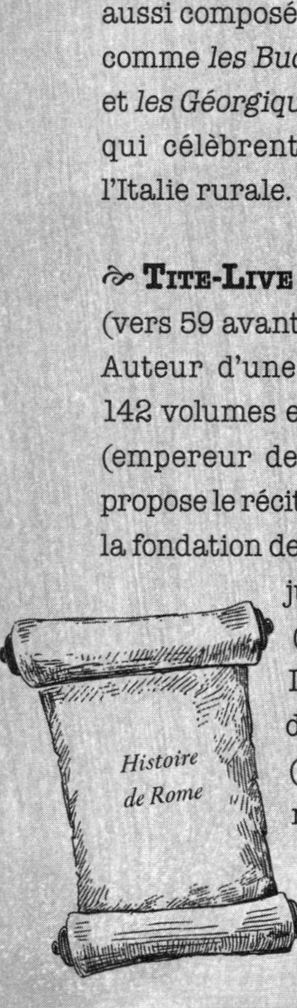

Ovide
(43 avant J.-C. - 17 après J.-C.)
Ce poète latin est l'auteur de *l'Art d'aimer* et des *Métamorphoses*. Très populaire de son vivant, même s'il fut contraint (jusqu'à sa mort) à l'exil en Roumanie par l'empereur Auguste, il influença fortement les troubadours du Moyen Âge et notamment, en France, Chrétien de Troyes ou les auteurs (Guillaume de Lorris et Jean de Meung) du *Roman de la rose*. Sa popularité s'accrut encore au cours de la Renaissance, grâce à Ronsard.

Sénèque
(4 - 65 après J.-C.)
Philosophe et précepteur de Néron (futur empereur de 54 à 68), il est l'auteur de neuf tragédies en vers *(Médée, Agamemnon, Œdipe, Phèdre, les Troyennes, les Phéniciennes, Thyeste, Hercule furieux* et *Hercule sur l'Œta)*.
Considéré comme l'un des plus grands philosophes stoïciens de la Rome antique, Sénèque tente de définir des règles de sagesse exigeantes (courage, indifférence et rigueur). Son œuvre a nourri des générations d'écrivains tels qu'Érasme, Montaigne, Jean-Jacques Rousseau...

Pline l'Ancien

(23 - 79 après J.-C.)

Ce naturaliste romain est l'auteur d'une encyclopédie, *Histoire naturelle* (trente-sept volumes sur la nature et l'art), qui fait de lui la principale autorité scientifique de l'Europe antique. Son ouvrage traite des multiples aspects de la connaissance comme l'astronomie, la phytothérapie, la géographie, l'ethnologie, l'anthropologie, la botanique, la physiologie humaine, l'horticulture, la médecine, la minéralogie, la métallurgie, la zoologie et les beaux-arts. Officier de cavalerie dans l'armée à 23 ans, il participe à de nombreuses campagnes en Germanie.

Revenu à Rome, il se consacre à l'écriture de nombreux autres livres, parmi lesquels figurent un traité militaire sur l'art de lancer le javelot à cheval, un traité de rhétorique et une volumineuse histoire des guerres en Germanie.

Il meurt en se rendant à Pompéi lors de la terrible éruption du Vésuve en voulant observer de plus près ce phénomène volcanique.

Tacite

(vers 55 - 120 après J.-C.)

Il est l'un des plus grands historiens romains. Il rejoint l'administration romaine sous Vespasien, fut consul en 97 puis proconsul en Asie (110-113). Dans un style vif et concis, il a écrit les *Dialogues des orateurs* et deux ouvrages d'histoire, les *Annales* et les *Histoires*. Les premières racontent l'histoire de Rome de la mort d'Auguste à celle de Néron. Les secondes vont de la mort de Néron à celle de Domitien.

Suétone

(vers 69 - 140 après J.-C.)

Les écrits de ce biographe et historien romain représentent une source essentielle d'informations sur la Rome antique. L'empereur Hadrien le prit comme secrétaire, mais il fut disgracié vers 122. Son œuvre la plus célèbre est la *Vie des douze Césars*, où il raconte la vie des empereurs (de Jules César à Domitien).

Sous le règne d'Hadrien, le Panthéon de Rome honorait tous les dieux de l'État. Chacun disposait d'un autel sur lequel les Romains apportaient leurs offrandes.

À ses débuts, l'armée romaine disposait de casques en cuir ou en bronze. Elle fut ensuite équipée de casques en fer qui possédaient une large protection couvrant les joues jusqu'à la pointe du menton.

LE CENTURION ROMAIN ÉTAIT UN OFFICIER COMMANDANT UNE TROUPE DE FANTASSINS.

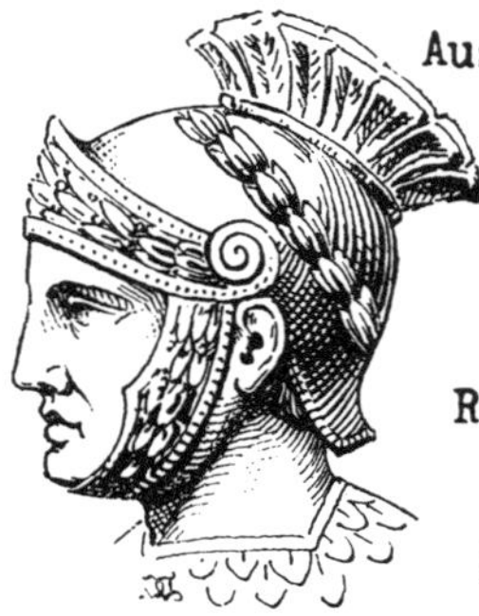

« Les Romains interdisaient aux Chrétiens d'enterrer leurs morts dans des lieux de sépulture officiels. Aussi ceux-ci creusèrent-ils de grandes galeries souterraines (sortes de catacombes) dans les zones inhabitées de Rome et de Naples ou dans certaines banlieues de grandes villes d'Afrique du Nord ou de Sicile. Enveloppés d'un linceul, les corps étaient placés dans des « brèches » le long des murs.

La garde prétorienne

À l'origine, la garde prétorienne romaine assurait la sécurité d'un général ou d'un préteur (magistrat). Puis, elle en vint tout naturellement à protéger l'empereur.

Premier empereur de Rome, Auguste (63 avant J.-C.-14 après J.-C.) fera de la garde prétorienne une force militaire spécifique composée de neuf cohortes (chacune comptant 500 hommes). En tant que seul grand corps d'armée permanent autorisé à l'intérieur ou aux alentours de Rome, cette unité acquit rapidement un grand pouvoir politique.

Les gardes prétoriens servaient pendant seize ans. Ils disposaient de privilèges et recevaient le triple de la solde ordinaire. Véritable armée au sein de l'armée, ces militaires devinrent les arbitres du pouvoir en déposant et nommant les empereurs à leur gré. La garde sera dissoute en 312, sous le règne de Constantin le Grand (274-337).

La légion : un métier, une mission

La célèbre légion romaine (organisée, disciplinée et bien armée) fut l'un des éléments de base dans la réussite des conquêtes de l'Empire romain. Sous la République, l'armée se compose de citoyens qui peuvent payer leur armement. Mais, vers 115 avant J.-C., l'État met fin à la conscription selon la fortune et instaure une armée de métier. Le citoyen s'engage pour une durée de seize ans et perçoit un salaire. Sous l'Empire, le service du légionnaire dure vingt ans. Au II*e* *siècle après J.-C., l'armée romaine dispose de cent cinquante mille légionnaires parfaitement aguerris. Les légionnaires reçoivent un véritable entraînement avant de gagner le rang (une nouveauté pour l'époque). Entrer dans ce corps d'armée représente alors un réel espoir pour les plus pauvres. Et les rapides promotions des valeureux combattants (pour l'exemple) ne manquent pas, la hiérarchie voulant ainsi prouver que les opportunités de carrière existent réellement. À la fin de son service, le légionnaire recevait une somme d'argent ou une terre. Mais pendant sa mission, en théorie, il ne devait pas se marier.*

Les sacrifices d'animaux tenaient une place prépondérante dans les rituels de la religion romaine. Des prêtres supervisaient le déroulement de la cérémonie. Le plus souvent, l'officiant aspergeait l'animal (colombe, boeuf, chèvre, mouton ou porc) de sel, de farine ou de vin. Puis on l'égorgeait avant de jeter sa carcasse dans un feu sacré. Mais on conservait ses entrailles qu'un augure (sorcier devin) examinait minutieusement pour annoncer avec grandiloquence de sombres ou fastes présages. Enfin, la cérémonie pouvait se terminer par un repas sacré en consommant la viande de l'animal.

Les légionnaires romains ne participaient pas en permanence à leurs terribles (et parfois lointaines) campagnes de conquêtes guerrières. Pendant leur temps de « repos », ils construisaient des routes, ponts et canaux ou édifiaient des fortifications. Les plus chanceux gardaient les frontières isolées.

Esclaves et gladiateurs

Au Ier siècle de notre ère, la religion chrétienne se propagea sans difficulté dans l'Empire romain auprès des esclaves et des pauvres dans la mesure où sa doctrine promettait la vie éternelle, indépendamment des richesses de ce bas monde.

Nombre de gladiateurs étaient des esclaves, des prisonniers de guerre ou des criminels (et parfois des professionnels rémunérés). Ils acceptaient le combat singulier à mort et se produisaient dans les cirques romains et les amphithéâtres antiques.
Le premier spectacle de gladiateurs eut lieu à Rome en 264 avant J.-C. Des spectacles à grande échelle (300 paires de gladiateurs) furent organisés par Jules César. Le plus grand combat de gladiateurs eut lieu en 107 après J.-C. (5 000 paires de combattants). Lorsqu'un gladiateur tenait un adversaire à sa merci, il se tournait vers les spectateurs. Si ceux-ci souhaitaient qu'il épargne le vaincu, ils levaient leur mouchoir ; mais s'ils pensaient qu'il devait être tué, ils tournaient le pouce vers le bas. Les combats de gladiateurs se poursuivirent jusqu'en l'an 500.

Contrairement aux rois, les empereurs romains (à partir de 27 avant J.-C.) portaient sur la tête une guirlande de lauriers et non une couronne.

*Les chefs militaires de la Rome antique qu
remportaient de prestigieuses batailles recevaien
un « triomphe », une sorte de fête officiel
au cours de laquelle sénateurs, musicien
soldats et prisonniers défilaient solennellemen
dans Rome. Le chef trônait sur un char atte
de douze chevaux blancs. Peintures et écriteau
retraçaient son épopée victorieus
En 47 avant J.-C., de retour d'une campagne e
Orient, César reçut un triomphe. À la place de
textes explicatifs souvent longs et pompeux,
fit tout simplement écrire : « Veni, vedi, vici »
(« Je suis venu, j'ai vu, j'ai vaincu »)*

Peuples indo-européens de l'Antiquité, les Vénètes de l'Armorique (une tribu de marins celtes) ont habité la Bretagne actuelle au Ier siècle avant J.-C. Vaincus par Jules César au cours d'une bataille navale (56 avant J.-C.), ils seront vendus comme esclaves. Quant aux Vénètes de l'Adriatique, ils peuplaient l'actuelle Vénétie (nord-est de l'Italie) et vivaient de l'élevage des chevaux.

Un patricien appartient à la haute aristocratie dans la société romaine. Le plébéien est un membre du peuple et l'affranchi un homme ou une femme libéré(e) de l'esclavage.

Les premières pièces de monnaie romaines apparaissent en 290 avant J.-C., tandis que les premières pièces grecques voient le jour au VIIe siècle avant J.-C. Auparavant, le commerce se fondait sur l'échange de marchandises ayant sensiblement la même valeur.

La plupart des mariages de la Rome antique étaient arrangés pour des raisons financières, politiques ou sociales. Les parents choisissaient le futur époux de leur fille dès l'âge de douze ans. Les adolescents convolaient en justes noces deux ans plus tard. Selon la coutume, la seconde partie du mois de juin était la meilleure période possible pour célébrer un mariage.

Outre ses armes, chaque légionnaire portait un lourd équipement lui donnant une autonomie de nourriture de trois jours. De surcroît, son paquetage comprenait des outils pour monter le campement, voire pour creuser des canaux ou construire des routes et des ponts. Un légionnaire muni de ce barda devait couvrir 36 kilomètres en cinq heures de marche.

Les Samnites vivaient dans le Samnium, *un centre montagneux de l'Italie du sud. Entre 343 et 290 avant J.-C., ils livrèrent contre Rome une suite de combats (les guerres samnites). Vaincus à la bataille de Sentinum (Ombrie), ils perdirent leur indépendance et durent traiter avec Rome.*
Les Samnites soutinrent ensuite Hannibal au cours de la deuxième guerre punique (218-201 avant J.-C.), puis furent finalement écrasés par le général romain Sylla (82 avant J.-C).

Dieux grecs vs dieux romains !

La mythologie grecque rassemble les récits familiers provenant de la Grèce antique. Ces mythes sont aux origines des rituels religieux. Cette source légendaire a également alimenté la mythologie romaine, d'origine indo-européenne, qui s'est construite d'apports religieux et culturels empruntés aux pays intégrant peu à peu le giron de l'empire romain. Les mythes strictement romains forment une très large minorité de cultes et reposent surtout sur la fondation des cités. La majorité des divinités du panthéon romain vient de la Grèce antique et a rapidement évincé les divinités locales.

Nom grec	Nom romain	Rôle dans la mythologie
Aphrodite	Vénus	› Déesse de la beauté, de l'amour et de la fécondité (dans la mythologie romaine : déesse des jardins et des champs)
Apollon	Apollon	› Dieu de la prophétie et de la médecine
Arès	Mars	› Dieu de la guerre
Artémis	Diane	› Déesse de la chasse
Asclépios	Esculape	› Dieu de la médecine
Athéna	Minerve	› Déesse des arts, des techniques et de la guerre
Cronos	Saturne	› Dieu du ciel, règne sur les Titans (dans la mythologie romaine : dieu de l'agriculture)
Déméter	Cérès	› Déesse des moissons
Dionysos	Bacchus	› Dieu de la vigne, de l'ivresse et de la végétation
Éros	Cupidon	› Dieu de l'amour
Héra	Junon	› Déesse du mariage et de l'accouchement, protectrice des femmes mariées, reine des dieux
Hermès	Mercure	› Messager des dieux, protecteur des voyageurs, des voleurs et des marchands
Hestia	Vesta	› Gardienne du foyer
Hadès	Pluton	› Dieu des enfers
Poséidon	Neptune	› Dieu des mers et de l'élément liquide
Rhéa	Ops	› Déesse mère
Ouranos	Uranus	› Dieu du ciel, père des Titans
Zeus	Jupiter	› Dieu suprême

Histoire

Les statistiques ont démontré
que la mortalité dans l'armée augmente
sensiblement en temps de guerre.

Alphonse Allais (1854-1905)
Écrivain français

> **Louis XIV (1638-1715) a régné sur le royaume de France pendant 72 ans (1643-1715). Il détient le record de longévité royale, non seulement en France, mais aussi pour l'ensemble de l'Europe.**

Saint-Pétersbourg, capitale de l'Empire russe du XVIIIe au XXe siècle, prit le nom de Leningrad à la mort de Lénine (1870-1924).
La capitale fut transférée à Moscou après la Révolution de 1917.
Saint-Pétersbourg retrouve son nom d'origine en 1991, après la chute du Parti communiste de l'Union soviétique.
Fondée en 1703 par le tsar Pierre le Grand (1672-1725), Saint-Pétersbourg est le plus important port russe sur la mer Baltique, au fond du golfe de Finlande. Il s'agit de la deuxième plus grande ville de Russie (après Moscou).
Le centre-ville est inscrit sur la liste du patrimoine mondial de l'Unesco depuis 1990.

Les premiers foyers volontaires et structurés remontent à environ 400000 ans et apportent la preuve formelle de la maîtrise du feu. Une découverte cruciale dans l'évolution de l'humanité. Car, même si l'*Homo erectus* (1,5 million d'années à 100000 ans) vivait déjà en tribu et savait fabriquer des outils, la production du feu (l'allumer et l'éteindre à volonté) représente alors un bond technologique considérable. Le feu apporte non seulement la lumière et la chaleur, mais il modifie aussi l'alimentation tout en contribuant à la cohésion sociale de groupes qui se rassemblent désormais autour d'un foyer. Les premiers allume-feux étaient constitués de deux morceaux de bois, de duretés différentes, frottés par rotation jusqu'à échauffement.

Chirurgien français considéré comme le père de la chirurgie moderne, Ambroise Paré (1509-1590) devient le premier chirurgien du roi Charles IX en 1560.

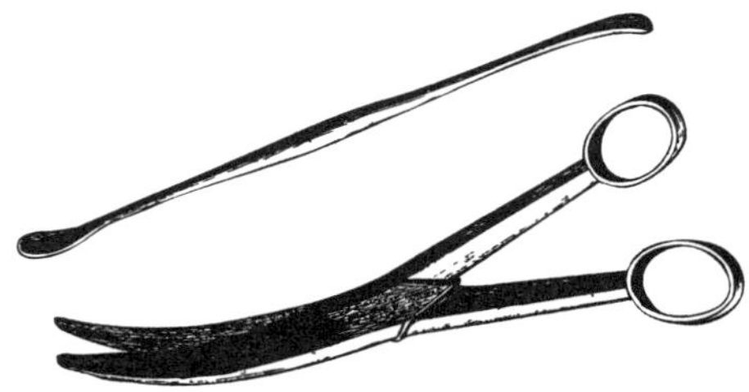

LA V^E RÉPUBLIQUE FRANÇAISE A VU LE JOUR LE 5 OCTOBRE 1958, DATE DE LA PROMULGATION OFFICIELLE DE LA NOUVELLE CONSTITUTION.

La Banque d'Angleterre fut fondée en 1694 par un Écossais, William Paterson (1658-1719). Et un Anglais, John Holland (mort en 1722), a créé la Banque d'Écosse en 1695.

Un dieu vivant

Lorsqu'il meurt à Babylone à l'âge de 33 ans (323 avant J.-C.), Alexandre le Grand a conquis un gigantesque empire allant de la Grèce à l'Asie Mineure (jusqu'au fleuve Indus, en Inde), en passant par l'Égypte. Onze années durant, il parcourt 32 000 kilomètres pour assouvir sa soif de conquêtes, toujours accompagné de son fidèle et farouche cheval noir, le célèbre Bucéphale.

Mais l'animal succombe au cours de la terrible bataille de l'Hydaspe (326 avant J.-C.), un affrontement qui débouche sur la conquête du Pendjab (Inde occidentale). Terriblement affecté, Alexandre fait alors de Bucéphale un véritable dieu et l'enterre avec les honneurs militaires en fondant sur le site du tombeau la ville de Bucéphalie, aujourd'hui Phalia, dans l'actuel Pakistan, sur la rive du Jhelum.

À la mort d'Alexandre, trois ans plus tard, le partage des territoires entre ses généraux affaiblit l'empire. En 31 avant J.-C., l'Égypte sera le dernier royaume hellénistique à tomber aux mains de l'empereur romain Auguste.

Les mondes anciens

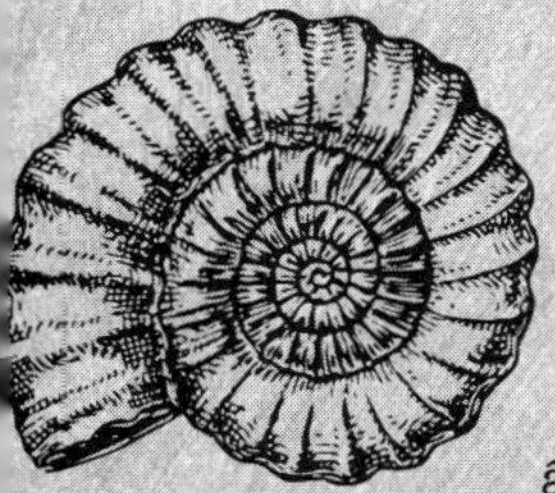

La préhistoire

Cette période débute par le paléolithique (ou âge de la pierre taillée) il y a environ 2,6 millions d'années. Par convention, la préhistoire va de l'apparition de l'*Homo habilis* jusqu'à la découverte de l'écriture, vers 3 300 avant J.-C. en Mésopotamie (l'un des berceaux de la civilisation urbaine, correspondant à l'Irak et à la Syrie orientale actuels, entre le Tigre et l'Euphrate).

Le néolithique (ou âge de la pierre polie)

Dernière période de la préhistoire, entre environ 7 500 et 2 000 avant J.-C., il se caractérise par la sédentarisation (naissance de l'agriculture et de l'élevage), par la pratique de la céramique et par la fabrication d'outils de pierre polie. Les premières villes naissent. Le néolithique précède l'âge des métaux.

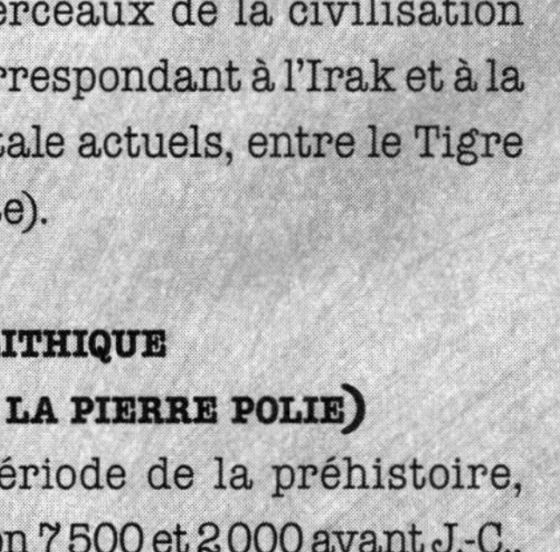

La protohistoire

Cette période intermédiaire se situe entre la préhistoire (qui concerne les peuples sans écriture) et l'histoire. Par convention, la protohistoire correspond à la période antérieure aux premiers documents écrits. Elle marque aussi l'apparition de la métallurgie. Si la préhistoire s'étudie grâce à l'archéologie, l'histoire s'appuie, elle, sur les seuls textes écrits pendant la période considérée.

En Europe, la protohistoire coïncide avec la période qui couvre l'âge des métaux. Elle commence donc avec l'âge du bronze (alliage de cuivre et d'étain, destiné à la fabrication d'outils, d'armes, de bijoux et d'objets divers), qui débute vers 3 500 avant J.-C. et s'achève autour de 800 avant J.-C. L'âge du fer (environ 800 à 50 avant J.-C.) lui succède.

L'Antiquité

L'Antiquité commence vers 2000 avant J.-C. En 476, la chute de l'Empire romain d'Occident marque la fin de l'Antiquité et les débuts du Moyen Âge qui, par convention, se termine en 1492 avec la découverte de l'Amérique.

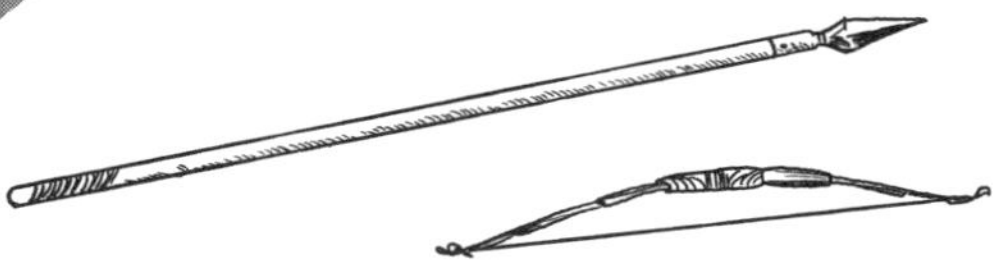

Les plus anciens objets en or découverts à ce jour proviennent de la nécropole de Varna (Bulgarie). Ils datent de 4500 avant J.-C. Découverte en 1972, cette nécropole située au bord de la mer Noire abrite près de 300 tombes. Les archéologues ont mis au jour plus de 3000 objets : bracelets, colliers, diadèmes, parures, monnaies, armes, outils, sceptres, haches et pointes de javelot.

Christophe Colomb aborde les Antilles en 1492 et débarque à l'embouchure du fleuve Orénoque (Venezuela) en 1498. Sans le savoir, le navigateur espagnol d'origine italienne découvre l'Amérique du Sud trois ans avant Amerigo Vespucci (1454-1512). Et c'est pourtant le Florentin Amerigo qui donnera son prénom au Nouveau Monde, l'Amérique. Mais Christophe Colomb (1451-1506) ne méritait pas davantage cet honneur. Autour de l'an mil, le Viking Leif Ericson, le fils du tumultueux Érik le Rouge, fut le premier Européen à mettre le pied dans l'Anse aux Meadows, au nord de l'île de Terre-Neuve.

Rosette et sa pierre

En 1799, un soldat de Napoléon participant à la campagne d'Égypte découvre la pierre de Rosette, une stèle de basalte noir (115 cm de haut, 73 de large, 25 d'épaisseur pour un poids de 762 kg), près de la ville de Rosette (Basse-Égypte), très précisément au fort Saint-Julien. Cette stèle se trouve aujourd'hui au British Museum de Londres. Datée de 196 avant J.-C., la pierre de Rosette est recouverte d'inscriptions en deux langues et trois écritures (hiéroglyphes, démotique et grec) et porte un décret de Ptolémée V (210-181 avant J.-C.). La stèle permit de déchiffrer les hiéroglyphes égyptiens et de fonder l'égyptologie moderne, grâce aux travaux du physicien britannique Thomas Young (1773-1829) et de l'égyptologue français Jean-François Champollion (1790-1832).

Corsaires et pirates

Il ne faut pas confondre le corsaire et le pirate ! Le corsaire appartenait à l'équipage d'un navire civil armé qui disposait d'une autorisation royale lui permettant, en temps de guerre, de pourchasser et d'arraisonner les vaisseaux marchands ennemis. Cette ancienne forme de guerre navale fut appelée « guerre de course ».
Quant à la piraterie, elle connut son apogée au XVIIIe *siècle. Si les pirates pillaient les bateaux (ennemis ou pas et aussi bien en période de guerre que de paix), c'était pour leur propre compte. De surcroît, ils n'hésitaient pas à dévaliser de petites villes côtières.*
Jean Bart (1650-1702) fut l'un des plus illustres corsaires du règne de Louis XIV. Corsaire et armateur, Robert Surcouf (1773-1827) se distingua à partir de 1795 en attaquant les comptoirs britanniques de la région du Bengale. Dans son jeune âge, il pratiqua la traite des Noirs en Afrique et à Madagascar et ce, malgré l'abolition de l'esclavage par la Convention en 1794.

Le président des États-Unis d'Amérique est élu tous les quatre ans au suffrage universel indirect au mois de novembre. Son mandat débute le 20 janvier de l'année suivante. Depuis 1951, le 22e amendement de la Constitution limite l'élection à deux mandats. Autre particularité : les habitants du district de Columbia (Washington, DC) ne votent aux élections présidentielles que depuis 1961 (23e amendement).

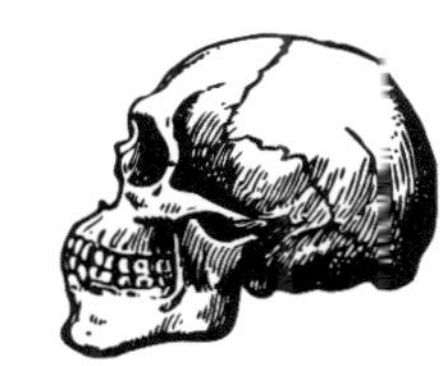

« Selon certains chercheurs, le langage possède une origine très récente : il serait né il y a 40 000 ans. D'autres penchent plutôt pour une très lointaine naissance, au temps de l'*Homo habilis* (entre 2,5 et 1,6 million d'années). Un débat parmi les spécialistes qui continue de faire rage…

Au Moyen Âge, lorsque deux chevaliers se croisaient sur un chemin, la tradition voulait qu'ils relèvent le ventail de leur heaume. Cette marque de politesse leur permettait de se faire connaître (ou reconnaître) et prouvait les intentions pacifiques des deux protagonistes. Ce geste devint le signe d'un salut amical et donna naissance au salut militaire (main droite et paume ouverte portée à hauteur de la visière du couvre-chef).

La statue équestre monumentale de Pierre le Grand est érigée sur un énorme monolithe de granite d'une masse de 1500 tonnes (450 mètres cubes de volume). Inauguré par Catherine II en 1782, le Cavalier de bronze se dresse sur la place des Décembristes, à Saint-Pétersbourg. Cette statue fut exécutée par le sculpteur français Étienne Maurice Falconet (1716-1791), un ami de Diderot. Piotr Alexeïevitch Romanov, appelé aussi Pierre le Grand (1672-1725), fut tsar de Russie dès 1682 et premier empereur de l'empire russe de 1721 à 1725. Son épouse Catherine Ire (1683-1727) fut impératrice de Russie de 1725 à 1727.

Mort sans perruque !

Le neuvième président américain, William Harrison (1773-1841), n'a pas longtemps goûté aux joies du pouvoir. Un mois après son entrée en fonction, il commet l'imprudence de prononcer son discours inaugural tête nue, par grand froid et sous une pluie glaciale. Voulait-il donner à son peuple l'image d'un chef courageux capable de braver toutes les intempéries quelles que soient les circonstances et lui envoyer ainsi une espèce de message symbolique ? L'histoire ne le dit pas, mais cette banale audace valut à William Harrison de mourir des suites d'une pleurésie, le 4 avril 1841. Son vice-président, John Tyler (1790-1862), lui succédera jusqu'en 1845. Tous deux appartiennent au parti Whig (la droite libérale) créé en 1833.

Cette anecdote tragique se teinte d'une sourde malice quand on sait que le mot whig désigne… une « perruque » en anglais. En ce jour fatidique, le brave Harrison eut plutôt été inspiré d'en porter une…

Le « billet drapeau »

En préparant le débarquement du 6 juin 1944 sur les côtes de Normandie, les Américains décident de fabriquer des billets de banque destinés à remplacer ceux émis pendant l'occupation allemande. Ces futurs billets s'appelleront « les billets drapeau » en référence au drapeau français qui couvre la quasi-totalité de l'une de ses faces.
Ils furent imprimés entre février et mai 1944 par l'organisme chargé à l'époque de la fabrication des dollars et des documents officiels américains. Mais le billet drapeau a eu une vie très éphémère : il est retiré de la circulation dès le 27 juin 1944.
En effet, le Gouvernement provisoire de la République française (GPRF), et le général de Gaulle tout particulièrement, voyaient d'un fort mauvais œil cette ingérence dans les affaires de la France.

Premiers témoignages artistiques, les figurines et objets gravés (en pierre, corne, os ou ivoire) datent d'environ 40 000 ans.

Il existe deux Déclarations des droits de l'homme : la Déclaration des droits de l'homme et du citoyen (enfantée pendant la Révolution française de 1789) et la Déclaration universelle des droits de l'homme (proclamée après la Seconde Guerre mondiale). Il existe aussi une Convention européenne des droits de l'homme signée en 1950. Celle-ci s'inspire de la Déclaration universelle des droits de l'homme de l'ONU, mais s'adapte aux spécificités du continent européen. Elle entre en vigueur au sein du Conseil de l'Europe en 1953.
Votée par l'Assemblée constituante le 26 août 1789, la Déclaration des droits de l'homme et du citoyen est ratifiée par Louis XVI au mois d'octobre. Elle est dotée d'un préambule suivi de 17 articles.
La Déclaration universelle des droits de l'homme fut, elle, adoptée le 10 décembre 1948 par l'ONU à Paris. Elle s'ouvre sur un préambule complété de 30 articles.

La Première Guerre mondiale (du 4 août 1914 au 11 novembre 1918) a fait plus de 9 millions de morts et 23 millions de blessés. Ce conflit a tué 10 % de la population active masculine française (1,4 million de morts et disparus). Avant la Seconde Guerre mondiale (1939-1945), on l'appelait plutôt « la guerre des guerres », « la der des ders » ou la « Grande Guerre ».

En France, l'obligation du service militaire pour tous les hommes âgés de 20 à 25 ans fut instaurée par la loi Jourdan-Delbrel, le 5 septembre 1798. Mais la conscription fut atténuée par le tirage au sort (loi de 1804). En fait, dans un canton donné, seuls 30 à 35 % des conscrits célibataires (ou veufs sans enfant) effectuaient leur service militaire. La loi du 21 mars 1905 crée un service national obligatoire et effectif pour tous à 20 ans et supprime définitivement le tirage au sort. La conscription obligatoire a également cessé dans de nombreux pays : en Grande-Bretagne (1957), aux États-Unis (1973), en Belgique (1994), aux Pays-Bas (1998) et en France (2001). En revanche, la Suède, la Finlande, l'Allemagne et l'Autriche l'ont maintenue.

Le Moyen Âge se termine **en 1492**, année de la découverte de l'Amérique par Christophe Colomb. S'ouvre alors une période que les historiens appellent « les Temps modernes » et qui s'achève en 1789. La Révolution française (1789-1799) met donc fin aux Temps modernes et donne naissance à l'histoire contemporaine.

Résidence officielle et lieu de travail du président des États-Unis, la Maison-Blanche fut construite dans la capitale, à Washington, entre 1792 et 1800. John Adams (1736-1826), le second président américain, en sera le premier locataire, un an avant la fin de son mandat. L'édifice possède 6 étages et dispose de 132 pièces réparties sur une surface de 5000 mètres carrés.

Le feu : une découverte cruciale

Les premiers foyers volontairement créés et entretenus remontent à environ 400 000 ans. Ils apportent la preuve d'une maîtrise parfaitement assimilée et transmissible du feu.

Cette découverte cruciale dans l'évolution de l'humanité permet à l'*Homo erectus* (1,5 million d'années à 100 000 ans) de réaliser un bond technologique considérable. Car même s'il vivait déjà en tribus et savait fabriquer ses outils, la production volontaire du feu (l'allumer et l'éteindre à volonté) lui apporte la lumière et la chaleur. De plus, la flamme va aussi modifier l'alimentation des humains qui mangeront désormais de la viande cuite, une étape décisive dans le développement de ses fonctions physiologiques.

De surcroît, le feu maîtrisé va contribuer à la cohésion sociale de groupes qui se rassembleront autour d'un foyer, notamment à la nuit tombée pour continuer de travailler la pierre (outils et armes de chasse) ou la peau (vêtements) et pour se protéger des animaux sauvages que les flambées éloignent.

Une force dévastatrice

Avant la maîtrise du feu, les flammes apparaissaient aux yeux des humains primitifs sous la forme d'une force dévastatrice : volcans, orages, incendies naturels. Avec cette découverte fondamentale pour l'humanité, la flamme passe du statut d'ennemi à celui de partenaire.

Au fil du temps, le feu qui sait chauffer, protéger, purifier, régénérer et illuminer imposera un réel caractère sacré. Quant au bois, il prendra lui aussi une valeur considérable et deviendra l'objet d'une véritable vénération, puisqu'il est censé « contenir » un feu potentiel. Rien d'étonnant donc à ce que l'arbre soit ensuite devenu un symbole universel et que son culte (avec ceux consacrés à la pierre et à l'eau) figure jusqu'aux premiers siècles de notre ère au rang des cérémonies païennes les plus populaires.

Les premiers allume-feux

Constitués de deux morceaux de bois de duretés différentes et frottés par rotation, les premiers allume-feux produisaient un petit tas de sciure échauffée qui générait quelques braises qui enflammaient alors des brindilles sèches. Le principe du briquet consistant à obtenir un échauffement par percussion (et non plus par friction) existait également. On utilisait alors deux pierres très dures (par exemple du silex) ou une pierre et un minerai de fer (pyrite ou marcassite).

La chute de l'Empire romain d'Occident se produit en 476. Cette date marque la fin de l'Antiquité et les débuts du Moyen Âge.

Taxe sur le sel très impopulaire, la gabelle *(un impôt en vigueur du XIVe au XVIIIe siècle) a donné son nom à l'hôtel Salé, lieu qui abrite aujourd'hui le musée Picasso, dans le quartier du Marais à Paris. Au XVIIe siècle, l'ancien propriétaire de cette superbe demeure, Pierre Aubert de Fontenay (1584-1668), occupait les fonctions de fermier général et était précisément chargé de percevoir le recouvrement de la gabelle. Parfois jalousés et toujours détestés du public, les fermiers généraux accumulèrent des fortunes considérables. L'hôtel de Pierre Aubert de Fontenay fut donc affublé du surnom « salé » en signe de haine et de dérision.*

L'hôtel Matignon

Le Premier ministre français réside à l'hôtel Matignon, rue de Varenne (VIIe arrondissement de Paris). Cet hôtel particulier fut commandé par le prince de Tingry et construit à partir de 1722 par l'architecte Jean Courtonne. Mais ne pouvant faire face au coût du chantier, le prince le vendit en cours d'achèvement à Jacques de Goyon de Matignon dès juillet 1723.
De multiples propriétaires s'y sont succédé : Talleyrand (1808), Napoléon Ier (1811), Louis XVIII (1816), Adélaïde d'Orléans, la sœur du futur Louis-Philippe (1822)… Ambassade d'Autriche de 1888 à 1914, l'hôtel Matignon est finalement acheté par l'État en 1922 et devient la résidence du président du Conseil à partir de 1935. Le premier chef de gouvernement à occuper les lieux sera Pierre-Étienne Flandin (1889-1958).

Les Trente Glorieuses désignent la période prospère connue par la plupart des pays industrialisés entre la fin de la Seconde Guerre mondiale et le premier choc pétrolier. Elle recouvre un cycle de prospérité allant de 1947 à 1973. La formule fut inventée par l'économiste français Jean Fourastié (1919-1997).

La culture celte se développe en Autriche (autour de Hallstatt) vers 750 avant J.-C. Une seconde période, dite de La Tène (sur la rive orientale du lac de Neuchâtel, Suisse) débute en 500 av. J.-C. La culture celte s'éteint avec la conquête de la Gaule par Jules César, en 51 avant J.-C.

L'art pariétal (ces gravures et peintures réalisées dans des grottes à l'abri de la lumière) s'est développé il y a une trentaine de milliers d'années (notamment en Tanzanie et dans la grotte Chauvet, au sud de l'Ardèche). On situe les gravures de la grotte sous-marine de Cosquer (dans les calanques de Marseille) entre 27 000 et 19 000 ans. La fresque de Lascaux (en Dordogne) date, elle, d'il y a 17 000 ans.

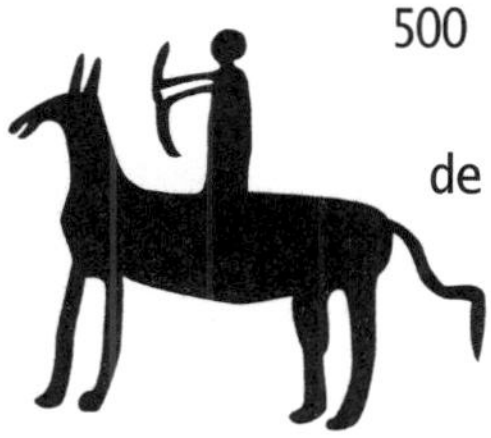

Long processus politique, militaire et diplomatique, l'unification italienne a donné naissance au royaume unifié d'Italie en 1861.

Seizième président des États-Unis d'Amérique, Abraham Lincoln (1809-1865) fut élu pour deux mandats de quatre ans (en 1861 et en 1864). Premier président républicain de l'histoire du pays, son nom est associé à la guerre de Sécession et à l'abolition de l'esclavage. Le 14 avril 1865 (jour du Vendredi saint), alors qu'il assiste à une représentation au Ford's Theatre de Washington, Lincoln tombe sous le feu de John Wilkes Booth (acteur célèbre et sympathisant sudiste) qui lui tire une balle dans la nuque à bout portant. Transporté dans une maison faisant face au théâtre, il y meurt le lendemain matin, à 7h22.
John Wilkes Booth a expliqué son geste par le fait qu'il ne supportait pas la défaite sudiste et, surtout, parce que Lincoln voulait étendre le droit de vote aux esclaves récemment émancipés.

Incendie à la Maison-Blanche !

En juin 1812, le quatrième président des États-Unis, James Madison (1751-1836), déclare la guerre à la Grande-Bretagne au nom du principe de la liberté des mers. S'engage alors la Seconde Guerre de l'Indépendance américaine.
Seize bateaux américains s'opposent à une centaine de navires britanniques. Les Anglais convergent vers Washington, prennent la capitale et incendient le palais présidentiel (24 août 1814). En septembre 1814, les Américains enregistrent une victoire stratégique sur le lac Champlain et l'armée britannique doit battre en retraite vers le Canada. Les belligérants signent la paix de Gand le 24 décembre 1814. À Washington ne restent plus que les murs noircis du palais incendié. Aussi décide-t-on de repeindre en blanc les murs d'origine afin de masquer les traces de fumée laissées par le sinistre. Depuis lors, le palais présidentiel sera surnommé « Maison-Blanche ». L'expression apparaît en 1901 sur l'en-tête du papier à lettres de Theodore Roosevelt (1858-1919).

Le mot *diabolos*, qui apparaît dans les traductions grecques de la Bible, définit dans son sens général un calomniateur et désigne plus précisément celui que les textes hébreux appellent Satan (de *haschatan*, qui veut plutôt dire « adversaire »).
Il s'agit bien sûr du Diable qui porte aussi les noms suivants : le Malin, Satan, le Tentateur, le Mauvais, Lucifer, le Prince des ténèbres ou encore le Prince des démons.

Associé aux victoires militaires et emblème de la République romaine, l'aigle a été vénéré dans de nombreuses civilisations. L'oiseau roi symbolise la puissance absolue et le courage. Attribut guerrier de Zeus (premier dieu du panthéon grec) et de Jupiter (le plus grand de tous les dieux de l'Antiquité romaine), il a également été adopté par les plus cruels chefs de guerre ou par d'abominables dictateurs (César, Othon IV, Napoléon, Hitler). Selon la légende, l'aigle peut regarder le Soleil en face.

Première favorite officielle du roi de France Charles VII (1403-1461), Agnès Sorel (1422-1450) fut la demoiselle d'honneur de la reine de Sicile, Isabelle de Lorraine. Charles VII la fera châtelaine de Loches et comtesse de Penthièvre. Agnès Sorel a exercé une réelle influence sur les décisions royales. La Vierge du tableau de Jean Fouquet, *Vierge et l'Enfant entourés d'anges*, un panneau sur bois de 1452, reprend ses traits.

“

Leader charismatique du syndicat Solidarnósć, dont l'action a contribué à la chute du régime communiste en Pologne, Lech Wałęsa (né en 1943) a reçu le prix Nobel de la paix en 1983, avant de devenir président de la république polonaise de 1990 à 1995.

La guerre de Sécession américaine fut une guerre civile *qui opposa les États-Unis d'Amérique (l'Union) et le rassemblement de certains États du sud esclavagistes (les États confédérés). Cette guerre sanglante dura de 1861 à 1865. L'Union était alors dirigée par Abraham Lincoln (1809-1865), le seizième président des États-Unis, et les États conférés par Jefferson Davis (1808-1889). Cette guerre se termina en avril 1865 par la victoire de l'Union et fit 620 000 victimes et autant de blessés.*
Le 4 février 1861, sept États esclavagistes du Sud avaient choisi de faire sécession des États-Unis pour former les États confédérés d'Amérique (la Caroline du Sud, le Mississippi, la Floride, l'Alabama, la Géorgie, la Louisiane et le Texas).
Jefferson Davis en fut le premier président. Quelques mois plus tard, quatre autres États firent de même (la Virginie, l'Arkansas, le Tennessee et la Caroline du Nord).

Propriété de l'armée américaine située dans l'État du Kentucky, Fort Knox abrite la quasi-totalité de la réserve d'or du gouvernement américain. Construit en 1937, ce bâtiment souterrain fortifié (une chambre forte en acier et béton) s'appelle le *US Gold Depository* (dépôt d'or des États-Unis).

Les rois de France

Pour chacun d'eux sont indiquées :
les dates de naissance, de début de règne et de décès.

Mérovingiens

- Clodion le Chevelu (400-429-447)
- Mérovée (v. 412-447-457)
- Childéric Ier (436-457-481)
- Clovis Ier (465-481-511)
- Childebert Ier (497-511-558)
- Clotaire Ier le Vieux (498-561), roi des Francs (511-558), roi d'Austrasie (555-558) et roi unique des Francs (558-561)
- Thibert, roi d'Austrasie (504-534-547)
- Thibaut Ier, roi d'Austrasie (535-548-555)
- Caribert Ier, roi des Francs de Paris (520-561-567)
- Gontran (532-592), roi des Francs d'Orléans et de Bourgogne (561-592) et roi de Paris (584-592)
- Sigebert Ier, roi d'Austrasie (534-561-575)
- Chilpéric Ier (539-584), roi des Francs à Soissons (561-567) et roi de Paris (567-584)
- Childebert II (570-596), roi d'Austrasie (575-595), roi d'Orléans, de Bourgogne et de Paris (592-595)
- Clotaire II le Jeune (584-613-629)
- Dagobert Ier (603-629-639)

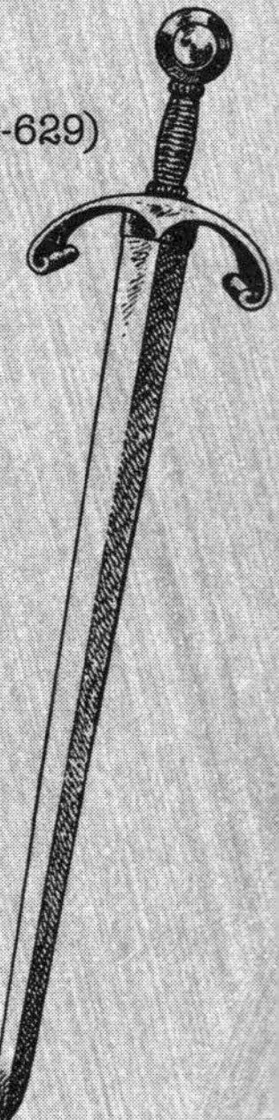

Les rois, dits « fainéants », qui suivent règnent sous la tutelle des maires du palais.

- Clovis II (635-657-657)
- Clotaire III (654-657-673)
- Childéric II (650-670-675)
- Thierry III (651-690), roi de Neustrie et de Bourgogne (673-690) et roi des Francs (675-690)
- Clovis III (682-690-695)
- Childebert III (683-695-711)
- Dagobert III (699-711-715)
- Chilpéric II (670-715-721)
- Thierry IV, sous la tutelle de Charles Martel (713-721-737), qui, de fait, gouverne de 737 à 741.
- Childéric III (714-743-751) Avec l'accord du pape Zacharie, le maire du palais de Neustrie, Pépin le Bref, écarte Childéric III et prend le pouvoir.

Carolingiens

- Pépin le Bref (715-751-768)
- Carloman, roi des Francs, roi de Provence et roi de Bourgogne (751-768-771)
- Charles Ier le Grand, dit Charlemagne (742-814), roi de Neustrie, d'Austrasie et d'Aquitaine (768-771), roi unique des Francs (771-800) et empereur d'Occident (800-814)
- Louis Ier le Débonnaire, ou le Pieux (778-814-840)
- Charles II le Chauve (823-843-877)
- Louis II le Bègue (846-877-879)
- Louis III (863-879-882)
- Carloman II (866-882-884)
- Charles III le Gros (839-884-888)
- Eudes (860-898), roi de Francie occidentale (888-898)
- Charles III le Simple (879-929), roi de Francie occidentale avec Eudes (893-898), seul roi de Francie (898-923)
- Raoul de Bourgogne (890-936), roi de Francie (923-936)
- Louis IV d'Outremer, (920-936-954)
- Lothaire (941-954-986)
- Louis V le Fainéant (966-986-987), associé au pouvoir dès 979.

Capétiens

- Hugues Capet (941-987-996)
- Robert II le Pieux (970-996-1031)
- Henri Ier (1008-1031-1060)
- Philippe Ier (1053-1060-1108)
- Louis VI le Gros (1080-1108-1137)
- Louis VII le Jeune (1120-1137-1180)
- Philippe II Auguste (1165-1180-1223)
- Louis VIII le Lion (1187-1223-1226)
- Louis IX dit Saint Louis (1214-1226-1270)
- Philippe III le Hardi (1245-1270-1285)
- Philippe IV le Bel (1268-1285-1314)
- Louis X le Hutin (1289-1314-1316)
- Jean Ier le Posthume (du 15 au 19 novembre 1316)
- Philippe V le Long (1293-1316-1322)
- Charles IV le Bel (1294-1322-1328)

Valois

- Philippe VI de Valois (1293-1328-1350)
- Jean II le Bon (1319-1350-1364)
- Charles V le Sage (1338-1364-1380)
- Charles VI le Fol (1368-1380-1422)
- Charles VII le Victorieux (1403-1422-1461)
- Louis XI (1423-1461-1483)
- Charles VIII (1470-1483-1498)

✦ Branche des Valois-Orléans

- Louis XII (1462-1498-1515)

✦ Branche des Valois-Angoulême

- François Ier (1494-1515-1547)
- Henri II (1519-1547-1559)
- François II (1544-1559-1560)
- Charles IX (1550-1560-1574)
- Henri III (1551-1574-1589)

Bourbons

- Henri IV (1553-1589-1610)
- Louis XIII le Juste (1601-1610-1643)
- Louis XIV le Grand (1638-1643-1715)
- Louis XV le Bien-Aimé (1710-1715-1774)
- Louis XVI (1754-1793), roi des Français de 1774 à 1792.
- Louis XVIII (1755- [1814, puis 1815 après les Cent-Jours]-1824)
- Charles X (1757-1836), roi des Français de 1824 à 1830.
- Louis-Philippe Ier (1773-1850), roi des Français de 1830 à 1848.

Les Camelots

Organisation royaliste française fondée en 1908, les Camelots du roi vendaient l'Action française, un journal fondé par Maurice Pujo. Proche des idées maurrassiennes, ce mouvement regroupait des agitateurs violents et disciplinés qui sévissaient sur l'ensemble du territoire français avec l'objectif de déstabiliser la République.
Il s'agissait en fait d'une sorte de milice au service de l'Action française, une organisation royaliste d'extrême droite fondée en 1899 et animée successivement par l'écrivain fasciste et antisémite Charles Maurras (1868-1952), puis par Jacques Bainville (1879-1936), qui sera élu à l'Académie française en 1935, et enfin par Léon Daudet (1867-1942), le fils de l'écrivain Alphonse Daudet.
Opposée à la République, l'Action française prônait la monarchie héréditaire, l'ordre et l'unité de la société française autour de l'Église, de l'armée et des valeurs traditionnelles, en combattant farouchement le parlementarisme. De 1908 à 1944, elle publie un journal éponyme, fondé par Maurice Pujo et Henri Vaugeois, et vendu par les Camelots du roi. L'organisation sera proche du gouvernement de Vichy pendant la Seconde Guerre mondiale.

En 1783, le traité de Versailles entérinait la victoire des treize colonies d'Amérique du Nord unies pour combattre la tutelle des Anglais. Commencée le 19 avril 1775, la guerre d'Indépendance prend fin le 19 septembre 1781, à la bataille de Yorktown.

Les scribes égyptiens et romains utilisaient des stylets en roseau taillé. La plume d'oie apparaît au Ve siècle et sera remplacée par la plume en métal vers 1830. Le réservoir d'encre intégré au stylo fut inventé en 1884 par l'assureur Lewis Waterman.

***Dès le XIIe siècle, le peuple aztèque, qui s'était alors établi dans la région de l'actuel Mexique,** fumait du tabac séché à travers des « tubes » naturels (roseaux ou tiges de plantes). D'autres autochtones roulaient le tabac haché dans les feuilles de différents végétaux. Ces objets ressemblaient déjà à nos cigares d'aujourd'hui et connurent un immense succès auprès des conquistadors du XVIe siècle qui lancèrent la mode dès leur retour en Espagne. En France, en 1556, le moine cordelier André Thevet entreprend la culture de plants de tabac rapportés du Brésil. L'ambassadeur de France au Portugal, Jean Nicot (1530-1600), envoie en 1559 des feuilles de tabac à Catherine de Médicis. D'abord connu sous le nom de « nicotiane » et paré de pouvoirs médicinaux, le tabac fait une entrée remarquée à la cour de François II (1544-1560).*

Les travaux de la Grande Muraille de Chine commencent vers 204 avant J.-C. Le pays nouvellement unifié veut ainsi se doter d'une frontière fortifiée destinée à le protéger des incursions ennemies. Constitué d'énormes blocs de pierres recouverts de briques, ce gigantesque rempart mesure 3000 kilomètres de long. Quelque 300000 ouvriers (essentiellement des paysans et des prisonniers) ont érigé l'impressionnant édifice, qui sera en partie reconstruit et renforcé (avec ici ou là des modifications de tracé) entre le XIVe et le XVIe siècle.

Les députés français délibèrent au Palais-Bourbon, un bâtiment édifié de 1722 à 1728 par l'architecte Giardini pour la duchesse de Bourbon-Condé — d'où le nom de « Palais-Bourbon » donné au siège de l'Assemblée nationale. À partir de 1795, l'édifice abrite le Conseil des Cinq-Cents puis, à partir de 1800, le Corps législatif. Napoléon Ier lui fait construire une façade à l'antique symétrique de celle de l'église de la Madeleine. Dans la nouvelle Constitution républicaine du 22 août 1795, la Convention partage le pouvoir législatif entre deux assemblées : le Conseil des Cinq-Cents, qui prend l'initiative des lois, et le Conseil des Anciens, qui doit ensuite les entériner.

La pierre philosophale

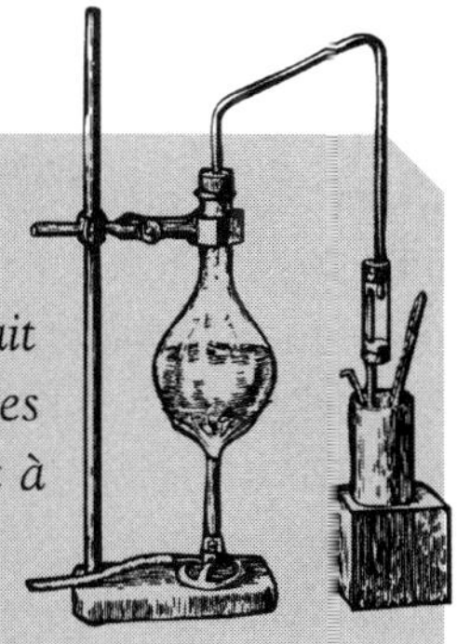

De l'Antiquité au Moyen Âge, l'alchimie prétendait réaliser la transmutation des métaux ordinaires (dits « vulgaires ») pour obtenir de l'or. Quant à la pierre philosophale, elle devait permettre d'accéder à la connaissance et à la puissance universelles. On disait également qu'elle pouvait aider à fabriquer des potions capables de guérir certaines maladies et, surtout, de prolonger la durée de la vie.
De nombreux personnages ont prétendu détenir la pierre philosophale Albert le Grand (1206-1280, théologien et philosophe), saint Thomas d'Aquin (1228-1274, élève du précédent), Raymond Lulle (1235-1315 théologien catalan surnommé « le Procureur des infidèles » ou le « Docteur illuminé »), Nicolas Flamel (1330-1418, le plus célèbre et le plus mystérieux de tous, libraire et écrivain) et Paracelse (1493-1541 médecin suisse et grand voyageur).

Lors d'un discours au Panthéon, le 11 novembre 1920, le président Alexandre Millerand (1859-1943) termina par un hommage « au Soldat inconnu, représentant anonyme et triomphal de la foule héroïque des poilus ».
Le Soldat inconnu fut inhumé par des poilus sous l'Arc de triomphe, place de l'Étoile, à Paris, le 28 janvier 1921, à 8 heures, en présence des maréchaux Joffre, Foch et Pétain et du ministre de la Guerre de l'époque, Louis Barthou. Ce soldat non identifié représente symboliquement tous les combattants tués pendant la Première Guerre mondiale.
La flamme du souvenir fut allumée en 1923 et est ravivée tous les jours à 18 h 30. Il existe des tombes du Soldat inconnu dans de nombreuses villes à travers le monde, notamment à Londres (dans l'abbaye de Westminster), Bruxelles (la Colonne du Congrès), Ottawa, Washington, Rome et Moscou.

Construites vers la fin du Ier siècle, les arènes de Lutèce appartiennent à la catégorie des amphithéâtres gallo-romains où se déroulaient combats de gladiateurs, jeux et affrontements avec des animaux sauvages. Mais elles ont aussi accueilli des représentations théâtrales. En 1867, le percement de la rue Monge (à Paris) permit d'entreprendre les premières fouilles de l'édifice dont les ruines furent restaurées en 1915. Situé sur les pentes sud-est de la montagne Sainte-Geneviève, il pouvait recevoir 17 000 spectateurs. Aujourd'hui, ces arènes sont accessibles par la rue des Arènes et le square Capitan (Ve arrondissement de Paris).

« Lénine (1870-1924), qui s'appelait en réalité Vladimir Ilitch Oulianov, transforme l'ancien empire russe en Union des républiques socialistes soviétiques (URSS) au mois de décembre 1922. Dès 1903, il avait fondé le Parti bolchevique (issu de la scission du Parti ouvrier social-démocrate de Russie) qui devient Parti communiste de Russie en 1918, puis Parti communiste de l'Union soviétique en 1922. »

Marcellin Berthelot (1827-1907), chimiste et homme politique français, mourut le 18 mars 1907, le même jour que sa femme, Sophie Niaudet. En décidant le transfert de ses cendres au Panthéon, le gouvernement ne voulut pas le séparer de sa femme. Celle-ci est donc la première femme à entrer au Panthéon, le 25 mars 1907. On considère toutefois que ce véritable hommage revient à Marie Curie (1867-1934), dont les cendres furent transférées au Panthéon le 20 avril 1995 avec celles de son mari, Pierre Curie. Marie Curie est en effet la première femme à avoir reçu une telle distinction pour ses seuls mérites et non pas en tant que « femme de ».

Sous sa forme actuelle, le fer à cheval apparut vers le ve siècle dans les régions du bassin méditerranéen. Mais plusieurs siècles avant notre ère, les chevaux portaient déjà des sortes de sandales ou de semelles qui étaient parfois en or ou en argent.

Le calendrier révolutionnaire

Appliqué jusqu'en 1805, le calendrier révolutionnaire français (ou calendrier républicain) fut créé pendant la Révolution. Au lendemain de la prise de la Bastille (14 juillet 1789), l'année 1789 fut appelée « an I de la liberté ». En l'an IV de l'ère de la liberté, le 22 septembre 1792, la Convention nationale décréta qu'il fallait dater les actes publics à partir de l'an I de la République.
Le 20 septembre 1793, la Convention adopte le calendrier républicain qui entre en vigueur le 5 octobre 1793, désormais dénommé « 14 vendémiaire an II ». Le calendrier révolutionnaire sera modifié le 4 frimaire an II (24 novembre 1793). Par ailleurs, le 22 septembre 1792 devient le premier jour de l'« ère des Français ». Les années suivantes, le premier jour de l'année sera celui de l'équinoxe à Paris (entre le 22 et le 24 septembre du calendrier grégorien). Le 22 fructidor an XIII (9 septembre 1805), Napoléon abroge le calendrier républicain et décrète le retour au calendrier grégorien à compter du 1er janvier 1806.

Mois d'hiver :

Nivôse (21 décembre-19 janvier)
Pluviôse (20 janvier-18 février)
Ventôse (19 février-20 mars)

Mois du printemps :

Germinal (21 mars-19 avril)
Floréal (20 avril-19 mai)
Prairial (20 mai-18 juin)

Mois d'été :

Messidor (19 juin-18 juillet)
Thermidor (19 juillet-17 août)
Fructidor (18 août-16 septembre)

Mois d'automne :

Vendémiaire (22 septembre-21 octobre)
Brumaire (22 octobre-20 novembre)
Frimaire (21 novembre-20 décembre)

L'actuelle famille royale de Suède a été fondée par un maréchal d'Empire français, *Jean-Baptiste Bernadotte (1763-1844). Le 5 février 1818, celui-ci devient roi de Suède et de Norvège sous le nom de Charles XIV.*
Il s'était engagé comme simple soldat en 1780. Sergent-major en 1789, il devient général de brigade, puis général de division (1794). Ambassadeur à Vienne (1798) et ministre de la Guerre (1799), Napoléon Ier le fait maréchal d'Empire (1804). En Suède, lorsqu'une révolution renverse le roi Gustave IV, hostile à la France, Bernadotte arrive à suspendre toute action belliqueuse. Une attitude qui lui vaut l'estime du peuple suédois.
Le nouveau roi Charles XIII n'ayant pas d'héritier, Bernadotte est élu prince héréditaire (1810) et monte donc sur le trône en 1818.

Ivan IV le Terrible (1530-1584) fut le premier souverain russe à avoir été officiellement couronné tsar de Russie (1547-1584). Lorsqu'il succède à son père à l'âge de trois ans, il devient tout d'abord grand-prince de Moscou (1533-1547). Puis il sera l'un des fondateurs de l'État russe. Après 1560, le tsar s'illustre par sa conduite fantaisiste et par la férocité gratuite de ses actes.
Il s'entoure alors d'un groupe de notables qui exercent un pouvoir despotique sur ses terres.
En 1580, dans un accès de fureur, il frappe et tue son fils préféré.

Le drapeau du Royaume-Uni, de la Grande-Bretagne et de l'Irlande du Nord s'appelle l'Union Jack. Il entre en vigueur en 1801 et intègre: la croix de saint Georges (médianes rouges sur fond blanc) pour l'Angleterre; la croix de saint André (diagonales blanches sur fond bleu) pour l'Écosse; et la croix de saint Patrick (diagonales rouges sur fond blanc) pour l'Irlande.

La plus ancienne maison de Paris *est située au 51 rue de Montmorency (IIIe arrondissement). Cette demeure, qui date de 1407, appartint au libraire Nicolas Flamel (1330-1418), un mystérieux personnage qui prétendait tenir son immense fortune de la découverte de la pierre philosophale. Chez les alchimistes, cette « pierre » était en réalité l'aboutissement du « grand œuvre », autrement dit la connaissance qui permettait de réaliser la transmutation des métaux non précieux en or.*

La mythologie scandinave raconte que le frêne Yggdrasil (l'image de l'arbre de vie) étend ses branches au-dessus du monde. Au pied de cet arbre se trouverait le puits d'Urd (la déesse du destin et du passé) où se tiendrait chaque jour le tribunal des dieux.

Notre-Dame

La cathédrale Notre-Dame de Paris fut édifiée sur les lieux d'un temple païen, à la pointe est de l'île de la Cité. Pour être précis, elle fut construite (à partir de 1163) à l'emplacement de la basilique Saint-Étienne qui fut elle-même élevée (VIe siècle) à l'endroit d'un temple païen. Il s'agit là d'une pratique courante de la religion chrétienne qui tentait alors d'imposer sa suprématie dans les rouages de la société du Moyen Âge. Dans cette stratégie de conquête, nombre d'églises, chapelles et autres lieux de culte ou de pèlerinage furent édifiés sur les sites de temples païens ou sur des lieux de cultes naturalistes (pierres, arbres, sources). Par exemple, l'évêque d'Avranches (futur saint Aubert) fit construire une chapelle sur le Mont Tombe au VIIIe siècle. À cet endroit précis, lieu de culte ou de sorcellerie de la période mégalithique, s'élèverait plus tard le célèbre Mont-Saint-Michel.

Le château de Versailles dispose de 700 pièces qui s'étendent sur une superficie d'un peu plus de 67 000 mètres carrés (dont 51 000 de planchers). Le château accueille chaque année 3 millions de visiteurs et le parc de 800 hectares en reçoit 7 millions. Symbole de la royauté française flamboyante, le château de Versailles fut la résidence de Louis XIV, Louis XV et Louis XVI entre mai 1682 et octobre 1789.

Au Moyen Âge, l'Église catholique frappait les acteurs d'excommunication, une pratique restée en vigueur jusqu'au XIXe siècle sur le territoire français, et surtout à Paris. Dès le IVe siècle déjà, un acteur devait renoncer à sa profession s'il souhaitait se convertir au christianisme. Sinon, il était exclu de la communion et on lui refusait le baptême, les sacrements du mariage et la sépulture religieuse. En Allemagne, Angleterre, Espagne et Italie, l'excommunication ne fut pas appliquée avec autant de rigueur qu'en France.

“ ***Michel Debré (1912-1996) fut le premier Premier ministre de la Ve République,*** *entre janvier 1959 et avril 1962. Docteur en droit, il prend une part active à la Résistance et sera nommé commissaire de la République (1944), puis chargé de mission auprès du général de Gaulle. En 1945, il participe à la création de l'École nationale d'administration (ENA). Au cœur de la crise algérienne, il milite activement pour le retour du général de Gaulle au pouvoir en mai 1958 et sera l'ardent maître d'œuvre de la nouvelle Constitution. Michel Debré sera remplacé par Georges Pompidou (1911-1974), Premier ministre entre 1962 et 1968 et futur président de la République de 1969 à 1974.* ”

La Vénus de Milo fut découverte sans bras en 1820 par un paysan de l'île grecque de Milo (dans la mer Égée, au sud-ouest des Cyclades). Le marquis de Rivière, ambassadeur de France à Istanbul, acheta la statue pour l'offrir au roi de France, Louis XVIII (1755-1824). Ce majestueux chef-d'œuvre en marbre de plus de deux mètres de haut fut réalisé par un sculpteur anonyme vers la fin du IIe siècle avant J.-C. Il représente Vénus, la divinité romaine assimilée à Aphrodite (déesse de l'amour).

Apparu au XIIe siècle, le bailli était un officier royal, à la fois officier de police, de justice et d'administration qui exerçait sur une circonscription appelée « bailliage ». Le terme de « bailli » s'appliquait surtout dans le nord du royaume de France ; au sud et à l'ouest, on parlait plutôt du « sénéchal ».

Quelle longévité !

Roi de France pendant soixante-douze ans, Louis XIV exerça le plus long règne de la monarchie entre 1643 et 1715.
Fils de Louis XIII et d'Anne d'Autriche, il reçoit pour deuxième prénom Dieudonné, en référence au miracle que fut sa naissance : il a vu le jour après vingt-trois ans d'un mariage jusqu'alors infécond ! Âgé de quatre ans et demi à la mort de son père, le futur Louis XIV est placé sous la régence de sa mère qui gouverne avec Mazarin.
Louis XIV épouse Marie-Thérèse d'Autriche (1638-1683), sa cousine germaine. Naissent de cette union six enfants dont un seul survit, Louis de France (1661-1711), aussi appelé « le Grand Dauphin ». Mais le fils du Grand Dauphin, le duc de Bourgogne, meurt à son tour en 1712. Épuisé par la gangrène, Louis XIV s'éteint à Versailles le 1er septembre 1715. C'est donc son arrière-petit-fils, alors âgé de cinq ans (fils du duc de Bourgogne et de Marie-Adélaïde de Savoie), qui lui succède sous le nom de Louis XV.

Le duc de Berry

Le futur Louis XVI a d'abord porté le titre de duc de Berry avant que les circonstances familiales ne fassent de lui l'héritier du trône de France. En effet, son frère aîné meurt en 1760 et son père (Louis le Dauphin, fils du roi Louis XV) s'éteint en 1765. Orphelin de père à onze ans et de mère à treize ans, il est élevé par le duc de La Vauguyon et par Mgr de Coëtlosquet. Louis XVI (1754-1793) régnera de 1774 à 1792. Timide, gauche, myope, faible, confus, sans caractère ni personnalité, il n'avait ni l'envie ni le goût du pouvoir. La Révolution précipite sa chute. Condamné à mort, il sera exécuté le 21 janvier 1793 sur la place de la Révolution à Paris (aujourd'hui place de la Concorde).

« Sur de nombreux tableaux et gravures du XVIIIe siècle, rois et aristocrates de l'époque s'appuient souvent sur le pommeau d'une canne richement ornée. Sauf exception, cet accessoire ne signifie pas que les personnages en question souffrent d'une quelconque infirmité. En réalité, la canne leur sert à maintenir un équilibre précaire dans la mesure où la mode de l'époque les pousse à chausser des talons hauts qui dépassent parfois la dizaine de centimètres.

***Une partie de la frise du Parthénon** est exposée au British Museum de Londres. Œuvre de Phidias, ces sculptures en marbre datent du Ve siècle avant J.-C. et furent rapportées d'Athènes à Londres par le diplomate britannique Thomas Bruce en 1806, à une époque où les Turcs occupaient la Grèce.*

Temple consacré à Athéna Parthénos et monument majeur de l'art grec classique, le Parthénon se situait sur l'Acropole d'Athènes. Édifié entre 447 et 432 avant J.-C. à l'initiative de Périclès (495-429 avant J.-C.), et sous la direction du sculpteur Phidias, le Parthénon devint église, mosquée, puis poudrière. Il explosa en 1687.

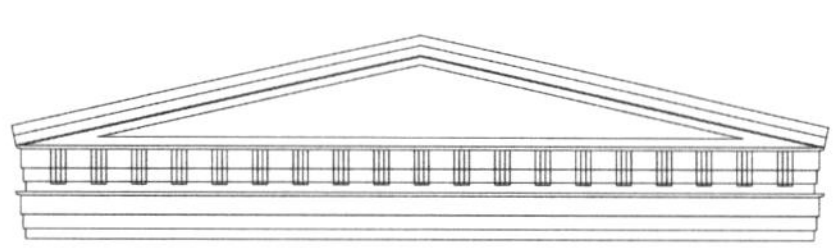

Le siège d'Alésia

Chef des Arvernes, Vercingétorix (72-46 avant J.-C.) a su rassembler les différentes tribus gauloises pour lutter contre l'envahisseur romain. Mais, en 52 avant J.-C., Jules César (100-44 avant J.-C.) le contraint à se replier dans Alésia. Après un siège d'une quarantaine de jours, le chef celte doit se rendre. La chute d'Alésia marque la fin de la guerre des Gaules et l'aboutissement de la conquête romaine. Né dans un village de l'actuelle Auvergne, Vercingétorix appartenait à une grande famille noble. Son nom signifie « chef suprême des combattants » ou « grand roi des guerriers ». Envoyé en captivité à Rome et exhibé lors du triomphe de César, il fut étranglé dans sa prison en 46 avant J.-C.

Au Moyen Âge, l'adoubement est la cérémonie d'investiture d'un chevalier. Célébré sur le champ de bataille, il revêt un caractère militaire (XIe siècle). Il se charge d'une symbolique religieuse du XIIe au XIIIe siècle et concerne tous les jeunes hommes issus de lignages nobles. La cérémonie suit un rituel strict: bain purificateur, nuit de prière, messe, serment de fidélité aux valeurs de l'Église et remise de l'épée par l'évêque. Enfin, le chevalier reçoit ses armes: épée à deux mains, heaume, haubert ou cotte de mailles (armure au XIIe), lance, éperons et écu (bouclier).

Les premières civilisations chinoises se sont développées autour du fleuve Jaune (ou Huang He), qui traverse la Chine d'est en ouest sur 4845 km et se jette dans la mer Jaune. La première dynastie Shang (2000-1050 avant J.-C.) travaillait le bronze et connaissait l'écriture (vers 1200 avant J.-C.). Vint ensuite la dynastie Zhou (1027 à 221 avant J.-C.) Excellents guerriers, les Zhou développèrent les acquis de la dynastie Shang et étendirent la civilisation du bronze à toute la Chine du nord.

Les Républiques françaises

La Première République

(septembre 1792 - 18 mai 1804)

Le 20 septembre 1792, la Convention se réunit. Le 21, elle abolit la royauté à l'unanimité. Le 22, les actes publics sont datés de l'an I de la République.

La Convention thermidorienne laisse la place à une République bourgeoise et conservatrice animée par un Directoire (5 octobre 1795-9 novembre 1799) composé de cinq membres.

Napoléon Bonaparte (1769-1821) s'empare du pouvoir avec le coup d'État du 18-19 brumaire de l'an VIII (9 au 10 novembre 1799) et instaure le Consulat. Son titre de Premier Consul évolue vers celui de consul à vie ; puis il établit une dictature personnelle. La Première République s'achève le 18 mai 1804 lorsque le Premier Consul devient empereur des Français.

La Deuxième République

(25 février 1848 - 2 décembre 1852)

Napoléon abdique le 6 avril 1814. Après la tentative des Cent-Jours et le désastre de Waterloo (18 juin 1815), Louis XVIII retrouve son trône jusqu'en 1824.

Son frère Charles X lui succède et abdique (2 août 1830) à la suite des journées insurrectionnelles des 27, 28 et 29 juillet communément appelées « les Trois Glorieuses ». Louis-Philippe Ier devient alors le nouveau (et dernier) roi des Français.

La République est proclamée par le gouvernement provisoire au lendemain de son abdication (24 février 1848).

Candidat du parti de l'Ordre, Louis Napoléon Bonaparte (1808-1850) est élu président de la République au suffrage universel (décembre 1848). Le coup d'État du 2 décembre 1851 aboutit à la proclamation de l'Empire le 2 décembre 1852. Le Prince-Président devient l'empereur Napoléon III.

La Troisième République

(4 septembre 1870 - 10 juillet 1940)

La défaite de Sedan (2 septembre 1870) met fin à la guerre contre la Prusse. Napoléon III capitule. Deux jours plus tard, le corps législatif proclame la fin du second Empire et la naissance de la Troisième République. Adolphe Thiers devient président de la République en août 1871.

Le 14 juin 1940, les troupes allemandes entrent dans Paris. Le président du Conseil, Paul Reynaud (1878-1966), démissionne le 16 juin. Le maréchal Pétain (1856-1951) signe l'armistice le 22 juin à Rethondes (près de Compiègne). Rassemblée à Vichy, l'Assemblée vote les pleins pouvoirs au maréchal Pétain le 10 juillet 1940, mettant ainsi fin à la Troisième République.

La Quatrième République

(13 octobre 1946 - 28 septembre 1958)

La Constitution de la IVe République est adoptée le 13 octobre 1946. Le cabinet Pflimlin démissionne le 27 mai 1958. Le 29, René Coty, président de la République, demande à l'Assemblée d'investir Charles de Gaulle à la présidence du Conseil.

La Cinquième République

(depuis le 28 septembre 1958)

Le 28 septembre 1958, 79 % des Français approuvent le texte de la Cinquième République. Le 21 décembre 1958, le général de Gaulle est élu par un collège de notables à la présidence de la République.

Avec plus de 62 % de « oui », le référendum du 28 octobre 1962 approuve l'élection du président de la République au suffrage universel direct : la procédure est mise en place pour l'élection de novembre 1965. Charles de Gaulle est élu à la présidence de la République avec 54,8 % des voix.

À LA FIN DU XVIe SIÈCLE, PARIS COMPTE PLUS DE 250 SALLES DE JEU DE PAUME. À L'ÉPOQUE, CE SPORT FAIT VIVRE PRÈS DE 5 000 PERSONNES (DIRECTEMENT OU INDIRECTEMENT) DANS LA CAPITALE.

Le Moyen Âge s'étend de 476 (chute de l'Empire romain d'Occident) jusqu'au XVe siècle (par convention 1492, découverte de l'Amérique par Christophe Colomb). Le haut Moyen Âge couvre la période allant du Ve au Xe siècle. L'âge féodal se développe lui du XIe au XIIIe siècle. Et le bas Moyen Âge correspond aux XIVe et XVe siècles.

Premier sous-marin nucléaire, *le Nautilus* a été lancé par les Américains en 1954. L'année suivante, il a réalisé un raid d'essai de trois jours et demi en immersion permanente. En 1858, il a effectué le premier passage sous le pôle Nord. En 1800, l'ingénieur américain Robert Fulton (1765-1815) avait construit en France un sous-marin de 6,50 mètres de long déjà baptisé *le Nautilus*. Présenté à Rouen avec Fulton à bord, il plongea à une profondeur de 7,6 mètres.

Le fléau de Dieu

Roi des Huns, Attila (395-453) appartenait à ce peuple conquérant établi dans la plaine hongroise (Pannonie). En 447, il envahit l'Empire romain d'Orient, puis entreprend la conquête de l'Empire d'Occident. Soutenu par les Ostrogoths (Goths de l'est) et les Vandales, Attila envahit la Gaule en 451. Il pille Metz et assiège Orléans, mais il se heurte à la résistance du général romain Aetius. Pour vaincre celui que l'on appelle alors le « fléau de Dieu », Aetius obtient l'appui des Wisigoths d'Aquitaine, des Burgondes, des Alains et des Francs. Attila perd la célèbre bataille des champs Catalauniques (à l'ouest de l'actuelle ville de Troyes) et se replie en Pannonie.

Les peintures rupestres de la grotte de Lascaux *(commune de Montignac-sur-Vézère, Dordogne) datent d'environ 15 000 avant J.-C. La grotte présente 1 500 gravures et 600 dessins, peints en jaune, rouge et noir, qui représentent des animaux : chevaux, bouquetins, cerfs, taureaux, félins, mais aussi un ours, un rhinocéros, un renne et un animal fantastique.*

Jean sans Terre

Fils du roi Henri II d'Angleterre et de la duchesse française Aliénor d'Aquitaine, Jean sans Terre (1167-1216) est le frère cadet de Richard Cœur de Lion (1159-1199). À la mort d'Henri II (en 1189), Richard devient roi d'Angleterre. Mais il part avec la troisième croisade et le prince Jean s'empare de la couronne. De retour en 1194, Richard lui pardonne. Lorsqu'il meurt cinq ans plus tard, Jean monte officiellement sur le trône d'Angleterre (1199-1216). Il fait alors enlever la princesse française Isabelle d'Angoulême pour l'épouser. En représailles, Philippe II Auguste (1165-1223), roi de France, lui confisque ses territoires (Anjou, Maine, Touraine et Poitou), ce qui lui vaudra d'être affublé du surnom de « Jean sans Terre ».

Le vassal jurait fidélité à son suzerain au cours d'une cérémonie qui s'appelait « l'hommage ». Le vassal s'engageait notamment à soutenir son seigneur-suzerain dans ses campagnes militaires en lui fournissant un contingent d'hommes armés. Le service-armé ne pouvait jamais dépasser quarante jours. Le vassal acceptait aussi de fournir une aide financière à son suzerain dans les cas suivants : départ en croisade, mariage de sa fille aînée, adoubement de son fils aîné, paiement d'une rançon.

Une terreur extrême s'empara de la population à l'approche de l'an mil. Beaucoup avaient la certitude d'une fin du monde inéluctable. Au point que nombre de paysans cessèrent de cultiver leurs terres. Une grande vague de famines s'ensuivit.

Les camisards

À partir de 1681, Louis XIV mène une féroce persécution contre les protestants. Connues sous le nom de « dragonnades », ces représailles mènent à la révocation de l'édit de Nantes (1685). Mais les derniers réfractaires trouvent refuge dans la région montagneuse des Cévennes. On va les appeler les « camisards » parce qu'ils portent une chemise blanche (du languedocien camiso, « chemise ») par-dessus leurs armures. Menés par un certain Jean Cavalier (fils de boulanger), les camisards pratiquent des actions de guérilla à l'encontre des troupes royales (de 1702 à 1705). Mais Jean Cavalier se soumet à Nîmes en mai 1704. Sans meneur d'envergure, le mouvement s'éteint presque aussitôt.

EN SUÈDE, LA PREMIÈRE BIBLE PROTESTANTE COMPLÈTE DATE DE 1541. ELLE FUT APPELÉE « BIBLE DE GUSTAVE VASA », CAR C'EST LE ROI GUSTAVE VASA QUI A INTRODUIT LA RÉFORME DANS SON ROYAUME QUELQUES ANNÉES AUPARAVANT.

Les Wisigoths, les Burgondes et les Francs ont occupé la Gaule en 476, date de la chute de l'Empire romain d'Occident. Les Wisigoths se concentraient dans le sud-ouest de la Gaule et étendaient leur puissance sur la péninsule ibérique. Les Francs se déployaient sur le nord et l'est. Installés dans le bassin rhodanien et dans celui de la Saône, les Burgondes donnèrent leur nom à l'actuelle Bourgogne.

L'édit de Nantes (13 avril 1598) instaure la liberté du culte protestant partout où il était pratiqué avant les guerres de Religion qui ravagent le royaume de France depuis 1562 – toutefois, il ne s'applique ni à Paris ni aux résidences royales. Ce pacte de tolérance religieuse est promulgué par le roi Henri IV (ancien protestant converti au catholicisme). Le 18 octobre 1685, Louis XIV le révoque en interdisant l'exercice public de la religion protestante.

La fête de Noël s'inspire non seulement des saturnales de la Rome antique, mais aussi de la cérémonie celte de Yule, un rituel païen lié au solstice d'hiver. L'Église institua la fête de la Nativité vers 330 (la première célébration officielle semblant remonter à 354), afin de supplanter une cérémonie très populaire consacrée au dieu Mithra – dont on célébrait déjà le culte en 274 après J.-C. et que l'empereur Aurélien avait porté au rang de religion d'État.

Jeanne Hachette (en réalité Jeanne Laisné) fut l'héroïne française qui défendit Beauvais en 1472, lorsque la cité fut assiégée par le duc de Bourgogne, Charles le Téméraire (1433-1477). Fille d'un artisan, Jeanne doit son surnom au port d'une petite hache que lui prête l'imagerie populaire. Mais les chroniqueurs du temps l'appellent bel et bien Jeanne Laisné, voire Jeanne Fourquet (nom de son second mari, le capitaine Jean Fourquet). Bravant une nuée de flèches, elle aurait arraché un étendard à l'ennemi. Pour la récompenser, Louis XI lui offrit une dot et l'exemption de la taille (un impôt roturier dont étaient exemptés la noblesse et le clergé).

Les mignons d'Henri III

Excentriques et raffinés, les gentilshommes qui fréquentent la cour du roi Henri III (1551-1589) se fardent, se parfument, se poudrent, se frisent les cheveux, portent des boucles d'oreilles, de la dentelle et de grandes fraises empesées. Volontiers querelleurs, ces courtisans efféminés transgressent une étiquette rigoureuse dans le seul but de choquer l'opinion. On les appellera « les mignons » et leur attitude va contribuer à discréditer le pouvoir royal – d'autant qu'Henri III nourrit un goût prononcé pour les plaisirs de la fête et la futilité. Ils deviendront la cible privilégiée des catholiques de la Ligue (une association de virulents fanatiques) menés par Henri de Guise. Les mignons les plus célèbres sont : le marquis François d'O, Henri de Saint-Sulpice, Jacques de Caylus, Louis de Maugiron, François d'Espinay. Sans oublier bien sûr les célèbres ducs de Joyeuse et d'Épernon.

Les 24 présidents de la République française

Pour chacun d'eux sont indiquées :
les dates de naissance, de décès, puis celles de début et de fin de leur mandat.

Deuxième République

- Louis Napoléon Bonaparte (1808-1873), 1848-1852.

Troisième République

- Adolphe Thiers (1797-1877), 1871-1873.
- Patrice de Mac-Mahon (1808-1893), 1873-1879.
- Jules Grévy (1807-1891), 1879-1885 (premier mandat), 1885-1887 (second mandat).
- Sadi Carnot (1837-1894), 1887-1894.
- Jean Casimir-Perier (1847-1907), 1894-1895.
- Félix Faure (1841-1899), 1895-1899.
- Émile Loubet (1838-1929), 1899-1906.
- Armand Fallières (1841-1931), 1906-1913.
- Raymond Poincaré (1860-1934), 1913-1920.
- Paul Deschanel(1855-1922), 1920.
- Alexandre Millerand (1859-1943), 1920-1924.
- Gaston Doumergue (1863-1937), 1924-1931.
- Paul Doumer (1857-1932), 1931-1932.
- Albert Lebrun (1871-1950), 1932-1940.

Quatrième République

- Vincent Auriol (1884-1966), 1947-1954.
- René Coty (1882-1962), 1954-1959.

Cinquième République

- Charles de Gaulle (1890-1970), 1959-1969.
- Georges Pompidou (1911-1974), 1969-1974.
- Valéry Giscard d'Estaing (1926), 1974-1981.
- François Mitterrand (1916-1996), 1981-1988 (premier mandat), 1988-1995 (second mandat).
- Jacques Chirac (1932), 1995-2002 (premier mandat), 2002-2007 (second mandat).
- Nicolas Sarkozy (1955), 2007-2012.
- François Hollande (1954) 2012-

- **Ensuite, à vous de compléter !**

• • •

Civilisation néolithique chinoise, le Yangshao *s'est développé entre 4500 et 2500 ans avant J.-C. Ces peuplades semi-nomades d'agriculteurs vivaient dans l'ouest de la Chine. Elles utilisaient la méthode de défrichement par le feu, cultivaient le blé et le millet, mais élevaient aussi des porcs et des chiens. Artistiquement, cette civilisation a produit de fines céramiques peintes. Le premier site néolithique Yangshao a été mis au jour en avril 1921 par l'archéologue suédois Johan Gunnar Andersson (1874-1960).*

La fête de la Fédération fut célébrée au Champ-de-Mars, à Paris, le 14 juillet 1790. Ce rassemblement, qui connut un immense succès populaire, se voulait un moment de réconciliation et d'unité entre tous les Français. D'ailleurs, Louis XVI y assista et prêta serment à la nation et à la loi. La messe fut célébrée par «le diable boiteux», à savoir Charles Maurice de Talleyrand, évêque d'Autun.

Le droit de vote fut accordé aux femmes françaises par l'ordonnance du 5 octobre 1945. Elles seront appelées pour la première fois aux urnes à l'occasion des élections municipales du 29 avril 1946.

Le premier enfant né dans les Amériques de parents anglais s'appelait Virginia Dare. Elle naquit en août 1587 (date du décès inconnue) dans l'éphémère colonie de Roanoke (l'actuelle Caroline du Nord). Son grand-père, John White, était le gouverneur de la colonie.

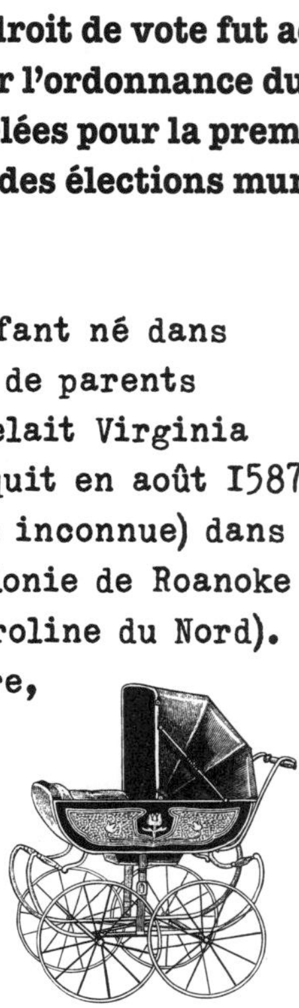

Au Moyen Âge, la « trêve de Dieu » fut imposée aux seigneurs par la hiérarchie ecclésiastique afin de leur interdire de se battre entre eux pendant certaines périodes. Cette pause s'étendait parfois du mercredi soir au lundi matin. Quatre journées dans la semaine ! Sans oublier les quarante jours du Carême et moult fêtes religieuses. Cette disposition n'empêchera malheureusement pas les « guerres privées » locales ou régionales de connaître une activité florissante.

Contrées

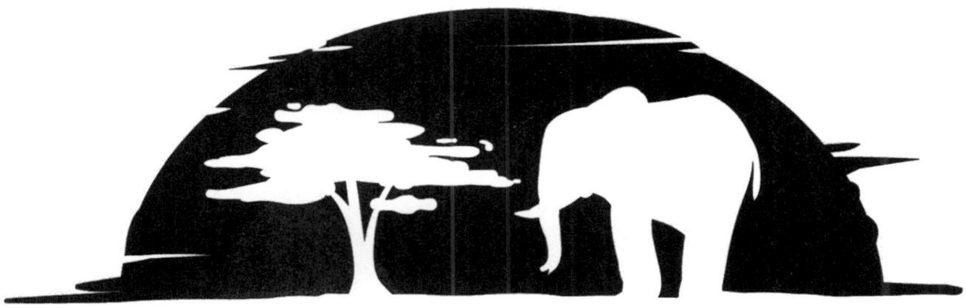

En Angleterre, tout est permis sauf ce qui est interdit.
En Allemagne, tout est interdit sauf ce qui est permis.
En France, tout est permis, même ce qui est interdit.
En URSS, tout est interdit, même ce qui est permis.

Winston Churchill (1874-1965)
Homme d'État britannique, prix Nobel de littérature (1953)

Avec un peu plus de 75 000 habitants, la Lozère (Languedoc-Roussillon) reste le département le moins peuplé de France. En revanche, le département du Nord (Nord-Pas-de-Calais) décroche la palme de la plus forte population avec environ 2,6 millions d'habitants. Compte tenu de leurs superficies sensiblement comparables, il y a 15 habitants au km^2 en Lozère contre 449 dans le Nord.

IL A NEIGÉ DANS LE SAHARA LE 18 FÉVRIER 1979.

L'Antarctique est le seul continent au monde où ne vivent ni serpents ni reptiles.
En fait, il n'existe aucun vertébré terrestre en Antarctique.
En revanche, on peut y observer une douzaine d'espèces d'oiseaux dont le spectaculaire manchot empereur. L'océan environnant est également riche en animaux marins : baleines, krills (planctons formés de petits crustacés), phoques (dont le phoque crabier, l'éléphant de mer et le léopard de mer).

Situé à Rome en Italie, le Vatican est plus petit État indépendant du monde : 0,44 km^2. Créé en février 1929, il abrite le Saint-Siège, c'est-à-dire le pape et l'administration de l'Église catholique romaine. Environ un millier de personnes vivent dans la cité du Vatican.

***Village bordant la Seine à l'ouest de Paris, Javel** fut rattaché à la capitale en 1860. Aujourd'hui, ce nom désigne un quartier du XVe arrondissement. Inventée par Claude Louis Berthollet, l'eau de Javel a été fabriquée dès 1777 dans une usine de produits chimiques implantée dans ce village – d'où le nom donné à cette solution désinfectante et décolorante.*

Les habitants du quartier parisien de Saint-Germain-des-Prés s'appellent des « Germanopratins ».

Le plus grand lac d'Europe, le lac Ladoga, se situe au nord-est de Saint-Pétersbourg, près de la frontière finlandaise. Il s'étend sur une superficie de plus de 17 000 km².

Le navigateur florentin Amerigo Vespucci (1454-1512) aurait découvert l'Amérique du Sud en 1501, entre les actuels Brésil et Venezuela. Dans la petite ville lorraine de Saint-Dié-des-Vosges, le chanoine Vautrin Lud (1448-1527) décide alors de remettre à jour la célèbre *Geographia* de Ptolémée. En 1507, il s'appuie sur les récits d'Amerigo Vespucci pour publier *Cosmographiae Introductio*. Ce texte est accompagné d'une nouvelle carte du monde réalisée par l'Allemand Martin Waldseemüller, qui suggère que ce Nouveau Monde soit appelé « Amérique » en hommage au prénom de l'explorateur.

Le Népal est le seul pays à ne pas disposer d'un drapeau de forme rectangulaire. Quant à la Libye, c'est le seul État à avoir un drapeau de couleur uniforme (le vert) sans aucun autre élément (dessin, emblème) à l'intérieur. De son côté, Chypre est le seul pays à représenter le dessin de son territoire sur son drapeau.

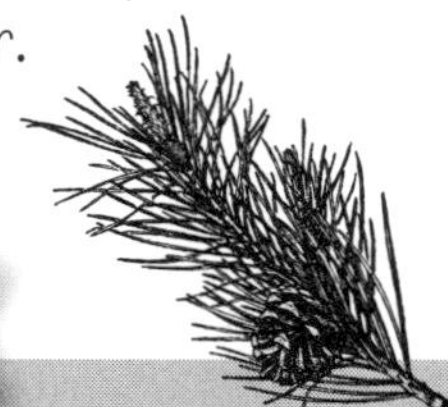

La toundra

Formation végétale présente en Arctique, la toundra occupe un espace délimité par les glaces (au nord) et par une forêt (la taïga, au sud). La toundra forme donc un gigantesque anneau de plus de 8 millions de km² autour du pôle. Sa flore ne se compose que de quelques centaines d'espèces (mousses, lichens, herbacées, bruyères et myrtilles, arbustes nains). De même, le monde animal est très peu diversifié, mais parfaitement adapté au climat exceptionnellement rude de l'endroit : oiseaux (grues, oies), rennes, insectes (qui pullulent à proximité des marécages), ours blancs (dans les zones côtières de l'Arctique). En été, les sols ne dégèlent qu'en surface.

La principauté de Monaco possède la plus forte *densité de population au monde : près de 16 000 habitants au km² ! Cité-État enclavée dans le territoire français, Monaco compte environ 32 000 résidants répartis sur une superficie de 2 km². Singapour arrive en deuxième position : 6 400 habitants par km². Et le Groenland ferme la marche avec 0,03 habitant par km².*

Lorsque les premiers explorateurs européens (Robert Cavelier de La Salle, Sir Walter Raleigh, Hernando de Soto) ont pénétré en territoire nord-américain, aux XVIe et XVIIe siècles, la population autochtone (Amérindiens) était alors estimée à quelques millions d'individus probablement venus d'Asie par le détroit de Béring 50 000 ans plus tôt. Les maladies importées d'Europe (grippe, typhus, rougeole, etc.) et le choc culturel (spoliation des terres, alcoolisme, destruction des cultures), puis les guerres, décimèrent environ 95 % de la population indigène.

Sommets du monde entier

Le plus haut sommet d'Europe est celui du volcan Elbrous (5 642 m d'altitude) en Russie. Le Mont-Blanc est le plus haut sommet de France avec 4 810 m d'altitude. Parallèle à la côte de l'océan Pacifique, la chaîne montagneuse des Andes (Amérique du Sud) s'étend sur 7 200 km de long. Son altitude moyenne avoisine les 3 700 m. L'Aconcagua (6 960 m d'altitude, Argentine) est la plus haute montagne d'Amérique du Sud. Le plus haut sommet d'Amérique du Nord est le mont McKinley (6 194 m), en Alaska. Le point culminant des montagnes Rocheuses (ouest de l'Amérique du Nord) est le mont Elbert (4 400 m), dans le centre de l'État du Colorado. En Afrique, le Kilimandjaro (Tanzanie) culmine à 5 895 m. En Asie, la chaîne de l'Himalaya est la plus élevée du monde. Plus de cent sommets de l'Himalaya affichent une altitude supérieure à 7 000 m. Le plus haut sommet de l'Himalaya et du monde est l'Everest (8 850 m), à la frontière du Népal et du Tibet.

L'Antarctique détient 90 % des réserves d'eau douce de notre planète. Ce continent à part entière se présente comme une vaste calotte de glace de plusieurs kilomètres d'épaisseur qui entoure le pôle Sud. À l'inverse, l'Arctique est une zone géographique mal définie située au pôle Nord, qui se compose notamment de l'océan Arctique dont la surface est perpétuellement gelée.

ENVIRON 10 % DE LA POPULATION MONDIALE VIT SUR UNE ÎLE.

Située au centre de Paris, l'île Saint-Louis résulte de la réunion (1614) de l'île aux Vaches (à l'est) et de l'île Notre-Dame (à l'ouest). Sous la Révolution, l'île Saint-Louis s'appela « île de la Fraternité ». Depuis 1814, elle tient son nom de Louis IX (1214-1270), qui fit pourtant construire la Sainte-Chapelle sur l'île de la Cité, située en aval. Le pont Saint-Louis relie l'île Saint-Louis à l'île de la Cité, où se trouve également la cathédrale Notre-Dame de Paris.

Lutèce, cité antique gauloise (aujourd'hui Paris), fut conquise par les Romains en 52 avant J.-C. Beaucoup affirment qu'elle se nichait au cœur de l'actuelle île de la Cité, bien que des fouilles récentes aient remis en cause cette hypothèse. Au Ier siècle, la cité romaine de Lutèce se développa sur la rive gauche de la Seine, entre la montagne Sainte-Geneviève, le boulevard Saint-Germain et le jardin du Luxembourg. Le centre de la ville se situait alors autour de l'actuel numéro 172 de la rue Saint-Jacques, le point le plus élevé de la montagne Sainte-Geneviève.

Le Bronx doit son nom à Jonas Bronck, un émigrant suédois qui fut le premier à coloniser ce quartier de New York. Par déformation, *the Bronck's farm* (« la ferme de la famille Bronck ») a donné « Bronx », à la fois circonscription administrative de la ville et comté de l'État de New York. Ce quartier est l'une des cinq circonscriptions de New York avec Manhattan, Brooklyn, le Queens et Staten Island.

La glace recouvre
84 % de la superficie
totale du Groenland
(pays d'un peu plus
de 2 millions de km²
pour 60 000 habitants
à peine). L'activité
humaine se concentre
sur une bande de terre
côtière, surtout au
sud-ouest de l'île.
Sur ce territoire
autonome rattaché au
)anemark, la densité
le population n'excède
lonc pas 0,03 habitant
ar km² ! Le Groenland
est la deuxième plus
grande île du monde
après l'Australie
7,6 millions de km²,
0 millions
le personnes, donc
habitants par km²).
titre de
omparaison, la
ensité de population
Hong Kong
tteint environ
500 habitants par km².

Le mur d'Hadrien

Construit dans le nord de l'actuelle Angleterre entre 122 et 126 de notre ère, d'une épaisseur de trois mètres et d'une hauteur de trois à cinq mètres, ce mur s'étendait sur une distance de 118 kilomètres, de Wallsend-on-Tyne (à l'est) à Bowness (golfe de Solway, à l'ouest). Édifié sur l'ordre de l'empereur Hadrien (76-138), il protégeait alors la frontière nord de la province romaine de Bretagne des incursions et des assauts des terribles tribus écossaises. Le mur d'Hadrien délimitait également la juridiction romaine et marquait la limite de l'expansion de l'Empire. Une voie militaire longeait le mur côté sud où des tours ou des fortins s'élevaient tous les un à deux kilomètres.

Encadré de deux fossés, cet édifice fut cependant franchi à trois reprises par les Pictes (en 197, 296 et 367), habitants des basses terres d'Écosse. Il fut définitivement abandonné en 383.

Grand seigneur helléniste cultivé et empereur de Rome (117-138), Hadrien avait hérité d'un empire menacé par des révoltes populaires et des invasions. Il se résolut donc à abandonner les provinces les plus éloignées. À Rome, il renforça sa position par des mesures libérales, puis s'efforça de régler les différents politiques, militaires et économiques.

Il passa les dernières années de sa vie entre Rome et son palais de Tibur (aujourd'hui Tivoli). L'un de ses principaux conseillers, Antonin le Pieux (86-161), lui a succédé.

Dans ses fictives Mémoires d'Hadrien (1951), Marguerite Yourcenar (1903-1987) le dépeint comme un personnage serein et lucide face à ses devoirs d'empereur.

La mer Morte a perdu le tiers de sa superficie au cours de ces soixante dernières années en raison de la surexploitation du Jourdain (sa seule source d'eau douce) à des fins d'irrigation.

Plus long fleuve d'Asie, le Yang-tseu-kiang (ou Yangzi Jiang) coule en Chine sur plus de 6 000 km.

Au cours d'une expédition en 1682, l'explorateur français Robert Cavelier de La Salle (1643-1687) descend le Mississippi. Il donne alors le nom de « Louisiane » aux pays traversés, en l'honneur de Louis XIV. Placée sous tutelle directe de la Couronne de France, la Louisiane s'étend (en 1731) des Grands Lacs au delta du Mississippi. En 1762, la France cède la Louisiane occidentale à l'Espagne, puis en 1763, la rive droite du Mississippi à la Grande-Bretagne. Napoléon Bonaparte la vend finalement aux États-Unis en 1803. La partie la plus méridionale des territoires conserve le nom de « Louisiane » et devient le 18e État américain le 30 avril 1812.

PRÈS DE 12 % DE LA SURFACE TOTALE DE LA TERRE EST RECOUVERTE EN PERMANENCE DE NEIGE OU DE GLACE.

Une tribu de 88 personnes n'ayant jamais eu le moindre contact avec notre civilisation fut découverte en juin 2007 à l'extrême sud de l'État brésilien du Pará, dans un petit village situé en pleine jungle amazonienne. Il s'agit des Metyktires, (un groupe d'Indiens de l'ethnie Kayapo), qui s'étaient retranchés au fin fond de la forêt dans les années 1950. Les spécialistes estiment qu'il reste une quarantaine de groupes de ce type dits « isolés » en Amazonie. Au XVIe siècle, il y avait 5 millions d'Indiens dans cette zone. Il en reste aujourd'hui environ 700 000, répartis en 220 groupes.

Haut lieu de la tradition estudiantine de la capitale, le Quartier latin de Paris (Ve et VIe arrondissements) doit son nom aux écoles de théologie qui s'étendaient au Moyen Âge entre le boulevard Saint-Germain et la montagne Sainte-Geneviève. En effet, dans ces établissements, l'enseignement était alors dispensé en latin.

LE DÉSERT DU SAHARA OCCUPE LES TROIS QUARTS DE LA SUPERFICIE DE L'ALGÉRIE.

En anglais, le Groenland s'appelle « Greenland », c'est-à-dire « terre verte ». Premier Européen à avoir mis le pied sur cette nouvelle terre en 981, l'explorateur viking Erik Le Rouge (950-1001) la baptisa ainsi pour inciter des colons islandais à venir s'installer sur la côte ouest de cette île gigantesque (la deuxième plus grande île de la planète après l'Australie). Donner le nom de « Greenland » à un pays dont 95 % de la surface est recouverte d'une calotte glaciaire qui atteint par endroits 3000 mètres d'épaisseur relève d'un sens aigu du marketing !

Les mers et les océans couvrent 71 % de la surface de notre planète et jouent un rôle primordial dans l'équilibre climatique.

Au fil du Mississippi

Fleuve du centre des États-Unis, le Mississippi traverse la quasi-totalité du pays sur une longueur totale de 3 770 km. Son débit moyen atteint près de 20 000 m³ par seconde, soit douze fois celui du Rhône. Le Mississippi prend sa source dans la région des plateaux du lac Itasca (nord-ouest du Minnesota), à environ 510 mètres au-dessus du niveau de la mer, et finit sa course en se déversant dans le golfe du Mexique. Le Missouri, son principal affluent, long de 3 720 km, le rejoint à la hauteur de Saint Louis. Le plus long fleuve du monde est le Nil, en Afrique, avec 6 670 km.

Peuple d'Afrique, les Touaregs *vivent sur un immense territoire semi-désertique (Sahara et Sahel) qui s'étend du Maghreb à l'Afrique noire. Présents au Burkina Faso, en Algérie et en Libye, ils occupent surtout le Niger et le Mali.*

La population sur Terre a doublé entre 1960 et 2000. Si elle compte aujourd'hui un peu plus de 6 milliards d'habitants, l'ONU avance des prévisions qui la situeraient autour de 9 milliards en 2050.

« Dans le centre de l'Amérique du Nord, la dénomination « Grands Lacs » désigne les cinq grands lacs suivants (d'est en ouest) : Ontario, Érié, Huron, Michigan et Supérieur. Le lac Michigan se situe intégralement sur le territoire des États-Unis. Les autres se partagent entre les États-Unis et le Canada. Les Grands Lacs couvrent une superficie totale de plus de 240 000 km² et constituent la plus vaste étendue d'eau douce de la planète. »

Les Européens colonisent l'Amérique du Nord dès la fin du XVIe siècle. Pendant les deux siècles suivants, l'émigration vient surtout d'Espagne, de France et d'Angleterre. Les Espagnols fondent la première implantation européenne permanente en 1565 à Saint Augustine (Floride). Les Français s'installent eux au Canada (le Québec y sera fondé par Samuel de Champlain) en 1608, puis fondent la Louisiane au début du XVIIIe siècle. Quant aux Anglais, ils colonisent les régions de la côte atlantique qui deviendront le noyau politique et culturel des futurs États-Unis d'Amérique.

Contrée désertique située dans le sud-est de la Californie (États-Unis), la vallée de la Mort affiche, en plein été, une température supérieure à cinquante degrés.

L'Indochine, qui a été une colonie française de 1887 à 1954, correspond au Viêt Nam, Cambodge et Laos d'aujourd'hui.

Peuple de l'Arctique, les Inuits se répartissent en petites communautés dans la Sibérie orientale (Russie), en Alaska (États-Unis), au Canada et au Groenland (Danemark). On ne compte plus aujourd'hui qu'environ 145 000 Inuits que l'on a souvent appelés « Esquimaux » de façon péjorative.

Il existe trois grands types de déserts que l'on définit généralement selon leur situation géographique. Ainsi distingue-t-on : les déserts tropicaux (pas de saisons et climat chaud toute l'année) ; les déserts subtropicaux, comme ceux de l'Australie (été très court et très chaud, hiver très long et très froid) ; et les déserts polaires (très froids et recouverts de glace).

L'archipel oublié

L'archipel Andaman (golfe du Bengale) est composé de 204 îles, dont 38 sont habitées. Il se situe à environ 200 km au sud de la Birmanie. Le gouvernement indien a incité les habitants du continent à s'y installer, une colonisation qui s'est avérée fatale pour les tribus indigènes. Il existe cinq ethnies de chasseurs-cueilleurs sur ces îles qui évitent tout contact avec la civilisation moderne : les Grands Andamanais (seulement 41 personnes, le plus petit peuple au monde), les Sentinelles (entre 50 et 200 individus), les Jarawas (environ 300 sujets), les Onges (une centaine) et les Jangils, qui ont sans doute totalement disparu.
Vallonnées et très boisées, les îles Andaman produisent principalement du bois, des noix de coco, du chanvre, du thé, du café et du caoutchouc. Les Anglais furent les premiers Européens à s'y établir, notamment à Port Blair, l'actuelle capitale administrative. Les Japonais occupèrent les lieux au cours de la Seconde Guerre mondiale.

La mer Morte

Un litre d'eau de la mer Morte contient 275 grammes de sodium, contre 35 grammes par litre pour de l'eau de mer « classique ». Le Jourdain alimente la mer Morte, un lac d'eau salée bordé par Israël, la Cisjordanie et la Jordanie. Aucun poisson ni aucune algue ne vivent dans cet environnement hostile : c'est d'ailleurs pour cette raison qu'elle est appelée « mer Morte ». Toutefois, on sait désormais que des archéobactéries peuplent l'endroit. L'archéobactérie est un organisme unicellulaire (formé d'une cellule unique et dépourvue de noyau) qui appartient à la famille des procaryotes.
Découvertes en 1977 par le microbiologiste américain Carl Woese, les archéobactéries peuvent vivre dans des milieux extrêmes de salinité, d'acidité ou de chaleur (300 °C).

Un terrible tremblement de terre a eu lieu à San Francisco (États-Unis) le 18 avril 1906. Ce séisme a provoqué un immense incendie qui détruisit la quasi-totalité du centre de la ville et entraîna la mort d'environ 3000 personnes.

Avec 7,5 millions d'habitants, Kinshasa est la ville francophone la plus peuplée du monde devant Abidjan, capitale économique de la Côte d'Ivoire (3,8 millions) et Paris (2,2 millions). Kinshasa est la capitale de la République démocratique du Congo.

Proposé en 1928 par l'architecte allemand Hermann Soergel, le projet Atlantropa visait à construire un gigantesque barrage hydro-électrique de 35 kilomètres de long au niveau du détroit de Gibraltar, édifice qui aurait entraîné une baisse du niveau de la mer d'environ 200 mètres. Conséquence : un gain de terres exploitables à la base des pays voisins de la Méditerranée.

La ville de Marseille fut fondée en 600 avant J.-C. par des Phocéens, autrement dit par des Grecs de l'Asie Mineure. Son premier nom fut Massilia.

Les 50 États américains

(Classés dans l'ordre chronologique de leur ratification de la Constitution)

La Déclaration d'indépendance des États-Unis d'Amérique est proclamée le 4 juillet 1776. À la suite de la guerre de l'Indépendance américaine, les États-Unis obtiennent leur indépendance du Royaume-Uni en 1783. Le projet de Constitution américaine est adopté le 17 septembre 1787 lors de la Convention de Philadelphie. Après ratification, la Constitution s'applique à partir du 4 mars 1789. George Washington est alors élu à la présidence des États-Unis le 30 avril de la même année. La Déclaration des droits (*United States Bill of Rights*) est ratifiée par le premier Congrès américain en 1791.

Au XVIIIe siècle

Delaware (1787), New Jersey (1787), Pennsylvanie (1787), Caroline du Sud (1788), Connecticut (1788), Géorgie (1788), Maryland (1788), Massachusetts (1788), New Hampshire (1788), New York (1788), Virginie (1788), Caroline du Nord (1789), Rhode Island (1790), Vermont (1791), Kentucky (1792), Tennessee (1796).

Au XIXe siècle

Ohio (1803), Louisiane (1812), Indiana (1816), Mississippi (1817), Illinois (1818), Alabama (1819), Maine (1820), Missouri (1821), Arkansas (1836), Michigan (1837), Floride (1845), Texas (1845), Iowa (1846), Wisconsin (1848), Californie (1850), Minnesota (1858), Oregon (1859), Kansas (1861), Virginie-Occidentale (1863), Nevada (1864), Nebraska (1867), Colorado (1876), Dakota du Nord (1889), Dakota du Sud (1889), Montana (1889), Washington (1889), Idaho (1890), Wyoming (1890), Utah (1896).

Au XXe siècle

Oklahoma (1907), Arizona (1912), Nouveau-Mexique (1912), Alaska (1959), Hawaï (1959).

Univers

Seulement deux choses sont infinies,
l'Univers et la bêtise humaine.
Mais pour l'Univers,
je n'en suis pas très sûr.

Albert Einstein (1879-1955)
Physicien américain d'origine allemande, prix Nobel de physique (1921)

> **La lumière voyage à 300000 kilomètres par seconde.** En un an, elle parcourt donc 10000 milliards de kilomètres, ce qui correspond à l'unité de longueur que les astrophysiciens appellent « année-lumière ». L'année-lumière sert à exprimer les distances gigantesques qui nous conduisent bien au-delà du système solaire.

Lorsque le mot « galaxie » désigne la Voie lactée, par convention, il s'écrit Galaxie, avec une majuscule. Notre système solaire se trouve dans la Galaxie.

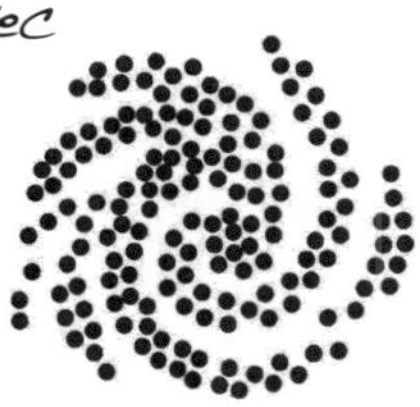

Plus gros satellite naturel du système solaire, Ganymède mesure 5270 km de diamètre. Il compte parmi les quatre principaux satellites de Jupiter aux côtés de Calisto (4800 km), Io (3630 km) et Europe (3140 km). Tous ont un diamètre supérieur à celui de Pluton (2300 km). Ganymède est même plus gros que la planète Mercure (4878 km de diamètre). Découverts en 1610 par Galilée (1564-1642), ces quatre objets célestes sont aussi appelés « lunes galiléennes ». Jupiter possède une soixantaine de satellites naturels répertoriés à ce jour.

***La Terre se déplace autour du Soleil** (translation) tout en tournant sur elle-même (rotation). Au cours d'une année, elle décrit une ellipse faiblement aplatie. Ce mouvement de la Terre autour du Soleil définit un plan virtuel que l'on appelle « écliptique ». L'axe de rotation de la Terre est incliné de 23°26' par rapport au plan de l'écliptique.*

Le système solaire se compose désormais de huit planètes : Mercure, Vénus, la Terre, Mars, Jupiter, Saturne, Uranus et Neptune.
Notre ancienne neuvième planète, **Pluton,** a été rétrogradée le 24 août 2006 **au rang de planète naine par l'Union astronomique internationale (UAI).**

L'étoile la plus proche de notre planète, le Soleil, se trouve à 150 millions de kilomètres. Par convention, cette distance définit l'unité astronomique (symbole UA). Mais l'étoile suivante, Proxima, se situe dans la constellation australe du Centaure, à 4,3 années-lumière. Pour l'atteindre, il faudrait se balader dans l'espace pendant 4,3 années… en voyageant à la vitesse de la lumière ! Nous aurions ainsi parcouru 43 000 milliards de kilomètres. Pour formuler les choses différemment, on peut aussi dire que la lumière de Proxima met 4,3 années avant de nous taper dans l'œil !

L'astronome britannique William Herschel (1738-1822) fut le premier à imaginer l'existence d'autres galaxies comparables à la nôtre. Il ouvrait ainsi la voie à une nouvelle conception de l'Univers composé de structures stellaires comparables à celles de notre Galaxie. Il découvrit aussi Uranus (1781).

Découvertes en 1954, les radiogalaxies se présentent sous la forme de galaxies elliptiques géantes. Celles-ci produisent un intense rayonnement radio qui les différencie des galaxies classiques dépourvues d'une telle émission.

Une question de mouvement

Astronome et physicien allemand, Johannes Kepler (1571-1630) a notamment formulé des lois fondamentales qui ont bouleversé la définition du mouvement des planètes autour du Soleil. Convaincu de la véracité de la théorie copernicienne, il énonce ses deux premières lois en 1609. Tout d'abord, il montre que les planètes se déplacent selon des orbites elliptiques et non pas circulaires (comme on le croyait auparavant) autour du Soleil. Quant à sa deuxième loi, elle concerne la « règle des aires » : plus une planète se rapproche du Soleil, plus elle se déplace rapidement. En effet, dans des intervalles de temps égaux, la droite qui relie une planète au Soleil balaye des secteurs égaux. Autrement dit, pour que les surfaces balayées soient identiques en un temps donné, le point qui se déplace sur l'ellipse doit se déplacer plus vite quand il est proche du foyer.

Il existe fort probablement plusieurs milliards de comètes dans le système solaire. En ce début de XXIe siècle, les astrophysiciens n'en ont répertorié que 1600.

Découverts en 1960, les quasars (Quasi Stellar Astronomical Radiosource) sont des astres dotés d'une luminosité qui équivaut entre 100 et 1 000 fois celle d'une galaxie ordinaire, tandis que leur diamètre ne dépasse pas le centième de celui d'une galaxie moyenne. Les quasars produisent d'intenses émissions radio similaires à celles des radiogalaxies. Quasars et radiogalaxies contiendraient en leur centre un trou noir de masse gigantesque.

La Terre s'est formée il y a 4,6 milliards d'années, tandis que les premières traces de vie apparaissent il y a environ 3,8 milliards d'années avec les procaryotes. Ceux-ci sont des organismes unicellulaires divisés en deux groupes : d'un côté, les archéobactéries ; de l'autre, les eubactéries. Parmi les eubactéries figurent les cyanobactéries, des bactéries qui pratiquent la photosynthèse. Un petit milliard d'années plus tard, l'expansion considérable de cyanobactéries sera à l'origine de la production de l'oxygène qui caractérise l'atmosphère de notre planète.

L'Univers se façonne en permanence sous la pression de forces d'une violence exceptionnelle : interactions entre les galaxies, échanges de matières entre galaxies et milieu intergalactique. Ainsi, chaque élément de l'Univers (amas de galaxies, galaxie, étoile, planète) subit d'indicibles forces gravitationnelles. Sans oublier les espaces interplanétaires, interstellaires et intergalactiques qui frémissent de matière diffuse (gaz et poussières) et de flux de particules (rayonnements). Encore faut-il y ajouter l'agitation permanente qui accompagne la vie des étoiles.

Quelques distances à connaître

Dans l'infiniment grand

Soleil / Terre :
150 millions de kilomètres. Dans le langage des astrophysiciens, cette distance correspond à une unité astronomique (UA).

Terre / Lune :
384 000 kilomètres.

Soleil / Pluton :
environ 6 milliards de kilomètres, soit un peu plus de 39 unités astronomiques.

Soleil / ceinture de Kuiper :
environ 7 milliards de kilomètres. La ceinture de Kuiper se compose d'une réserve de corps célestes baptisés « objets transneptuniens ».

Soleil / nuage d'Oort :
environ 15 000 milliards de km, soit un peu plus d'une année-lumière. L'année-lumière correspond à la distance parcourue par la lumière en une année. Sachant que la lumière voyage à la vitesse de 300 000 kilomètres par seconde, reste à appliquer une série de multiplications. En adoptant les arrondis d'usage, une année-lumière équivaut à une distance de 10 000 milliards de kilomètres.

Terre / Proxima :
4,3 années-lumière, soit 43 000 milliards de kilomètres. Après le Soleil, Proxima est l'étoile la plus proche de notre système solaire.

Soleil / centre de notre Galaxie :
30 000 années-lumière. En partant de la place de l'Étoile, à Paris, il vous faudrait 30 000 ans pour atteindre le centre de notre Galaxie en voyageant à la vitesse de la lumière (300 000 km/s). Comptez aussi sur 30 000 autres années pour un éventuel retour ! Le diamètre du disque de notre Galaxie mesure 100 000 années-lumière et son épaisseur avoisine le millier d'années-lumière.

Notre Galaxie / nuages de Magellan :
entre 160 000 (pour le Grand Nuage de Magellan) et 200 000 années-lumière (pour le Petit Nuage de

Magellan). Il s'agit là de deux petites galaxies appartenant à un amas de galaxies appelé « Groupe local ». Notre Galaxie (la Voie lactée), Andromède et une trentaine d'autres galaxies appartiennent au Groupe local qui s'étend sur 10 millions d'années-lumière.

Notre Galaxie / Andromède : environ 3 millions d'années-lumière. Andromède est la galaxie la plus proche de notre Voie lactée.

Dans l'infiniment petit

À l'autre extrémité de la chaîne, pour exprimer les distances de l'infiniment petit liées aux phénomènes de la microphysique, on utilise des unités de mesure spécifiques.

Un micromètre (ou micron) vaut un millionième de mètre, soit un millième de millimètre.

Un angström vaut un dix-millième de micromètre, soit un dix-millionième de millimètre. Cette unité correspond au niveau d'un nuage d'électrons (des particules qui gravitent autour d'un atome).

Un picomètre vaut un milliardième de millimètre (c'est-à-dire un millimètre divisé en mille millions), soit un millionième de micromètre. Les dimensions qui entrent en jeu au niveau du noyau d'un atome (composé de neutrons et de protons) sont de l'ordre du picomètre (un centième d'Angström).

Un fermi (ou femtomètre) vaut un milliardième de micromètre (c'est-à-dire un micromètre divisé en mille millions, ou encore un millimètre divisé en mille milliards). Nous sommes ici dans l'univers des quarks, ces minuscules particules assemblées par groupes de trois qui se trouvent au cœur des protons et des neutrons.

« Et pourtant, elle tourne ! »

Lorsque Galilée (1564-1642) invente la lunette astronomique en 1609, ses observations confirment la véracité des principes élaborés par l'astronome polonais Nicolas Copernic (1473-1543), selon lequel la Terre n'est pas immobile au centre de l'Univers mais tourne bel et bien sur elle-même et autour du Soleil. Toutefois, l'Église s'oppose à cette théorie copernicienne qui contredit les récits bibliques sur l'origine du monde. Galilée doit donc cesser d'enseigner les théories coperniciennes et est accusé d'hérésie par un tribunal de l'Inquisition (1633). Les inquisiteurs romains lui demandent d'abjurer ses « erreurs », de s'agenouiller et de revêtir la chemise blanche du pénitent. Il accepte et prononce devant ses juges un texte dans lequel il maudit « d'un cœur sincère et avec une foi non simulée les erreurs et les hérésies susdites ». Humilié, le physicien aurait alors murmuré, en se relevant : « Eppur si muove ! » *(« Et pourtant, elle tourne ! »).*
Il faudra attendre 1992 pour qu'une commission papale reconnaisse l'erreur du Vatican dans la condamnation de Galilée !

L'Univers se compose *d'étoiles, de galaxies classiques, d'amas de galaxies, de superamas, de gaz et de poussières. Mais il y a aussi des galaxies spécifiques que les astrophysiciens qualifient d'« actives ». Les radiogalaxies et les quasars se rangent dans cette catégorie.*

En 1924, l'astronome américain Edwin Hubble (1889-1953) apporte la confirmation scientifique des intuitions et observations de William Herschel en démontrant l'existence de nébuleuses composées d'étoiles au-delà des limites de notre Galaxie. Hubble va déjà même jusqu'à classer les galaxies selon leur forme.

Le cycle des saisons repose sur le fait que l'axe de rotation de la Terre est incliné de 23°26' par rapport au plan de l'orbite de la Terre (écliptique). Pendant la translation autour du Soleil, l'axe des pôles conserve une direction fixe dans l'espace.

Le Soleil consomme 600 millions de tonnes d'hydrogène par seconde. La réaction nucléaire qui se produit en son centre transforme quatre noyaux d'hydrogène en un noyau d'hélium. Ce sont ces réactions qui, comme dans toute étoile, libèrent à chaque instant une quantité d'énergie indicible.

La Terre est surnommée la « planète bleue » *car les océans occupent environ 71 % de sa surface. Elle possède une atmosphère (d'une épaisseur d'environ 10 000 km) riche en oxygène indispensable à la respiration des êtres vivants, qui joue également le rôle de filtre contre les ultraviolets, un rayonnement solaire excessivement dangereux.*

Le cosmos, aussi appelé « Univers », regroupe tout ce que nous connaissons : galaxies, étoiles, planètes, nébuleuses, quasars, supernova, pulsars, trous noirs, sans oublier les poussières interstellaires. Les seules étoiles forment la quasi-totalité de la masse visible de l'Univers. Mais calculs et observations prouvent que la masse totale de l'Univers ne correspond pas à sa seule masse visible. Cette matière invisible porte le nom de « masse cachée » (ou de « matière noire » ou « matière sombre »). Et la matière noire constitue 90 % de la masse totale de l'Univers !

La température à la surface du Soleil atteint les 6 000 °C, mais en son centre (fusion thermonucléaire), elle culmine à 15 millions de degrés.

Au IIe siècle, le savant grec Ptolémée avait imaginé un modèle géocentrique de l'Univers. Il pensait alors que la Terre était immobile au centre de l'Univers. Selon lui, le Soleil et les autres planètes tournaient autour de la Terre. Soutenu par l'Église, le système de Ptolémée restera le modèle astronomique de référence pendant quatorze siècles ! L'astronome polonais Nicolas Copernic proposera en 1543 un système héliocentrique préfigurant notre connaissance actuelle du système solaire.

Des orbites vertigineuses

Situé à environ 15 000 milliards de kilomètres (soit un peu plus d'une année-lumière), le nuage d'Oort est un important réservoir de comètes. Mais d'autres comètes proviennent aussi de la ceinture de Kuiper située à environ 6 milliards de kilomètres, c'est-à-dire aux alentours de l'orbite de Pluton. Objets célestes composés d'un mélange de roches, de gaz gelés et de poussières, les comètes parcourent des orbites elliptiques très allongées. Ainsi, certaines disposent de périodes (un temps de parcours complet sur leur orbite) courtes (inférieure à 200 ans). C'est le cas de la comète de Halley qui revient tous les 76 ans. D'autres affichent des périodes très longues. Par exemple, la comète Donati a une période de 2 000 ans. D'autres ne reviennent jamais dans le système solaire car elles sont déviées par l'attraction gravitationnelle de planètes volumineuses comme Jupiter.

Lorsqu'elles sont éjectées du nuage d'Oort, les comètes se réchauffent en pénétrant dans le système solaire. Dès lors, elles libèrent d'énormes quantités de matière volatile, ce qui provoque une auréole (la chevelure) et la création d'une à deux queues (l'une bleutée, l'autre jaunâtre).

Le Soleil naquit il y a 4,6 milliards d'années à la périphérie de notre Galaxie. Il s'est formé à partir d'un nuage de gaz interstellaire qui s'est effondré sur lui-même. Il s'éteindra dans 5 milliards d'années pour devenir une naine blanche lorsqu'il aura brûlé toutes ses ressources énergétiques.

Les trous noirs furent évoqués pour la première fois par l'astronome allemand Karl Schwarzschild (1873-1916). Par définition impossible à distinguer puisqu'il « ingurgite » la lumière, le trou noir se détecte par l'attraction gravitationnelle et les effets électromagnétiques qu'il exerce sur les corps qui « voyagent » dans sa banlieue. Par exemple, dans la constellation du Cygne, une source de rayons X tourne autour d'un corps céleste invisible dont la masse est dix fois supérieure à celle du Soleil. Il s'agit probablement d'un trou noir.

En 2002, les astrophysiciens ont démontré l'existence d'un gigantesque trou noir au centre de notre Galaxie. Sa masse atteindrait trois millions de fois celle du Soleil. Situé à proximité du premier, un deuxième trou noir moins massif (seulement mille fois la masse du Soleil) a été mis en évidence en 2004.

La Galaxie, notre Voie lactée, se situe dans un amas de galaxies appelé « Groupe local ». Cet amas contient une vingtaine de galaxies, dont celles d'Andromède, du Triangle (M33), et le Grand Nuage de Magellan. L'amas de galaxies le plus proche du Groupe local est celui de la Vierge, situé à 50 millions d'années-lumière de nous.

En 1929, l'astronome américain Edwin Hubble apporte la preuve que l'Univers est en expansion lorsqu'il découvre que les galaxies s'éloignent les unes des autres. Cette observation est souvent proposée comme l'une des preuves de la théorie du big-bang.

En utilisant les mathématiques pour expliquer les lois de la physique, l'astronome italien Galilée *(1564-1642) a élaboré les fondements de la physique moderne. Ses travaux ont notamment porté sur les mouvements du pendule et sur la résistance des matériaux. En 1609, il réalise une lunette astronomique qui lui permet d'étudier les astres. Ainsi découvre-t-il les quatre plus grands satellites de Jupiter (Europe, Io, Callisto et Ganymède), les phases de Vénus ou encore les taches et la rotation du Soleil. Ses découvertes confirment le modèle copernicien selon lequel toutes les planètes tournent autour du Soleil.*

Couche de gaz et de multiples poussières, l'atmosphère enveloppe la Terre et se compose d'azote (78 %), d'oxygène (21 %) et d'argon (1 %). Ces valeurs restent indicatives car d'autres gaz existent en quantités extrêmement faibles : néon, dioxyde de carbone, krypton, hélium, hydrogène, xénon et ozone.

Le système solaire et ses secrets

Le système solaire se compose d'une multitude de corps célestes qui gravitent autour du Soleil, ce dernier appartenant à la famille des étoiles. Dans notre Galaxie (la Voie lactée), on dénombre de 200 à 300 milliards d'étoiles observables. Mais ce décompte reste très complexe à établir puisqu'il découle d'un savant calcul qui met en scène la masse et le rayonnement des étoiles en question. Quoi qu'il en soit, on sait désormais qu'il existe dans la Galaxie de nombreux autres systèmes solaires, appelés « exo-systèmes », composés de planètes extrasolaires (ou « exo-planètes ») qui gravitent autour de leur propre étoile (un autre Soleil). Notons enfin que l'Univers aujourd'hui exploré contient, au bas mot, environ 200 milliards de galaxies dont certaines abritent elles aussi plusieurs centaines de milliards d'étoiles.

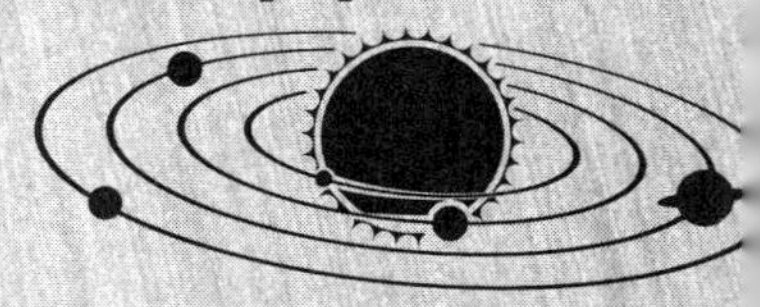

Un cortège de planètes

En 2006, l'Union astronomique internationale a établi un nouveau classement des corps célestes qui orbitent autour du Soleil. Désormais, le système solaire est composé de huit planètes et leurs satellites naturels, de cinq planètes naines, d'astéroïdes, de comètes et de corps vagabonds qui gravitent au-delà de la ceinture de Kuiper (un énorme réservoir de corps célestes qui se situe au-delà de Pluton, à plus de 7 milliards de kilomètres du Soleil).

En partant du Soleil, les huit planètes du système solaire s'appellent : Mercure, Vénus, Terre, Mars, Jupiter, Saturne, Uranus et Neptune. Parmi elles, quatre sont des planètes rocheuses internes (terrestres ou telluriques) – Mercure, Vénus, Terre et Mars – et quatre sont des planètes externes (géantes ou gazeuses).

Toutes ces planètes (vues de leur pôle Nord) gravitent autour du Soleil dans le sens inverse des aiguilles d'une montre (qui est aussi le sens de la rotation du Soleil). Enfin, elles tournent sur elles-mêmes dans le sens inverse des aiguilles d'une montre (dénommé « le sens direct »). Seules Vénus et Uranus tournent sur elles-mêmes dans le sens inverse (dit « rétrograde »), à savoir le sens des aiguilles d'une montre.

La nouvelle classification décidée en 2006 reconnaît dorénavant la catégorie des planètes naines comme Cérès, Pluton, Éris, Haumea et Makemake. À l'évidence, d'autres viendront s'ajouter à cette première liste dans les prochaines décennies.

Cérès était auparavant répertorié comme un gros astéroïde (d'un diamètre d'environ 1 000 km). Découvert en 1801, il navigue dans la ceinture située entre Mars et Jupiter. Quant à Pluton, il s'agit bien sûr de l'ancienne neuvième planète rétrogradée au rang de planète naine.

De son côté, Éris orbite dans la ceinture de Kuiper. Découverte en 2005, cette planète possède un diamètre analogue à celui de Pluton (environ 2 300 km) et a la spécificité de naviguer sur une orbite très elliptique. En conséquence, sa distance au Soleil varie de 6 à 15 milliards de kilomètres. Éris dispose d'un satellite naturel baptisé Dysnomie.

Également repérée en 2005, Haumea se situe à une distance comprise entre 35 et 51 unités astronomiques – par convention, l'unité astronomique (UA) équivaut à 150 millions de km (la distance moyenne Terre-Soleil). Deux satellites (Hi'iaka et Namaka) l'accompagnent.

Makemake fut aussi découverte en 2005. Sa distance au Soleil varie entre 39 et 53 unités astronomiques.

Une probable « planète double »

Reste la fameuse ambiguïté de Charon, le colossal satellite de Pluton. En effet, Pluton et Charon font figure de « planète double » : d'une part, Charon (découvert en 1978) navigue à seulement 20 000 km de Pluton ; d'autre part, la planète naine est à peine plus grosse (2 300 km de diamètre) que son satellite (1 200 km). De surcroît, ce couple infernal possède une spécificité exceptionnelle : les deux corps déploient une période de rotation identique. En conséquence, ils se présentent toujours sur la même face et chacun apparaît fixe dans le ciel de l'autre.

À l'évidence, il ne s'agit pas vraiment d'un système satellitaire classique. Ainsi, bon nombre d'astronomes considèrent que Charon ne peut pas s'inscrire comme un satellite ordinaire de Pluton ; il s'agirait plutôt d'une sorte de « planète adjointe ». Il faudra pourtant choisir dans les années qui viennent : soit Charon perd son rang de satellite et devient une planète naine ; soit le couple Pluton/Charon gagne ses galons de système de planètes naines doubles.

Outre Charon, Pluton possède deux autres petits satellites : Nix et Hydra (découverts en 2005), ainsi qu'un autre (provisoirement baptisé P4) découvert en juillet 2011. Lorsqu'elle arrivera dans la banlieue de Pluton en 2015, la sonde New Horizons nous apportera de précieuses informations pour affiner toutes ces connaissances aujourd'hui partielles.

Astéroïdes et météoroïdes

La ceinture d'astéroïdes navigue entre Mars et Jupiter (entre 300 et 525 millions de km du Soleil, soit de 2 à 3,5 unités astronomiques) et se compose d'une multitude de corps constitués de roches dont le célèbre Cérès qui a intégré la liste des planètes naines.

Quant aux météoroïdes (ne pas confondre avec les météorites), ce sont des objets de moins d'un mètre de diamètre dont la structure chimique (roches ou fer) se modifie au rythme des collisions, fusions et combustions qu'ils subissent lorsqu'ils pénètrent dans l'atmosphère terrestre à la vitesse moyenne de 50 km/s. Ils se frictionnent, s'échauffent et se consument jusqu'à complète volatilisation. Un phénomène grandiose qui produit une somptueuse traînée lumineuse dans le ciel nocturne et un spectacle connu sous le nom de « météore » et très maladroitement surnommé « étoiles filantes » (le terme « étoile » étant ici ridicule).

La majeure partie des météoroïdes sont en fait des débris d'astéroïdes ou de comètes. Lorsqu'ils ne se consument pas complètement dans l'atmosphère terrestre, il subsiste des déchets qui tombent sur Terre et que les astrophysiciens appellent « météorites ».

Ceinture de Kuiper et nuage d'Oort

La ceinture de Kuiper se situe dans la banlieue de Pluton (vers 30 à 50 unités astronomiques du Soleil) et doit son nom à Gerard Kuiper (1905-1973), un célèbre spécialiste américain du système solaire. Cette ceinture abrite des dizaines de milliers de corps célestes de plus de 100 km de diamètre. Pour certains astrophysiciens, le couple Pluton/Charon ou encore Triton (satellite de Neptune) seraient en réalité des objets de la ceinture de Kuiper qui contient également des millions de petits corps glacés (de quelques kilomètres de diamètre) susceptibles de devenir des comètes. Il s'agit effectivement là d'un premier réservoir de comètes dites à courte période – ce qui signifie qu'elles orbitent autour du Soleil en moins de 200 ans.

Enfin, le nuage d'Oort se niche à une distance comprise entre 50 000 et 100 000 unités astronomiques du Soleil, soit quinze mille milliards de kilomètres et donc à un peu plus d'une année-lumière. Ce nuage fait figure de monstrueux réservoir de comètes à longue période de révolution. L'astronome néerlandais Jan Oort (1900-1992) fut le premier à en imaginer l'existence.

Ces comètes orbitent sur des trajectoires monumentales dont les périodes de révolution autour du Soleil doivent probablement atteindre plusieurs millions d'années.

Il existe environ cent milliards de galaxies dans la partie observable de l'Univers. Et certaines contiennent probablement plusieurs centaines de milliards d'étoiles. La Voie lactée possède une centaine de milliards d'étoiles, dont le Soleil, fondement même de notre système solaire.

Troisième planète la plus proche du Soleil, la Terre est la seule planète du système solaire où l'eau se trouve sous ses trois états : solide (glace), liquide (eau) et gaz (vapeur d'eau).

Physicien, mathématicien et astronome anglais, Isaac Newton (1642-1727) a découvert les lois de la gravitation universelle. Il a aussi inventé et construit le premier télescope (1671) et a développé la théorie de la lumière et des couleurs.

Un astéroïde est un petit corps céleste de diamètre inférieur à 1500 km. Contrairement aux satellites naturels qui tournent autour d'une planète, les astéroïdes tournent autour du Soleil et se situent principalement entre Mars et Jupiter.

Les galaxies se classent en trois catégories : *elliptiques, spirales et irrégulières. Les galaxies elliptiques possèdent un noyau dense et brillant et contiennent surtout de « vieilles » étoiles (5 milliards d'années). Les galaxies spirales ressemblent à des disques aplatis avec un bulbe central et un halo. Elles possèdent de longs bras en forme de spirales et contiennent surtout des étoiles jeunes et brillantes. Notre Voie lactée appartient au groupe des galaxies spirales. Les galaxies irrégulières se composent d'étoiles jeunes et d'une grande quantité de matière interstellaire (gaz et nuages moléculaires). Elles ne disposent pas de noyau et n'ont pas de structure clairement définie.*

La Voie lactée est une grande galaxie spirale avec, au centre, un noyau très brillant appelé « bulbe » d'où naissent des bras spiraux composés d'étoiles, de nébuleuses et de poussières interstellaires. Vue par la tranche, elle ressemble à un disque aplati, avec un renflement au centre.

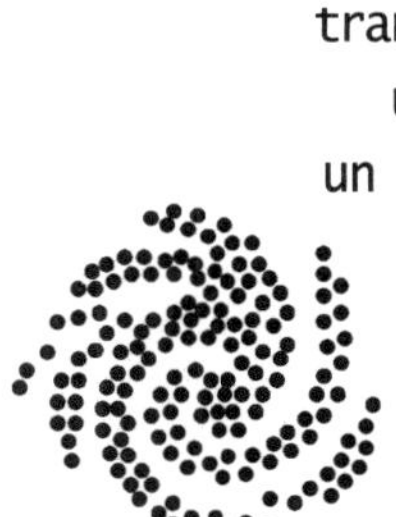

La couche de l'atmosphère terrestre s'étend sur environ 10 000 km. Mais 99 % de sa masse se situe dans les 30 premiers kilomètres. L'atmosphère se divise en cinq couches superposées. Depuis la surface du globe, on distingue : la troposphère (épaisse de 13 km, 80 % de la masse totale de l'atmosphère), la stratosphère (qui monte jusqu'à une altitude de 50 km), la mésosphère (qui se situe entre 50 et 80 km d'altitude), la thermosphère (qui s'étend entre 80 et 600 km d'altitude) et l'exosphère (qui se prolonge jusqu'à 10 000 km d'altitude).

Petit jeu : si la planèt Terre avait un diamètre d'un millimètre, les distances Terre-Lune et Terre-Soleil deviendraient respectivement 2,95 cm et 11,53 m.

Météoroïde, météore et météorite

Objets célestes de moins d'un mètre de diamètre composés de roches ou de fer (débris d'astéroïdes ou de comètes), les météoroïdes (à ne pas confondre avec les météorites) se mettent en évidence lorsqu'ils pénètrent dans l'atmosphère terrestre à une vitesse d'environ 50 km/s. Ils s'échauffent à environ 100 kilomètres du sol puis se consument rapidement jusqu'à complète volatilisation.

Ce phénomène génère une splendide traînée lumineuse dans le ciel nocturne. Connu sous le nom de « météore », ce spectacle est souvent appelé « étoiles filantes ». À tort puisque le terme « étoile » n'a ici aucun sens astronomique.

Enfin, quand le météoroïde ne se consume pas totalement lors de son passage dans l'atmosphère de notre planète, il subsiste un résidu qui peut alors tomber sur terre et que les astrophysiciens appellent « météorite ». Reste encore le cas des chondrites carbonées, des météorites qui n'ont subi aucune modification de composition avant d'atteindre le sol. En 1969, le météoroïde d'Allende explosa au-dessus du Mexique en pulvérisant sur un rayon de quelques centaines de kilomètres carrés plus de trois tonnes de chondrites carbonées.

Les trous noirs sont des régions de l'espace où règne une force d'attraction (force de gravitation) si forte qu'aucun objet ni aucune lumière ne peut s'en échapper. Un trou noir correspond à la fin de vie d'une étoile massive (plus de 1,4 fois la masse du Soleil), lorsque celle-ci génère une géante rouge dix à cent fois plus grosse que l'étoile de départ. Quand cette géante rouge explose pour libérer sa matière dans l'espace, il se forme une supernova. Et si la masse du cœur de la supernova est trois fois supérieure à celle du Soleil, le cœur de l'étoile s'effondre sur lui-même, donnant ainsi naissance à un trou noir.

Avec un diamètre supérieur à celui de la planète Mercure, Titan est le plus grand satellite naturel de Saturne *et le deuxième plus grand satellite du système solaire, juste après Ganymède (le plus grand satellite de Jupiter). Découvert en 1655 par l'astronome hollandais Christian Huygens (1629-1695), Titan dispose d'un diamètre de 5 150 km, contre 4 878 km pour Mercure et 3 475 km pour la Lune, le seul satellite naturel de la Terre.*

Un lac a été découvert en 2008 sur Titan (le plus grand satellite naturel de Saturne) par la sonde spatiale de la mission Cassini-Huygens. Sans doute composé d'un mélange de méthane et d'éthane liquide, il a un diamètre d'environ 235 km.

La théorie héliocentrique de Nicolas Copernic (1473-1543) a été décrite en 1543 dans son ouvrage intitulé Des révolutions des sphères célestes. L'astronome polonais y affirme que les planètes tournent autour du Soleil, que la Terre tourne sur son axe en un jour et fait le tour du Soleil en une année. Cette théorie remet en question le système géocentrique de Ptolémée soutenu par l'Église et l'ouvrage sera donc interdit. Malgré les travaux de Galilée (1564-1642) et ceux de Johannes Kepler (1571-1630) qui confirment le système de Copernic, il faudra attendre la fin du XVIIe siècle pour que la plupart des savants deviennent coperniciens.

La Terre à l'échelle du temps

Dans l'histoire de notre planète, les spécialistes distinguent deux grandes périodes :

- ✦ le cryptozoïque (vie cachée), ou précambrien ;
- ✦ le phanérozoïque (vie apparente), qui regroupe l'ensemble des temps géologiques depuis le début du paléozoïque (ou ère primaire).

Les différences fondamentales qui apparaissent dans les séries fossiles des roches phanérozoïques ont permis de distinguer trois grandes ères :

- ✦ le paléozoïque (vie ancienne) ;
- ✦ le mésozoïque (vie moyenne), ou ère secondaire ;
- ✦ le cénozoïque (vie récente), ou ères tertiaire et quaternaire, qui se divise en époques et en âges (du paléocène à l'holocène).

La découverte de la radioactivité a permis de mettre en place des méthodes de datation précises qui donnent aux divisions de l'échelle des temps géologiques des âges absolus en millions d'années.

Des fossiles pour repères

L'histoire du phanérozoïque (regroupement des paléozoïque, mésozoïque et cénozoïque) est mieux connue que celle des couches précambriennes (cryptozoïque). En effet, les couches phanérozoïques sont riches en fossiles diversifiés, ce qui a permis de faire de bonnes datations, alors que le précambrien ne contient que des bactéries impropres aux datations. Le bon contrôle des âges au phanérozoïque a donc permis de reconstruire la géographie pour divers intervalles de temps donnés (ce que les géologues appellent « la paléogéographie »).

À l'échelle du temps géologique

Sur cette échelle, les durées ne sont bien évidemment pas égales. La Terre s'étant formée il y a 2 millions d'années et le précambrien s'étant terminé il y a 540 millions d'années, ce dernier représente donc environ 90 % de l'ensemble du temps géologique de notre planète. Les trois autres ères (primaire, secondaire et cénozoïque) ne comptent ensemble que pour les 10 % restants.

On appelle « Hadéen » la période des tous débuts de la Terre, de 4,6 à 4 milliards d'années environ. Nous n'en connaissons aucun vestige rocheux. La plus vieille roche connue a été datée à 4,03 milliards d'années, un point qui marque le début de l'histoire géologique de la Terre. Ici commence la période archéenne.

À chaque période ses événements :

Le cambrien :

(de 540 à 505 millions d'années)

✦ Explosion de la vie animale marine.

✦ Absence de vie terrestre.

✦ Vers 650 millions d'années, les masses continentales de la planète sont regroupées en une espèce de grande île appelée « Rodinia ». Vers 600 millions d'années, donc avant les débuts du cambrien, celle-ci se fragmente en une demi-douzaine de « régions » qui partent à la dérive.

L'ordovicien :

(de 505 à 438 millions d'années)

✦ Des coraux et des poissons cuirassés (à plaques osseuses et dépourvus de mâchoire) font leur apparition.

Le silurien :

(de 438 à 408 millions d'années)

✦ Les continents issus du morcellement de Rodinia engagent un vaste et lent mouvement de convergence. La vie colonise ces différents continents sous la forme de plantes primitives.

✦ Des animaux proches du scorpion ou des arthropodes marins apparaissent. Les mers fourmillent de coraux et de poissons à mâchoire.

Le dévonien :

(de 408 à 360 millions d'années)

✦ Période connue sous le nom de l'« âge des poissons », en raison de l'abondance de ces animaux dans les roches dévoniennes (poissons cuirassés avec ou sans mâchoire).

✦ Les premiers requins et poissons osseux vont évoluer vers les amphibiens. Sur terre, les fougères géantes forment de véritables forêts.

Le carbonifère :

(de 360 à 286 millions d'années)

✦ Abondance de coraux et de mollusques.

✦ Climat chaud et humide. Croissance exceptionnelle des forêts.

✦ Apparition des amphibiens puis des reptiles, premiers vertébrés à vivre uniquement sur terre, et de grands insectes ailés de la famille des libellules.

Le permien :

(de 286 à 245 millions d'années)

✦ Vers la fin du carbonifère et aux débuts du permien, le regroupement des pièces continentales se termine pour former ce « méga continent » appelé « Pangée », qui va demeurer stable pendant une centaine de millions d'années, puis qui va de nouveau se fragmenter.

✦ Les conifères apparaissent dans l'hémisphère Nord.

✦ Environ 30 % des familles de plantes et d'animaux disparaissent en raison des profonds bouleversements climatiques entraînés par la redistribution des masses continentales et des océans.

Le trias :
(de 245 à 208 millions d'années)
✦ Nouvelles familles de fougères et de conifères.
✦ Développement considérable des reptiles, extension des dinosaures et des tortues.
✦ Premiers mammifères.
✦ Vers la fin du trias, la Pangée se disloque en deux sous-ensembles : au nord, la Laurasie (Amérique du Nord, Europe et Asie) ; au sud, le Gondwana (Amérique du Sud, Afrique, Inde, Australie et Antarctique).

Le jurassique :
(de 213 à 144 millions d'années)
✦ Vers la fin du jurassique, les masses continentales que nous connaissons aujourd'hui s'individualisent et deviennent identifiables.
✦ Règne des dinosaures géants et des reptiles marins (ichtyosaures et plésiosaures).
✦ Oiseaux primitifs.
✦ Évolution de certains arthropodes vers des animaux semblables aux crabes et aux homards d'aujourd'hui.

Le crétacé :
(de 144 à 65 millions d'années)
✦ Les dinosaures abondent puis disparaissent brutalement à la fin du crétacé.
✦ Extinction massive du monde animal et végétal. Environ 75 % des espèces sont anéanties.
✦ Apparition des plantes à fleurs.
✦ Vers 100 millions d'années, l'Amérique du Sud et l'Afrique se séparent définitivement.
✦ Vers 80 millions d'années, le petit bloc continental qui deviendra l'Inde se détache et migre vers le nord.

Le tertiaire :
(de 65 à 2 millions d'années)
✦ Au début du tertiaire (40 millions d'années), l'océan Atlantique est véritablement individualisé. L'Inde rejoint une série de microcontinents qui commencent à s'agglomérer.
✦ L'Amérique du Nord se sépare de l'Europe et vers la fin de cette période, la passerelle qui la relie à l'Amérique du Sud se forme.
✦ C'est l'âge d'or du développement des mammifères.

Le quaternaire :
(de 2 millions d'années à nos jours)

Calendrier de la Terre

ÈRES	PÉRIODES	ÉPOQUES	DATES DE DÉBUT
Cénozoïque	Quaternaire	Holocène Pléistocène	10 000 1,6 MA
	Tertiaire	Pliocène Miocène Oligocène Éocène Paléocène	5,3 MA 25 MA 37 MA 58 MA 66 MA
Mésozoïque (Secondaire)	Crétacé Jurassique Trias		144 MA 213 MA 245 MA
Paléozoïque (Primaire)	Permien Carbonifère Dévonien Silurien Ordovicien Cambrien		286 MA 360 MA 408 MA 438 MA 505 MA 540 MA
Précambrien	Protérozoïque	2,5 milliards d'années	
	Archéen	4,03 milliards d'années	
Hadéen 4,6 milliards d'années			

Toutes les dates indiquent les débuts de périodes ou d'époques.
MA = millions d'années.

Dans sa nouvelle classification décidée en août 2006, l'Union astronomique internationale reconnaît les planètes naines suivantes : Cérès, Pluton, Éris, Haumea et Makemake. Les performances de plus en plus remarquables des sondes et des télescopes vont à l'évidence permettre d'en découvrir de nouvelles dans les décennies à venir.

Les douze constellations du zodiaque correspondent à une découpe régulière du ciel en arcs de 30 degrés de longitude ; leurs noms (les signes du zodiaque) correspondent à l'emplacement des constellations il y a environ 2 000 ans.

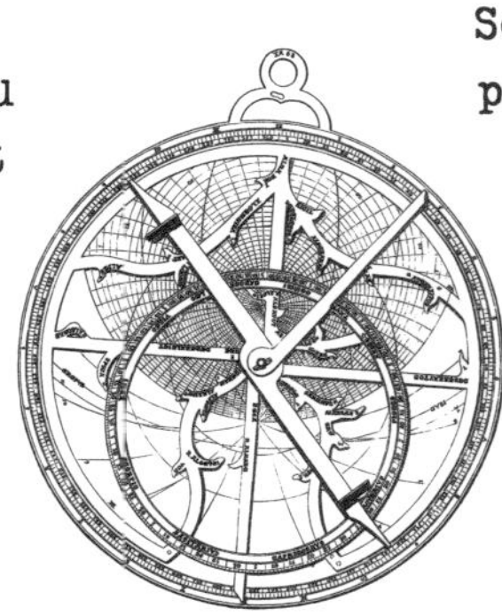

La Terre décrit une ellipse en tournant autour du Soleil (mais cette orbite elliptique est très proche du cercle). Au point le plus éloigné du Soleil (aphélie), la Terre passe à 152,5 millions de kilomètres. Au point le plus proche de l'ellipse (périhélie), elle passe à 147,5 millions de kilomètres.

__Le diamètre de la Terre est de 12 800 km__ et la structure interne de notre planète est faite de trois couches superposées. De la surface jusqu'au centre de la Terre, on trouve : la croûte (ou écorce) terrestre (une couche solide de 30 km d'épaisseur sous les continents et de 10 km sous les océans) ; le manteau (une couche solide qui s'étend jusqu'à 2 900 km de profondeur) ; le noyau (une boule d'environ 7 000 km de diamètre). Le noyau se divise en deux parties : un noyau externe fluide et liquide et un noyau interne, solide (la graine). La température au sein du noyau est d'environ 6 000 °C. Les roches en fusion (ou magma) qui constituent le noyau sont riches en fer et en nickel. Les mouvements rapides de ce magma métallique au cœur du noyau sont à l'origine du champ magnétique de la Terre.

Talents

Je ne peins pas ce que je vois,
je peins ce que je pense.

Pablo Picasso (1881-1973)
Peintre et sculpteur espagnol

Attribué au romancier américain William Faulkner (1897-1962), le prix Nobel de littérature 1949 ne lui fut décerné que le 10 décembre 1950. Après avoir longtemps hésité, Faulkner accepta finalement le prix.
Le philosophe britannique Bertrand Russell (1872-1970) reçut pour sa part le Nobel de l'année 1950.

Le dessinateur américain Thomas Nast a façonné l'image de l'Oncle Sam (symbole des États-Unis) en 1870 : un personnage grand, mince, coiffé d'un chapeau et portant une barbe blanche. Thomas Nast a également créé l'emblème du Parti républicain en imaginant l'éléphant et a popularisé l'âne du Parti démocrate.

“

Écrit et réalisé par Charlie Chaplin (1889-1977), le film *les Feux de la rampe* fut présenté au public en 1952.
Il reçut l'Oscar de la meilleure musique de film en 1973 ! Selon le règlement alors en vigueur au sein de l'Academy of Motion Picture Arts and Sciences, le film n'avait pu concourir dans la mesure où il n'avait jamais été distribué à Los Angeles avant 1972. *Les Feux de la rampe* est le seul film où apparaissent Charlie Chaplin et Buster Keaton.

Le physicien, mathématicien et astronome anglais Isaac Newton (1642-1727) est né le jour de Noël. Tout comme le comédien américain Humphrey Bogart (1899-1957).

Entre 1751 et 1765, le philosophe Denis Diderot et le mathématicien Jean Le Rond d'Alembert ont dirigé la rédaction de l'*Encyclopédie ou Dictionnaire raisonné des sciences, des arts et des métiers*. Elle se compose de dix-sept volumes de textes (structurés en près de 72000 articles) et de onze volumes de planches. Diderot (1713-1784) et d'Alembert (1717-1783) firent appel à plus de 150 auteurs dont les prestigieux Montesquieu (1689-1755), Voltaire (1694-1778) et Jean-Jacques Rousseau (1712-1778).

Ribouldingue, Filochard et Croquignol

Bande dessinée légendaire, les Pieds nickelés *paraissent pour la première fois en juin 1908 dans la revue* l'Épatant. *Cette série connaîtra un immense succès, d'abord sous la plume de leur créateur,* Louis Forton *(1879-1934), puis grâce à* Pellos *(1900-1998), qui prend le relais en 1948. Pionnier de la bande dessinée, Louis Forton a aussi créé le personnage de Bibi Fricotin.*

Les Pieds nickelés *mettent en scène les aventures de trois canailles drôles, sympathiques et sans grande envergure : Ribouldingue (gros barbu jovial à la casquette verte), Filochard (petit borgne au béret) et Croquignol (grand dégingandé au long nez qui porte monocle et petit chapeau).*

Filous sans réelle méchanceté, les Pieds nickelés s'adonnent à de menus larcins ou échafaudent d'extravagants complots. Ils s'en prennent surtout aux nantis, le plus souvent dépeints sous les traits de personnages sots, naïfs et faciles à tromper.

Mark Twain fut le premier écrivain *au monde à remettre un manuscrit entièrement dactylographié. Sortie des cartons de la firme Remington, l'invention de la machine à écrire passe au stade industriel en 1873 et séduit immédiatement l'auteur des* Aventures de Tom Sawyer *(1876). Ce roman sera donc remis à l'éditeur sous la forme d'un tapuscrit (manuscrit tapé à la machine à écrire).*

Alfred Hitchcock (1899-1980), Cary Grant (1904-1986) et Charlie Chaplin (1889-1977) n'ont jamais reçu d'oscar pour l'un de leurs rôles ou de leurs films (en dehors de remises honorifiques destinées à réparer ces injustes oublis).

Certaines mères ont habillé leurs fils en filles jusqu'à un âge avancé, notamment les mamans de l'écrivain irlandais Oscar Wilde (1854-1900), du trente-deuxième président des États-Unis Franklin Delano Roosevelt (1882-1945), du romancier américain Ernest Hemingway (1899-1961) et du général américain Douglas MacArthur (1880-1964).

Standing ovation !

À la différence de ce qui se passe aujourd'hui ici ou là, il n'y avait pas de chauffeur de salle quand le rideau du théâtre de la Porte Saint-Martin se releva une quarantaine de fois pour répondre à l'ovation du public le soir de la première (décembre 1897) de Cyrano de Bergerac. Une comédie héroïque en vers et en cinq actes qui apporta la gloire à Edmond Rostand (1868-1918). Sociétaire de la Comédie-Française, puis directeur du théâtre de la Porte Saint-Martin, Benoît Coquelin a interprété près de mille fois le rôle qu'il avait créé en 1897.

Né à Marseille, dans une famille aisée, Edmond Rostand entreprend des études de droit. Puis il se lance dans l'écriture de textes qui expriment sa nostalgie de la province. S'il obtient un prodigieux triomphe avec Cyrano de Bergerac, ses premières pièces ne déclenchent qu'un maigre intérêt : le Gant rouge (1888), les Deux Pierrots (1891), les Romanesques (1894).

Le biologiste, naturaliste et écrivain français Jean Rostand (1894-1977) est le fils d'Edmond Rostand et de Rosemonde Gérard.

Par ailleurs, notons que le talentueux comédien Lucien Guitry (1860-1925), père de Sacha, créa de nombreux rôles d'Edmond Rostand. Quant à Sacha Guitry (1885-1957), il écrira avec une verve étourdissante plus d'une centaine de pièces de divertissement dans lesquelles l'adultère bourgeois domine.

“

Refusée en 1912 par tous les éditeurs, la première partie d'*À la recherche du temps perdu*, intitulée *Du côté de chez Swann*, sera finalement publiée en 1913 à compte d'auteur (c'est-à-dire aux frais de l'écrivain). Marcel Proust (1871-1922) recevra en 1919 le prix Goncourt pour *À l'ombre des jeunes filles en fleurs* (le deuxième volet). En 1895, il entreprit la rédaction d'un roman autobiographique, *Jean Santeuil*. Inachevé, ce texte sera toutefois publié en 1952.

Dans le livre de la romancière américaine Louisa May Alcott (1832-1888), intitulé *Little Women* (en français, *les Quatre Filles du docteur March*), les quatre jeunes héroïnes portent les prénoms suivants : Margaret (Meg), Joséphine (Jo), Elisabeth (Beth) et Amy.

Nominé à deux reprises, pour le Dictateur *(1941)* et pour Monsieur Verdoux *(1948)*, Charlie Chaplin *(1889-1977) ne reçut jamais le moindre oscar de la très conformiste Academy of Motion Picture Arts and Sciences. En 1972, Charlot ne tourne plus depuis sept ans, mais l'académie décide enfin de réparer ses erreurs en attribuant un oscar d'honneur au vagabond rebelle du cinéma muet. L'année suivante, vingt ans après sa première diffusion,* les Feux de la rampe *reçoit l'oscar de la meilleure musique de film.*

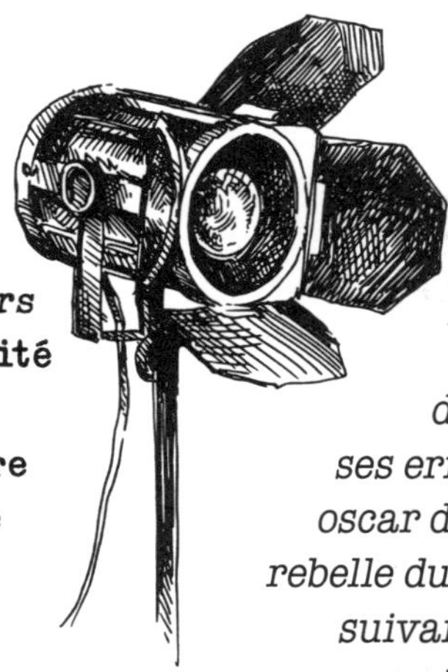

Publié en juin 1857 par l'éditeur Auguste Poulet-Malassis, le recueil de Charles Baudelaire (1821-1867), *les Fleurs du Mal*, rassemble la quasi-totalité des poèmes que l'auteur a écrits depuis 1840. Cette œuvre majeure dans l'histoire de la littérature vaudra à Baudelaire une condamnation pour « outrage à la morale publique et aux bonnes mœurs ».

« Architecte français sous le second Empire, Victor Baltard (1805-1874) fut l'un des pionniers de l'architecture métallique. Entre 1853 et 1858, il a notamment construit les halles centrales de la ville de Paris afin d'abriter le grand marché alimentaire de la capitale. Les halles de Baltard furent détruites en 1974. Seul le pavillon numéro 8, consacré au marché des œufs et volailles, fut remonté à Nogent-sur-Marne. Victor Baltard obtint le grand prix de Rome d'architecture en 1833. »

Le théologien dominicain et philosophe italien Thomas d'Aquin (1225-1274) a défini les sept péchés capitaux : la paresse, l'orgueil, la gourmandise, la luxure, l'avarice, la colère et l'envie. Mais Évagre le Pontique (346-399) fut probablement l'un des tout premiers théoriciens de la pensée chrétienne à évoquer les passions et les tentations.

D'avant-garde

Fils naturel d'un officier italien et d'une aristocrate polonaise, Wilhelm Apollinaris de Kostrowitzky prit le pseudonyme de Guillaume Apollinaire (1880-1918). Son œuvre incarne l'« esprit nouveau » du début du siècle et préfigure les grands chambardements poétiques de l'entre-deux-guerres. Dès sa parution (1913), son recueil Alcools *(des poèmes rédigés entre 1898 et 1912) devient le manifeste de la poésie moderne. Composés à la manière d'une toile cubiste (des vers libres rimés sans aucune ponctuation), ses accents annoncent la naissance du mouvement surréaliste. Par la diversité de son inspiration, qui associe strophes bouffonnes et pathétiques, pages épiques exhumant de vieilles légendes rhénanes et chansons issues de la tradition populaire,* Alcools *annonce une nouvelle perception de la littérature.*
Guillaume Apollinaire publie également des romans érotiques sous le manteau : les Onze Mille Verges, les Exploits d'un jeune don Juan *(1907). Il devient rapidement un habitué du Bateau-Lavoir (des ateliers d'artistes situés rue de Ravignan, à Paris) et se lie d'amitié avec Braque, Derain, Matisse, Picasso et Vlaminck. Il forme avec Marie Laurencin le couple légendaire du Montmartre de l'avant-guerre.*
Naturalisé français en 1916, Guillaume Apollinaire s'engage sur le front de la Première Guerre mondiale. Touché à la tête par un éclat d'obus, il doit subir une trépanation (1916). Puis le poète se remet activement au travail. Mais il succombe en novembre 1918, frappé par l'épidémie de grippe espagnole qui sévit alors en Europe. Le Poète assassiné *paraît en 1916 et* Calligrammes *en 1918.*

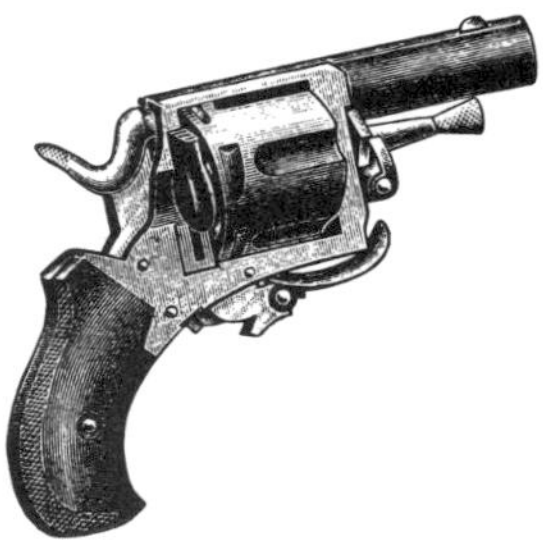

Dans la série de romans policiers qui met en scène le célèbre commissaire San-Antonio, Frédéric Dard (1921-2000) parle du siège de la police judiciaire (le fameux 36, quai des Orfèvres, à Paris) en le qualifiant de « French Chicken House Corporation ». Une expression qui s'avère intraduisible de façon littérale. Mais la présence du mot chicken (« poulet », « policier » en argot), nous ferait pencher pour la formule « Maison poulagat ».

Du Parnasse au Nobel

Poète français rattaché à l'école parnassienne, René François Prudhomme, dit Sully Prudhomme (1839-1907), a été le premier lauréat du prix Nobel de littérature en 1901, vingt ans après son élection à l'Académie française. Il publie son premier recueil en 1865 : Stances et poèmes, un texte qui lui vaut l'éloge enthousiaste de Sainte-Beuve (1804-1869).
Réunie autour du poète Leconte de Lisle (1818-1894), l'école parnassienne (ou mouvement du Parnasse) rassemblait un groupe de poètes et écrivains français de la seconde moitié du XIXe siècle qui privilégiaient une conception idéale de l'art et prônaient le culte de la forme en réaction au lyrisme romantique incarné au plus haut point (selon eux) par Alphonse de Lamartine.
Les poètes parnassiens doivent leur nom à la revue de Catulle Mendès, le Parnasse contemporain, qui publiera (entre 1866 et 1876) des auteurs aussi divers que Théophile Gautier, José-Maria de Heredia, Théodore de Banville, Charles Baudelaire, Stéphane Mallarmé, François Coppée, Paul Verlaine ou encore Sully Prudhomme.

Paul Lecreux est un sculpteur français (1826-1894) qui signa ses œuvres sous le nom de Jacques France. Certes, cela sonne moins creux !

Un théâtre désert

Après un début de carrière d'avocat, Paul (son vrai prénom) Bernard (1866-1947) s'engage dans les affaires. Il dirige une usine d'aluminium à Creil et prend même la tête d'un vélodrome à Neuilly-sur-Seine. Attiré par l'écriture et plus encore par les jeux du langage, il propose des textes à la *Revue Blanche* en 1891 et prend alors le pseudonyme de Tristan (le nom d'un cheval de courses qui lui a fait gagner beaucoup d'argent).
En 1894, Tristan Bernard publie son premier roman, *Vous m'en direz tant !* Puis ce seront notamment *les Pieds nickelés* (1895) et *l'Anglais tel qu'on le parle* (1899). Dès lors, il devient une personnalité majeure du Tout-Paris de la Belle Époque (1900-1914) et des Années folles (1925-1939). Mot d'esprit en bandoulière et l'œil aux aguets, Tristan court avec jubilation de première en générale.
En 1930, l'appel des affaires vient de nouveau le chatouiller. Il se met en tête de diriger le théâtre Albert Ier, une salle parisienne de la rue du Rocher (qui s'appelle aujourd'hui le théâtre Tristan Bernard). Une opération financière qui va finalement s'avérer désastreuse. L'auteur tiendra pourtant l'entreprise à bout de bras pendant cinq ans, sans jamais se départir de son sens de l'humour puisqu'il va surnommer cette salle « le Sahara Bernard ». Chacun appréciera ce double jeu de mots : d'une part, en référence au lieu, chaque soir désert ; d'autre part, en hommage à la tragédienne Sarah Bernhardt (1844-1923), qui s'appelait en fait Rosine Bernard.

Dada est un mouvement littéraire et artistique contestataire qui se caractérise, entre 1916 et 1925, par la remise en cause radicale des codes, conventions et contraintes d'essence classique. Notamment fondé sur l'expression d'une créativité débridée, le dadaïsme prône l'humour, l'extravagance, la provocation, le jeu, la dérision et le rejet de toute logique. Dada disparaît avec la naissance de la dissidence surréaliste. Quelques artistes de ce mouvement sont : Tristan Tzara, Jean Arp, Marcel Duchamp, Man Ray, Max Ernst, Francis Picabia, Hans Richter, Hugo Ball...

La paternité de Blanche-Neige *revient aux frères Grimm, Jacob (1785-1863) et Wilhelm (1786-1869), qui publient ce texte en 1812 dans un recueil intitulé* Contes d'enfants et du foyer. *Dans la version originale des frères Grimm, les sept nains ne portent pas de noms spécifiques. Il faut attendre le film d'animation de Walt Disney (1901-1966),* Snow White and the Seven Dwarfs *(1937), pour que ces personnages facétieux prennent une identité qui ne les quittera plus.* Blanche-Neige et les sept nains *est le premier long-métrage d'animation en couleurs. Les noms des sept nains sont : Atchoum, Dormeur, Grincheux, Joyeux, Prof, Simplet et Timide.*

Sacré Popeye !

Personnage légendaire créé aux États-Unis par Elzie Crisler Segar (1894-1938), Popeye apparaît pour la première fois en 1929 dans une bande dessinée humoristique qui avait vu le jour dix ans auparavant : The Thimble Theatre.

Introduit dans cette histoire pour un besoin occasionnel du scénario, Popeye ingurgite de grandes boîtes d'épinards censés produire un effet détonnant sur son organisme et lui permettre ainsi de terrasser sans mal ses adversaires. Le marin borgne doté d'une force herculéenne deviendra alors le héros principal de cette bande dessinée qui sera rapidement adaptée en dessins animés. Ses aventures connaissent un franc succès en France à partir de 1935.

À l'époque, on dit que les épinards contiennent une grande quantité de fer alimentaire, réputé pour ses vertus positives. Mais il s'agit d'une croyance erronée née d'une faute de frappe qui, dans une étude très sérieuse, multiplia par dix le taux dudit fer. Et l'erreur perdura pendant des décennies. En effet, d'autres aliments comme la viande et les légumes secs sont bien les plus riches en fer que les épinards.

Saint patron de l'Irlande, Patrick *(385-461) a commencé à évangéliser le pays à partir de 432. Fondateur du christianisme irlandais, il sillonne le territoire en prêchant et en construisant églises, monastères et écoles. Il eut également l'astucieuse idée d'utiliser la feuille de trèfle pour expliquer le concept de la sainte Trinité (le Père, le Fils et le Saint-Esprit) – un trèfle qui deviendra ensuite l'emblème du pays.*

Roman burlesque plein de verve, *Zazie dans le métro* date de 1959. Écrit par Raymond Queneau (1903-1976), il est porté à l'écran par Louis Malle (1932-1995) dès 1960.

Féministe avant l'heure, Christine de Pisan (1362-1431) passe son enfance à la cour du roi Charles V le Sage (1364-1380). Veuve dès l'âge de vingt-cinq ans, elle se consacre à l'écriture pour assurer la charge de ses trois enfants et publie de la poésie, des biographies et des ouvrages didactiques peu originaux. Sa démarche lui vaut un vrai succès d'estime. Elle est l'une des premières femmes à monnayer sa production littéraire.

Composé par Guillaume de Lorris et Jean de Meung, le Roman de la rose figure parmi les plus beaux textes consacrés à l'éloge de l'amour courtois. Écrit dans la première moitié du XIIIe siècle, ce poème allégorique français du Moyen Âge compte quelque 22 000 vers rimés. L'ouvrage est divisé en deux parties bien distinctes rédigées à des époques différentes. Guillaume de Lorris écrivit la première partie (environ 4 000 vers) entre 1225 et 1240. La suite (18 000 vers) fut produite par Jean de Meung, quarante ans plus tard.

Môssieu Réac

Personnage créé par Nadar, M. Petdeloup apparaît dans son ouvrage intitulé la Vie publique et privée de Môssieu Réac *(1849). D'abord publiée dans la* Revue comique à l'usage des gens sérieux, *cette création fait figure de première bande dessinée et ce, à double titre, car elle est à la fois hebdomadaire et politique. Au* XIX*e siècle, on va d'ailleurs utiliser le nom de « pet-de-loup » (une antonomase) pour désigner un professeur ridicule, prétentieux et sentencieux.*

D'abord journaliste et caricaturiste, Gaspard-Félix Tournachon, dit « Nadar » (1820-1910), a aussi laissé une remarquable série de portraits photographiques réalisés à partir de 1850 comprenant notamment ceux de Charles Baudelaire, Hector Berlioz, Sarah Bernhardt, Gustave Courbet, Gustave Doré, Victor Hugo, Franz Liszt, Édouard Manet, Guy de Maupassant, Gérard de Nerval, Jacques Offenbach, Gioacchino Rossini, George Sand, Richard Wagner, etc.

Fondée par le libraire et éditeur Jules Hetzel (1814-1886) pour combattre l'ascension à l'Assemblée d'un nouveau député (un certain Louis Napoléon Bonaparte), la Revue comique à l'usage des gens sérieux *fut étouffée par la censure en décembre 1849. Jules Hetzel a par ailleurs publié Honoré de Balzac, Victor Hugo et George Sand.*

Première femme élue à l'Académie française, en 1980, la romancière Marguerite Yourcenar (1903-1987) — anagramme de son vrai patronyme, Crayencour — a notamment écrit les célèbres *Mémoires d'Hadrien* (1951), sorte de méditation biographique d'un empereur vieillissant.

Unique roman de Alain-Fournier, *le Grand Meaulnes* paraît en 1913 et connaît un succès immédiat que vient encore renforcer la disparition héroïque et prématurée de l'auteur, mort sur le front le 22 septembre 1914.
De son vrai nom Henri Alban Fournier, Alain-Fournier (1886-1914) a composé ici un texte où se mêlent conte, roman et récit poétique d'inspiration autobiographique.

Walt Disney réalisa ses premiers dessins animés à Hollywood en 1923, en association avec son frère Roy Oliver Disney. Walter Elias Disney (1901-1966) invente la souris Mickey (Mickey Mouse), son plus célèbre personnage, pour Steamboat Willie (1928), le premier dessin animé sonore. Il est également le premier à utiliser la couleur dans Flowers and Trees (1932) et crée le dessin animé de long-métrage avec Blanche-Neige et les sept nains (1937). Au cours de sa carrière, il glanera vingt-six oscars.

Osée Joséphine !

En octobre 1925, lorsqu'elle passe en première partie dans la Revue nègre (au théâtre des Champs-Élysées), simplement vêtue d'un pagne de bananes, Joséphine Baker fait évidemment scandale. De surcroît, elle danse le charleston (alors inconnu en Europe) sur un rythme endiablé et suggestif.
Joséphine Baker (1906-1975) prend la nationalité française en 1937. Pendant la Seconde Guerre mondiale, elle joue un rôle important dans la Résistance et luttera aussi toute sa vie contre les préjugés raciaux et participera ainsi à la Marche vers Washington pour le travail et la liberté organisée par Martin Luther King (1963).
Chanteuse, danseuse et meneuse de revue, Joséphine Baker s'appelait en fait Freda Joséphine McDonald. Mais Baker n'est pas un pseudonyme. Il s'agit du nom de son second mari, William Howard Baker, épousé en 1921 aux États-Unis et dont elle divorce en 1923 pour venir s'installer à Paris et y mener la carrière que l'on connaît…

Les « grands hommes » du Panthéon

Monument situé dans le Ve arrondissement de Paris, le Panthéon fut d'abord une église, construite au XVIIIe siècle pour abriter la châsse de sainte Geneviève. Depuis les funérailles de Victor Hugo (1885), l'édifice a pour vocation d'honorer des personnalités hors du commun qui ont marqué de leur empreinte l'histoire de la France.

Le concept de « panthéonisation » remonte à la tradition égyptienne et fut repris par les Grecs et les Romains. Mais le choix de donner à un personnage l'ultime hommage de « grand homme de la nation française » varie selon les périodes de l'Histoire. En 1791, lors de la création du principe de « panthéonisation », c'est l'Assemblée constituante qui décide. En 1794, la Convention prend le relais. Puis Napoléon Ier s'attribue ce privilège. Sous la IIIe République, la décision revient aux députés. Aujourd'hui, ce privilège est celui du président de la République sans qu'aucun texte ne régisse cependant les critères du choix ou la forme de la cérémonie. La première femme à entrer au Panthéon (le 25 mars 1907) fut Sophie Niaudet… en sa qualité d'épouse de Marcelin Berthelot (1827-1907), chimiste et homme politique français. En effet, les deux époux moururent le même jour (le 18 mars 1907) et le gouvernement ne voulut pas les séparer. Mais on considère que ce véritable hommage de première femme « panthéonisée » pour ses qualités propres revient à Marie Curie (1867-1934), dont les cendres furent transférées au Panthéon le 20 avril 1995 avec celles de son mari, Pierre Curie.

LES PERSONNALITÉS ENTRÉES AU PANTHÉON :

1791 :

✦ **Mirabeau** (1749-1791), Honoré Gabriel Riqueti (comte de), homme politique, un des chefs de l'Assemblée constituante. Mais la découverte aux Tuileries (novembre 1792) de l'armoire de fer qui livre la preuve des subsides qu'il a touchés de la Cour le discrédite à jamais. Retirés du Panthéon en 1793, les restes de Mirabeau n'ont jamais été retrouvés.

✦ **Voltaire** (1694-1778), philosophe et écrivain.

1793 :

✦ **Louis-Michel Lepeletier de Saint-Fargeau** (1760-1793), député de la noblesse de Paris à la Constituante ayant voté la mort du roi Louis XVI, un vote acquis à une seule voix près. Il est assassiné par un royaliste la veille de l'exécution du roi et devient alors le « martyr de la liberté ». Son corps a été récupéré par sa famille le 14 février 1795.

✦ **Auguste Marie Henri Picot de Dampierre** (1756-1793), général mort au combat qui se distingua à Valmy. Retiré du Panthéon à la demande du Comité de salut public qui le soupçonnait de trahison, son corps a disparu.

✦ **Jean-Paul Marat** (1744-1793), journaliste et homme politique. Son corps fut retiré du Panthéon en 1795 pour « trahison » et ses cendres placées dans le cimetière de Saint-Étienne du Mont.

1794 :

✦ **Jean-Jacques Rousseau** (1712-1778), philosophe et écrivain.

1806 :

✦ **François-Denis Tronchet** (1749-1806), homme politique et juriste, président de l'Assemblée Constituante au début de la Révolution.

✦ **Claude-Louis Petiet** (1749-1806), militaire.

1807 :

✦ **Jean-Baptiste-Pierre Bevière** (1723-1807), rédacteur du serment du Jeu de Paume, constituant rallié à l'Empire.

✦ **Louis-Joseph-Charles-Amable d'Albert de Luynes,** duc de Luynes (1748-1807), aristocrate membre du tiers état, pair de France. Sa dépouille est rendue à sa famille en 1862.

✦ **Jean-Étienne-Marie de Portalis,** comte de Portalis (1746-1807), spécialiste des questions religieuses et ministre des Cultes de Napoléon Ier.

✦ **Louis-Pierre-Pantaléon Resnier** (1759-1807), sénateur.

1808 :

✦ **Antoine-César de Choiseul,** duc de Praslin (1756-1808), sénateur.

✦ **Jean-Frédéric Perrégaux** (1744-1808), premier dirigeant de la Banque de France.

✦ **Jean-Pierre Firmin Malher,** comte Malher (1761-1808), général.

✦ **Pierre Jean Georges Cabanis** (1757-1808), médecin, poète et philosophe.

✦ **François Barthélemy Beguinot,** comte Beguinot (1757-1808), général.

1809 :

✦ **Girolamo-Luigi Durazzo,** comte Durazzo (1739-1809), dernier doge de Gênes qui se mit au service de Napoléon.

✦ **Jean-Baptiste Papin,** comte de Saint-Christau (1756-1809), juriste.

✦ **Joseph-Marie Vien,** comte Vien (1716-1809), premier peintre du roi en 1789, maître du peintre officiel de l'Empire, Jacques-Louis David.

✦ **Pierre Garnier de Laboissière,** comte de La Boissière (1755-1809), général et sénateur.

✦ **Justin Bonaventure Morard de Galles,** comte Morard de Galles (1761-1809), amiral, sénateur et comte d'Empire.

✦ **Jean-Pierre Sers,** comte Sers (1746-1809), armateur.

✦ **Emmanuel Crétet,** comte de Champmol (1747-1809), directeur des Ponts et Chaussées.

1810 :

✦ **Louis Charles Vincent Le Blond de Saint-Hilaire,** comte de Saint-Hilaire (1766-1809), général.

✦ **Jean Lannes,** duc de Montebello (1769-1809), maréchal d'Empire.

✦ **Giovanni Baptista,** cardinal Caprara, comte de Monte Cucolli, légat du pape à Paris.

✦ **Charles-Pierre Claret,** comte de Fleurieu de la Tourette (1738-1810), chefs des ports et arsenaux.

✦ **Jean-Baptiste Treilhard,** comte Treilhard (1742-1810), avocat et député de la Convention.

1811 :

✦ **Nicolas-Marie Songis des Courbons,** comte Songis des Courbons (1761-1810), général.

✦ **Charles Erskine de Kellie** (1739-1811), cardinal.

✦ **Alexandre-Antoine Hureau de Sénarmont,** comte de Sénarmont (1769-1810), baron d'Empire.

✦ **Michel Ordener,** comte Ordener (1755-1811), général qui s'illustra à la bataille d'Austerlitz.

✦ **Louis-Antoine de Bougainville,** comte de Bougainville (1729-1811), navigateur.

✦ **Ippolito-Antonio Vincenti-Mareri,** (1738-1811), cardinal.

1812 :

✦ **Jean-Guillaume de Winter,** comte de Huessen (1761-1812), amiral.

✦ **Jean-Marie-François Le Paige,** comte Dorsenne (1773-1812), général.

✦ **Gabriel Louis de Caulaincourt,** marquis de Caulaincourt (1741-1812), militaire.

1813 :

✦ **Joseph-Louis de Lagrange,** comte de Lagrange (1736-1813), mathématicien.

✦ **Jean-Ignace Jacqueminot,** comte de Ham (1758-1813), avocat.

✦ **Hyacinthe-Hughes Timoléon de Cossé,** comte de Brissac (1746-1813), chambellan de la mère de Napoléon Ier, maréchal de camp de Louis XVI rallié à l'Empire.

✦ **Joseph-Marie-François-Justin de Viry,** comte de Viry (1737-1813), sénateur.

✦ **Jean Rousseau,** comte Rousseau (1738-1813), homme politique.

✦ **Frédéric Henri Walther,** comte Walther (1761-1813), soldat qui s'illustra pendant les campagnes napoléoniennes.

1814 :

✦ **Jean-Nicolas Démeunier,** comte Démeunier (1751-1814), spécialiste des institutions, comte d'Empire.

✦ **Jean-Louis-Ébénézer Reynier,** comte Reynier (1771-1814), général.

✦ **Claude Ambroise Régnier,** duc de Massa di Carrara (1746-1814), juge.

1815 :

✦ **Claude-Juste-Alexandre Legrand,** comte Legrand (1762-1815), général.

✦ **Antoine-Jean-Marie Thévenard,** comte Thévenard (1733-1815), vice-amiral de la Révolution, sénateur et comte d'Empire.

1829 :

✦ **Jacques-Germain Soufflot** (1713-1780), premier architecte du Panthéon.

1885 :

✦ **Victor Hugo** (1802-1885), écrivain.

1889 :

✦ **Théophile Malo de la Tour d'Auvergne-Corret** (1743-1800), soldat.

✦ **Lazare-Nicolas-Marguerite Carnot,** comte Carnot (1753-1823), général et scientifique.

✦ **Jean-Baptiste Baudin** (1811-1851), député mort sur une barricade constituée par les républicains pour s'opposer au coup d'État de Louis Napoléon Bonaparte, futur Napoléon III.

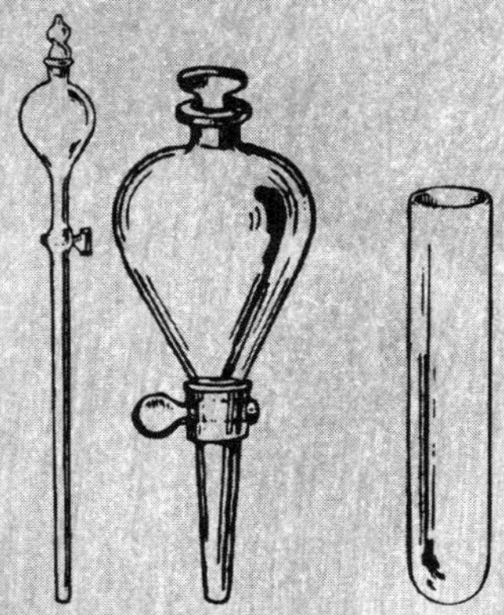

✦ **François-Séverin Marceau-Desgraviers, dit Marceau** (1769-1796), général de la République.

⁓ 1894 :

✦ **Sadi Carnot** (1837-1894), président de la République française de 1887 à 1894, assassiné à Lyon par un anarchiste.

⁓ 1907 :

✦ **Marcelin Berthelot** (1827-1907), chimiste et homme politique (« panthéonisé » avec son épouse, née Sophie Niaudet, décédée le même jour que lui).

⁓ 1908 :

✦ **Émile Zola** (1840-1902), écrivain.

⁓ 1920 :

✦ **Léon Gambetta** (1838-1882), homme politique républicain.

⁓ 1924 :

✦ **Jean Jaurès** (1859-1914), homme politique socialiste, assassiné à la veille de la Première Guerre mondiale.

⁓ 1933 :

✦ **Paul Painlevé** (1863-1933), mathématicien.

⁓ 1948 :

✦ **Paul Langevin** (1872-1946), physicien.

✦ **Jean Perrin** (1870-1942), physicien.

⁓ 1949 :

✦ **Adolphe Sylvestre Félix Éboué** (1894-1944), né à Cayenne, député de la France coloniale.

✦ **Victor Schœlcher** (1804-1893), homme politique, figure de la lutte pour l'abolition de l'esclavage. Pour respecter sa volonté, il fut inhumé avec son père, Marc Schœlcher.

⁓ 1952 :

✦ **Louis Braille** (1809-1852), professeur et inventeur de l'écriture pour les aveugles.

⁓ 1964 :

✦ **Jean Moulin** (1899-1943), chef combattant de la Résistance.

⁓ 1987 :

✦ **René Cassin** (1887-1976), juriste, résistant, prix Nobel de la paix.

1988 :

✦ **Jean Monnet** (1888-1979), père de l'idée d'une Union européenne.

1989 :

✦ **Henri Jean-Baptiste Grégoire,** dit l'abbé Grégoire (1750-1831), sénateur et comte d'Empire, partisan de l'abolition de l'esclavage.

✦ **Gaspard Monge,** comte de Péluse (1746-1818), mathématicien et fondateur de l'École polytechnique.

✦ **Marie Jean Antoine Nicolas de Caritat,** marquis de Condorcet (1743-1794), philosophe et mathématicien.

1995 :

✦ **Pierre Curie** (1859-1906) et **Marie Curie** (1867-1934), physiciens.

1996 :

✦ **André Malraux** (1901-1976), écrivain.

2002 :

✦ **Alexandre Dumas** (1802-1870), écrivain.

2014 :

• **Ensuite, à vous de compléter !**

•••

Peintres de la bamboche

Petit tableau (voire dessin ou gravure), une bambochade représente des scènes champêtres populaires, anecdotiques, burlesques, pittoresques, triviales, voire grotesques. Audacieuses à leur époque, ces œuvres empreintes d'intentions satiriques et polémiques exprimaient une exceptionnelle intensité expressive. Elles pouvaient par exemple représenter des scènes de beuveries, de dévergondages en tous genres ou de rixes de paysans.
Adriaen Brouwer (1605-1638), David Téniers dit le Jeune (1610-1690), Jan de Steen (1626-1679) et Adriaen Van Ostade (1610-1685) restent les maîtres incontestés d'un genre qui mérite incontestablement le détour pour tous les amoureux de la peinture réaliste.

À la recherche du temps perdu, l'œuvre romanesque de Marcel Proust (1871-1922), se compose de sept parties publiées entre 1913 et 1927 : *Du côté de chez Swann* (1913), *À l'ombre des jeunes filles en fleurs* (1919), *le Côté de Guermantes* (2 volumes, 1920-1921), *Sodome et Gomorrhe* (2 volumes, 1921-1922), *la Prisonnière* (posthume, 1923), *Albertine disparue* (posthume, 1925), et *le Temps retrouvé* (posthume, 1927). Cette somme romanesque représente près de 3 500 pages en collection de poche.

Mouvement littéraire et artistique, le surréalisme *fut théorisé en 1924 par le poète français André Breton (1896-1966). Issu d'une rupture avec le mouvement Dada en 1922, le surréalisme s'oppose aux valeurs esthétisantes et diaboliquement morales de la civilisation occidentale. Il prône la prédominance de l'inconscient et du rêve dans tout acte créatif. À l'origine un projet purement littéraire, le surréalisme gagnera également la peinture, la sculpture, la photographie et le cinéma.*

Le « concentrisme »

Après des études au Trinity College de Dublin, Samuel Beckett (1906-1989) enseigne quelque temps à Belfast, au Campbell College. Le futur auteur de la célèbre pièce En attendant Godot *(1952) sera ensuite nommé lecteur d'anglais à l'École normale supérieure de Paris. Puis il fera un nouveau détour vers le Trinity College de Dublin (1930), mais, cette fois-ci, comme professeur.*
L'insoutenable pédantisme qui prévaut alors dans le monde universitaire du Trinity College exaspère Beckett. Un jour, pour tromper son ennui, il prépare un merveilleux canular destiné aux adhérents de la Modern Language Society de Dublin. Sur un ton solennel, ce long jeune homme au visage anguleux et au regard bleu clair lit à un auditoire pénétré de suffisance son étude consacrée au « concentrisme », une soi-disant école littéraire du sud-ouest de la France fondée par Jean de Chas.
Samuel Beckett s'amusera longtemps d'avoir ainsi berné un parterre de pédants qui crurent dur comme fer à l'existence du génial Jean de Chas et à son « concentrisme ».

En mettant en scène Hercule Poirot et Miss Marple, la romancière britannique Agatha Christie (1891-1976) a créé des livres au suspens sans faille qui ont séduit les lecteurs du monde entier. Avec le Crime de l'Orient-Express *(1934),* Dix Petits Nègres *(1939) reste l'un de ses plus étincelants succès. La source de l'intrigue de ce livre figure dans une chanson anglaise écrite en 1869 par Frank Green – une chanson elle-même adaptée d'un texte américain :* Ten Little Indians.

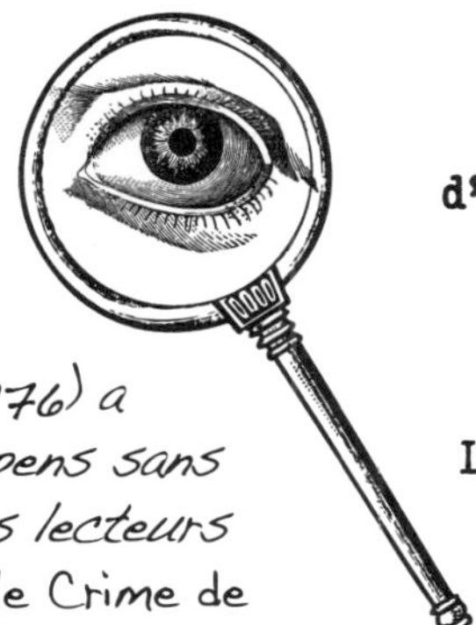

Le premier recueil de poèmes d'André Breton (l'un des « pères » du surréalisme) paraît en 1919 et s'intitule ***Mont de piété***. Avec Philippe Soupault (1897-1990) et Louis Aragon (1897-1982), il fonde la revue *Littérature* (1919). *Les Champs magnétiques*, le premier recueil surréaliste, paraît en 1920 sous la signature de Breton et Soupault et est rédigé selon le procédé de l'écriture automatique, une méthode créative qui explore le potentiel des états hypnotiques.

Fondé en 1917, le prix Pulitzer se compose d'une vingtaine de récompenses décernées chaque année à des journalistes, écrivains et compositeurs de musique, et il couronne de multiples disciplines (reportage, photographie de presse, dessin humoristique, commentaire radio et télé, enquête, roman, critique, théâtre, poésie, etc.). Ces prix furent créés par le journaliste américain d'origine hongroise Joseph Pulitzer (1847-1911), patron du *New York World*, un journal réputé pour la qualité de ses reportages et pour ses croisades contre la corruption.

Le sens de la dérision

L*a première pièce de Marcel Achard (1899-1974),* la Messe est dite *(1923), fut un vrai échec. Mais, la même année, il rencontra le succès avec* Voulez-vous jouer avec moâ ? *Une telle situation se répétera souvent tout au long de la carrière du dramaturge. Mais sans jamais l'affecter, car Marcel Achard possédait un sens ô combien développé de la dérision qu'il s'appliquait à lui-même.*

Écrivain prolifique, il a produit de véritables triomphes populaires : Jean de la Lune *(1929),* Domino *(1932, avec Louis Jouvet),* Patate *(1954, avec Pierre Dux) et* l'Idiote *(1960, avec Annie Girardot). Mais il a connu aussi de nombreux échecs sans conséquence sur sa carrière et dont il savait s'amuser. Il se disait d'ailleurs très agacé par tous ses obséquieux admirateurs qui affirmaient : « Maître, je ne rate jamais l'une de vos pièces. » Aussi avait-il mis au point cette implacable réplique : « Moi, si ! »*

Mais le dramaturge n'épargnait pas non plus les directeurs de théâtres : « Ils se croient intelligents quand une pièce a du succès. En revanche, si c'est un four, ils disent que le public est idiot. »

Le jeune Marcel quitta Lyon pour la capitale à l'âge de dix-huit ans. D'abord représentant en papier carbone pour machines à écrire, il devint journaliste à l'Œuvre, *puis se lança dans l'écriture de pièces et devint le maître incontesté du théâtre dit « de boulevard ». Reçu par Marcel Pagnol, il entra à l'Académie française le 3 décembre 1959.*

> Romancière britannique spécialisée dans la littérature pour enfants et auteur de la série *le Club des Cinq (The Famous Five)*, Enid Mary Blyton (1897-1968) a aussi écrit *le Clan des Sept (The Secret Seven)*. Connus dans le monde entier, ses romans ont été traduits en 44 langues et se sont vendus à plus de 400 millions d'exemplaires.

Les Hussards

Romancier français qui s'attacha à peindre le couple et la vie conjugale, Jacques Chardonne (1884-1968), de son vrai nom Jacques Boutelleau, a publié un roman intitulé l'Épithalame *(1921). Écrivain elliptique et allusif passionné par l'œuvre de Tolstoï, il a produit des livres au charme suranné que ne semble pas toucher la modernité littéraire du* XX*e siècle. Proche de l'occupant pendant la Seconde Guerre mondiale, il rêvait d'une Europe nouvelle. Arrêté et détenu à la Libération, il ne fut pas jugé.*
Jacques Chardonne entretint une copieuse correspondance avec Roger Nimier et Paul Morand et s'imposera comme l'une des principales références de la génération des Hussards.
Dans les années 1950, ce mouvement rassemblait de manière informelle de jeunes écrivains opposés au conformisme idéologique et esthétique de l'après-guerre qui s'opposaient tout particulièrement au marxisme et à l'existentialisme sartrien. Parmi eux : Antoine Blondin, Michel Déon, Bernard Frank, Jacques Laurent, Roger Nimier, François Nourissier, Claude Roy, Roger Vailland. De gauche comme de droite, les Hussards affichaient une sorte d'anarchisme désenchanté, détaché, dédaigneux et provocateur.

Dans la plupart de ses romans, John Steinbeck (1902-1968) exalte le courage et l'humanité des petits fermiers broyés par l'impitoyable système capitaliste générateur de la dépression économique des années trente. L'écrivain américain développe notamment ce thème avec brio dans *les Raisins de la colère* (1939). Prix Pulitzer en 1940, cette œuvre bouleversante et réaliste est devenue un classique de la littérature américaine. Le roman fut porté à l'écran (1940) par John Ford (1895-1973).

Chasse aux sorcières

Dans sa pièce intitulée les Sorcières de Salem *(1953), le dramaturge américain* Arthur Miller *(1915-2005) avait pris soin de donner à son texte l'aspect d'une évocation des procès en sorcellerie survenus à Salem à la fin du* XVIIe *siècle. En fait, son texte dénonce les activités répressives du sénateur* Joseph Raymond McCarthy *(1908-1957), l'instigateur des campagnes dirigées au début des années cinquante contre les partisans du communisme. Une répression connue sous le nom de maccarthysme, mais aussi appelée « chasse aux sorcières ». Arthur Miller fut condamné pour outrage au Congrès (1956) par la Commission des activités antiaméricaines et cette sanction ne sera annulée qu'après de longs démêlés avec la justice.*

Encore étudiant à l'université du Michigan (1938), Arthur Miller remporte un premier prix littéraire pour sa comédie l'Herbe pousse toujours. *Son œuvre majeure,* Mort d'un commis voyageur *(1949), lui vaudra le prix Pulitzer. Cette pièce relate l'histoire tragique d'un homme ordinaire ruiné par la crise, un portrait qui évoque l'image de son propre père.*

Parmi ses autres pièces figurent : Vu du pont *(1955) ;* Après la chute *(1964), qui évoque sa vie commune avec sa seconde épouse, Marilyn Monroe ;* Incident à Vichy *(1964) ;* le Plafond de l'archevêque *(1977). Il a aussi écrit de nombreux scénarios dont celui du film* les Désaxés *(1961), réalisé par John Huston.*

Ray Charles perd la vue à l'âge de six ans. Chanteur, pianiste, organiste, chef d'orchestre et compositeur de jazz américain, Ray Charles Robinson, dit Ray Charles (1930-2004), séduit un vaste public (Noirs, Blancs, rockers et amateurs de jazz, de blues, de country ou de gospel, et de surcroît toutes générations confondues). Le public français découvre cet artiste hors normes au festival de Juan-les-Pins (juillet 1961) et fait un véritable triomphe à celui que l'on va surnommer The Genius (« le génie ») ou Brother Ray (« frère Ray »).

Poète au langage foisonnant et ample, Saint-John Perse *s'engage dans la carrière diplomatique en 1914. De son vrai nom Alexis Léger (1887-1975), il devient secrétaire d'ambassade en Chine, puis directeur de cabinet d'Aristide Briand (entre 1925 et 1932), et enfin secrétaire général du ministère des Affaires étrangères de 1933 à 1940. Déchu de la citoyenneté française et démis de ses fonctions par le gouvernement de Vichy, il s'exile aux États-Unis et ne rentre en France qu'en 1957. Saint-John Perse côtoya Paul Claudel, Valery Larbaud et André Gide.*

Copies pas conformes !

Considéré comme le plus grand paysagiste français du XIXe siècle, Jean-Baptiste Camille Corot (1796-1875) annonce l'impressionnisme. Mais il a aussi réalisé de nombreux portraits et nus féminins.

L'artiste connaît la consécration à partir de 1855. Et ce succès tardif lui vaut d'avoir décroché un véritable record : il reste le peintre le plus copié à travers le monde. De surcroît, des historiens de l'art affirment qu'il acceptait volontiers de signer de sa main (et de son nom !) des pastiches par pure générosité. Une boutade circule d'ailleurs toujours chez les collectionneurs : « Corot a peint deux mille toiles… dont dix mille se trouvent aux États-Unis ! »

Fils d'un drapier parisien, Corot s'engage dans la voie de la peinture à l'âge de 26 ans, notamment aux côtés de paysagistes comme Achille Etna Michallon et Jean-Victor Bertin. Dès 1828, il sera l'un des premiers artistes français à peindre ses tableaux en plein air. Ses toiles expriment alors une remarquable qualité lumineuse soutenue par un sens de la composition hérité de l'enseignement académique.

Unanimement salué par la critique, Corot commence à vendre ses tableaux vers 1845. Mais il lui faudra attendre encore une dizaine d'années pour devenir une véritable star. Ville-d'Avray *et* Souvenir de Mortefontaine *(1864) restent les deux exemples emblématiques de sa patte. Il a aussi produit des paysages à sujet mythologique, comme* Matinée, une danse des nymphes *(1860).*

Un aventurier sulfureux

Fils d'horloger, Pierre Augustin Caron (1732-1799) épouse la veuve d'un membre de la maison du roi et devient professeur de harpe des filles de Louis XV. En 1761, l'achat d'une charge l'anoblit et lui permet de prendre le nom de Beaumarchais.
Le Barbier de Séville ou la précaution inutile *lui apporte la célébrité en 1775. Et la gloire vient en 1784 avec* le Mariage de Figaro ou la Folle Journée, *une pièce subversive et visionnaire qui, par sa liberté de ton, nargue le pouvoir et annonce de grands bouleversements. À la veille de la Révolution, l'œuvre de Beaumarchais apparaît comme un plaidoyer en faveur du tiers état. Aventurier sulfureux d'extraction modeste impliqué dans des affaires financières inextricables et dans des complots réels, secrets ou imaginaires parfois noués au plus haut étage de l'État, Beaumarchais hésitera toute sa vie entre ses aspirations aristocratiques et la défense des droits du peuple. Considéré comme suspect puis comme émigré (en raison de ses nombreux voyages), il devra s'exiler à Hambourg jusqu'en 1796.*
Par ailleurs, il s'attachera à protéger les droits de ses confrères dramaturges en créant la Société des auteurs et compositeurs dramatiques dès 1777.

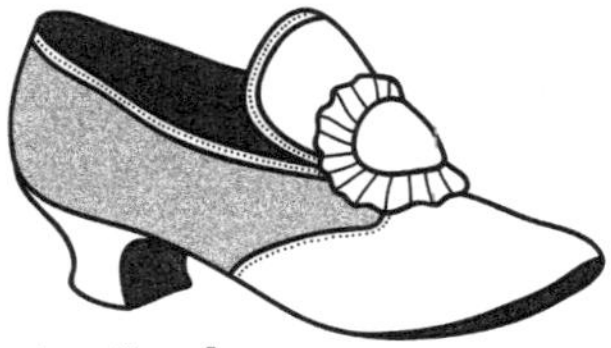

Cendrillon apparaît en 1697 sous les traits du personnage principal d'un conte de fées de Charles Perrault (1628-1703) intitulé *Cendrillon ou la Petite Pantoufle de verre.* Il existe d'autres versions de ce conte, notamment celle des frères Jacob (1785-1863) et Wilhelm (1786-1859) Grimm. En 1950, Walt Disney a adapté le thème de ce conte en dessin animé.

Acteur américain d'origine irlando-mexicaine, Anthony Quinn (1915-2001) obtient un oscar du second rôle pour une prestation de neuf minutes dans la Vie passionnée de Vincent Van Gogh (Lust for Life, *1956) de Vincente Minnelli où il incarne le peintre Paul Gauguin. Antony Quinn avait déjà obtenu un oscar du second rôle pour sa composition dans* Viva Zapata! *(1952) d'Elia Kazan.*

Quelques pseudonymes célèbres

Le pseudonyme permet de préserver l'anonymat de son patronyme en utilisant un nom d'emprunt pour exercer une activité publique. En cela il diffère fondamentalement du surnom. En effet, ce dernier est attribué avec une pointe d'ironie (ou d'affection) par l'environnement de la personne ainsi désignée. En revanche, le pseudonyme est choisi par la personne qui décide de changer de nom. Par souci de discrétion, nous excluons volontairement de la liste toute personnalité encore en activité à la date d'impression du présent ouvrage ! Par ailleurs, ces listes ne sont bien évidemment pas exhaustives.

Cinéma-Spectacle :

Arletty (1898-1992)
› Arlette-Léonie Bathiat

Fred Astaire (1899-1987)
› Frederick Austerlitz

Barbara (1930-1977)
› Monique Serf

Gilbert Bécaud (1927-2001)
› François Silly

Bourvil (1917-1970)
› André Raimbourg

Pierre Brasseur (1903-1972)
› Pierre-Albert Espinasse

Richard Burton (1925-1984)
› Richard Jenkins

Ray Charles (1932-2004)
› Ray Robinson

René Clair (1898-1981)
› René Chomette

Pierre Dac (1893-1975)
› André Isaac

Fernandel (1903-1971)
› Fernand Constandin

John Ford (1894-1973)
› Sean Aloysius O'Fearna

Pierre Fresnay (1897-1975)
› Pierre-Jules Laudenbach

Jean Gabin (1904-1976)
› Jean-Alexis Moncorgé

Greta Garbo (1905-1990)
› Greta Gustafsson

Judy Garland (1922-1969)
› Frances Gumm

Cary Grant (1904-1976)
› Archibald Alexander Leach

Jean Harlow (1911-1937)
› Harlean Carpenter

Rita Hayworth (1918-1987)
› Margarita Cansino

Laurel et Hardy :
- ✦ Stan Laurel (1890-1965) : Arthur Stanley Jefferson
- ✦ Oliver Hardy (1892-1957) : Oliver Norvel

Marylin Monroe (1926-1962)
› Norma Jean Baker

Yves Montand (1921-1991)
› Ivo Livi

Édith Piaf (1915-1963)
› Édith Gassion

Raimu (1883-1946)
› Jules Muraire

Romy Schneider (1938-1982)
› Rosemarie Albach-Retty

Simone Signoret (1921-1985)
› Simone Kaminker

John Wayne (1907-1979)
› Marion Morrison

Littérature :

Alain (1868-1951)
› Émile-Auguste Chartier

Guillaume Apollinaire (1880-1918)
› Wilhelm Apollinaris de Kostrowitzky

Émile Ajar et Romain Gary (1914-1980)
› Romain Kacew

Alain-Fournier (1886-1914)
› Henri Alban Fournier

Beaumarchais (1732-1799)
› Pierre Augustin Caron

Henri Brulard / Stendhal (1783-1842)
› Henri Beyle

Truman Capote (1924-1984)
› Truman Streckfus Persons

Céline (1894-1961)
› Louis-Ferdinand Destouches

Blaise Cendrars (1887-1961)
› Frédéric Sauser

Jacques Chardonne (1884-1968)
› Jacques Boutelleau

Agatha Christie (1890-1976)
› Mary Miller

Courteline (1858-1929)
› Georges Moinaux

Marguerite Duras (1914-1996)
› Marguerite Donnadieu

Paul Éluard (1895-1952)
› Eugène Grindel

Hergé (1907-1983)
› Rémi Georges (il a opté pour un pseudonyme phonétique en utilisant ses initiales : R.G.)

André Maurois (1885-1967)
› Émile Herzog

Molière (1622-1673)
› Jean-Baptiste Poquelin

Montesquieu (1689-1755)
› Charles de Secondat

Gérard de Nerval (1808-1855)
› Gérard Labrunie

O. Henri (1862-1910)
› William Porter

George Orwell (1903-1950)
› Eric Blair

Restif de la Bretonne (1734-1806)
› Nicolas Restif

Rivarol (1753-1801)
› Antoine Rivaroli

Françoise Sagan (1935-2004)
› Françoise Quoirez

Saki (1870-1916)
› Hector Munro

Saint-John Perse (1887-1975)
› Alexis Léger

George Sand (1804-1876)
› Aurore Dupin

Comtesse de Ségur (1799-1874)
› Sophie Rostopchine

Madame de Staël (1766-1817)
› Germaine Necker

Stendhal (1783-1842)
› Henri Beyle

Vernon Sullivan (1920-1959)
› Boris Vian

Henri Troyat (1911-2007)
› Lev Tarassov

Vauvenargues (1715-1747)
› Luc de Clapiers

François Villon (1431-1463)
› François de Montcorbier

Voltaire (1694-1778)
› François Marie Arouet

Marguerite Yourcenar (1903-1987)
› Marguerite de Crayencour

Tennessee Williams (1911-1983)
› Thomas Lanier Williams

Divers :

L'abbé Pierre (1912-2007)
› Henri Grouès

Le Corbusier (1887-1965)
› Charles-Édouard Jeanneret

Lénine (1870-1924)
› Vladimir Ilitch Oulianov

Mata Hari (1876-1917)
› Margaretha Zelle

Picasso (1881-1973)
› Pablo Ruiz y Picasso

Staline (1879-1953)
› Iossif Vissarionovitch Djougachvili

Charles de Talleyrand (1754-1838)
› Charles-Maurice de Talleyrand-Périgord

Léon Trotski (1879-1940)
› Lev Davidovitch Bronstein

Andy Warhol (1928-1987)
› Andrew Warhola

N.B. : en gras, le pseudonyme suivi des noms et des prénoms véritables

Roman-fleuve

Composé par Honoré d'Urfé (1567-1625) et publié de 1607 à 1627, l'Astrée *fait figure de premier roman-fleuve de la littérature. Parfois appelé le roman des romans, cet ouvrage de plus de 5 000 pages s'impose comme une œuvre majeure du* XVIIe *siècle et a connu un succès considérable dans l'Europe entière.*

Marguerite de Valois (1553-1615), dite « la reine Margot », a inspiré Honoré d'Urfé pour la création du personnage de Galathée dans l'Astrée. *Une sorte de mythe se construira au* XIXe *siècle autour de la vie romancée de cette reine, essentiellement à cause d'Alexandre Dumas (1802-1870) qui publie en 1845 un roman et une pièce de théâtre intitulés* la Reine Margot. *Dès lors se forge une espèce de personnage légendaire dont certaines particularités proviennent des calomnies que véhicula en son temps Théodore Agrippa d'Aubigné (1552-1630).*

Ennemi juré de Marguerite de Valois, mais ami d'Henri IV, ce talentueux poète baroque protestant a largement contribué à ternir l'image de la reine, notamment dans le Divorce satyrique. *Quand son œuvre a connu un regain d'intérêt auprès des romantiques du* XIXe, *l'épouse d'Henri IV en fera donc les frais. Toutefois, dans la dernière décennie du* XXe *siècle, maints historiens ont clairement démontré qu'il convient de ne pas confondre Marguerite de Valois avec la légendaire reine Margot.*

“

Doté d'un charme irrésistible, Arsène Lupin, le héros des romans de Maurice Leblanc (1864-1941), incarne un gentleman-voleur ingénieux, galant, subtil et élégant qui agit toujours en redingote et chapeau haut-de-forme. Il ne vole que les riches et ne tue jamais. La saga comprend de nombreux titres : *l'Aiguille creuse* (1909), *le Bouchon de cristal* (1912), *le Triangle d'or* (1917), *la Comtesse de Cagliostro* (1924)…
Ses aventures ont été adaptées au cinéma et en feuilletons de télévision.

De son vrai nom Aurore Dupin, George Sand (1804-1876) publie son premier roman, Indiana, en 1832. Habillée en homme, cigare aux lèvres, elle entretient des liaisons passionnées avec le poète Alfred de Musset, puis avec le musicien Frédéric Chopin. Elle publie alors la Mare au diable (1846), François le Champi (1847-1848) et la Petite Fadette (1849), des œuvres qui peignent la vie paysanne et la nature. En 1848, elle se rallie aux idéaux socialistes.

Prince de la Renaissance italienne surnommé « Laurent le Magnifique », Laurent de Médicis (1449-1492) a gouverné la République de Florence de 1469 à 1492, une ville considérée alors comme une république indépendante (sorte de cité-État) à l'instar de Milan ou de Venise. Protecteur des arts et des lettres, Laurent le Magnifique a notamment attiré à sa cour Sandro Botticelli ou Michel-Ange.

Un justicier au grand cœur

Héros légendaire, Robin des bois apparaît dans les ballades anglaises du XIVe *siècle. Il vit dans la forêt de Sherwood (comté de Nottingham) ou dans les bois de Barnsdale (comté de York) et organise la révolte contre le prince Jean, le futur Jean sans Terre (1167-1216), qui opprime les Saxons en l'absence de son frère le roi Richard Cœur de Lion (1159-1199) parti à la troisième croisade. Hors-la-loi et justicier populaire, il suscite l'enthousiasme car il donne aux pauvres ce qu'il vole aux riches. Robin des bois a inspiré de nombreuses œuvres littéraires, notamment* Ivanhoé *(1819) de Walter Scott, mais aussi des films comme* Robin des bois *(1922), avec Douglas Fairbanks, ou encore* les Aventures de Robin des bois *(1938), avec Errol Flynn. Sans oublier le dessin animé de Walt Disney (1974).*

Alfred Jarry (1873-1907) a donné corps à la pataphysique, la science « potachique » des solutions imaginaires, dans un livre intitulé Gestes et opinions du docteur Faustroll, pataphysicien, roman néoscientifique (1911). La pataphysique sera à l'origine de la création du Collège de pataphysique (1948), une société de recherches savantes et inutiles. Alfred Jarry est aussi l'auteur d'Ubu roi, une satire présentée pour la première fois au théâtre de l'Œuvre en 1896. Cette pièce en cinq actes reste le texte fondateur du théâtre d'avant-garde du XXe siècle et influencera nombre de dramaturges comme Antonin Artaud, Eugène Ionesco ou Roland Dubillard.

Les marguerites françaises

L'art qui consiste à écrire un discours met en œuvre de multiples éléments liés à l'utilisation de nombreuses figures de styles qui sont à notre disposition dans la langue française (telles que les euphémisme, litote, métaphore, oxymore, etc.). Reste aussi la richesse du vocabulaire, le sens du rythme, la maîtrise de la structure et beaucoup d'autres choses encore qui relèvent à la fois de l'intuition, du travail ou du talent.

Pour aider les apprentis séducteurs qui s'évertuaient à composer de modestes lignes destinées à leurs éphémères conquêtes, un ouvrage publié au XVIe siècle rassemblait quelques exemples qui permettaient de faire illusion l'espace d'une soirée. Ce livre à succès fut désigné sous le sobriquet de Marguerites françaises *– en référence aux fleurs de rhétorique qui ne sont que des propos doucereux.*

Un siècle plus tard, ces célèbres « marguerites » paraissent bien fanées aux oreilles des nouveaux pédants du temps qui les considèrent, à juste titre d'ailleurs, comme totalement démodées, voire maladroites ou banales. Affublées d'une forte connotation à la fois péjorative et ironique, nos Marguerites françaises *n'ont alors plus comme objectif que de ridiculiser tous ceux qui osent encore utiliser cet ouvrage obsolète.*

Poète, romancier et dramaturge français du XIXe siècle, Victor Hugo *(1802-1885) reste le maître du drame romantique. Fils d'un général de Napoléon Ier, il sera d'abord catholique et monarchiste avant de soutenir la cause républicaine, luttant avec ferveur pour une société plus juste et plus égalitaire. Adversaire de Napoléon III, il connaît l'exil pendant dix-neuf ans et regagne la France en 1870. À sa mort, il est inhumé au Panthéon. Victor Hugo a notamment écrit* Notre-Dame de Paris *(1831)*, Ruy Blas *(1838)*, les Châtiments *(1853)*, les Contemplations *(1856)*, la Légende des siècles *(1859-1883) et* les Misérables *(1862)*.

L'Oulipo

Mouvement littéraire fondé en 1960 au sein du Collège de pataphysique, l'Oulipo (Ouvroir de littérature potentielle) est créé à l'initiative du mathématicien François Le Lionnais et de l'écrivain Raymond Queneau.

L'Oulipo considère que des contraintes formelles arbitraires peuvent potentiellement générer la création littéraire. La Disparition *(1969) reste le livre le plus célèbre de ce mouvement. Ce roman de Georges Perec est élaboré à partir de la contrainte du lipogramme (le texte n'utilise jamais le « e », la voyelle la plus fréquente de la langue française). Mais il faut aussi citer :* Cent Mille Milliards de poèmes *(1961) de Raymond Queneau ;* Trente et un au cube *(1973) de Jacques Roubaud ;* la Vie mode d'emploi *(1978), encore de Georges Perec ;* Si par une nuit d'hiver un voyageur *(1979) d'Italo Calvino.*

Notons que le vieux mot « ouvroir » (du XIIe siècle) désigne la pièce d'un couvent dans laquelle une communauté de femmes se rassemble pour réaliser des travaux d'aiguille. Dans un sens plus large, il s'agit d'un atelier à caractère confessionnel où des personnes bénévoles effectuent des tâches au profit d'une œuvre de charité. Dans son acception première, il définit un atelier, un lieu ou plusieurs personnes travaillent ensemble.

Poète damné

Poète, conteur et critique littéraire américain, Edgar Allan Poe (1809-1849) dépeint un univers étrange et morbide dans ses célèbres Histoires extraordinaires. *Il accède à la notoriété grâce à ses contes qui paraissent dans des revues, mais surtout, grâce à son poème intitulé* le Corbeau (The Raven, *1845). Tourmenté et alcoolique, il meurt dans des circonstances mystérieuses.*
Les contes d'Edgar Poe explorent la frontière qui sépare la raison de la folie. Ses personnages peuvent basculer à tout moment dans un précipice à la suite de faits étranges ou surnaturels. Cette approche fait de lui l'un des précurseurs de la littérature fantastique.
En outre, ses récits policiers qui mettent en scène un détective ingénieux et infaillible ont contribué à populariser un genre alors méconnu. Son œuvre sera traduite en France par Charles Baudelaire (1821-1867).
Poe a aussi publié de violentes critiques qui lui vaudront l'hostilité de l'establishment littéraire qui refuse de reconnaître son talent. Après la mort de son épouse (1847) frappée par la tuberculose, il se retire dans une espèce de retraite misérable. Le déclin moral et physique et des abus de toutes sortes le conduisent à la déchéance. Retrouvé inconscient au matin du 7 octobre 1849 à la porte d'une taverne de Baltimore, Poe aurait succombé à une crise de delirium tremens, *rejoignant ainsi la cohorte des poètes damnés.*

Tragi-comédie en cinq actes et en vers, *le Cid* fut créé au Théâtre du Marais, à Paris (janvier 1637). Il s'agit de la neuvièm[e] pièce de Pierre Corneil[le] (1606-1684) qui en écrivit une trentaine, parmi lesquelles *Horace* (1640), *Cinna* (1641), *Polyeucte* (1642) et *Rodogune* (1644). *Le Cid* connut un triomphe populaire immédiat, mais nombre de ses confrères jaloux reprochèrent à Corneill[e] de ne pas avoir respect[é] « l'idéal classique » e[t] notamment les règles de la vraisemblance, de la bienséance et des trois unités (action, temps, lieu[)]. Une polémique bien connue sous le nom de « querelle du Cid ».

Le philosophe Henri Bergson (1859-1941), ancien élève de l'École normale supérieure (dans la même promotion que Jean Jaurès), agrégé de philosophie (1881), professeur à l'École normale supérieure puis au Collège de France, ne publia qu'un seul ouvrage pendant les vingt dernières années de sa vie: *les Deux Sources de la morale et de la religion* (1932). Il reçut le prix Nobel de littérature en 1927.

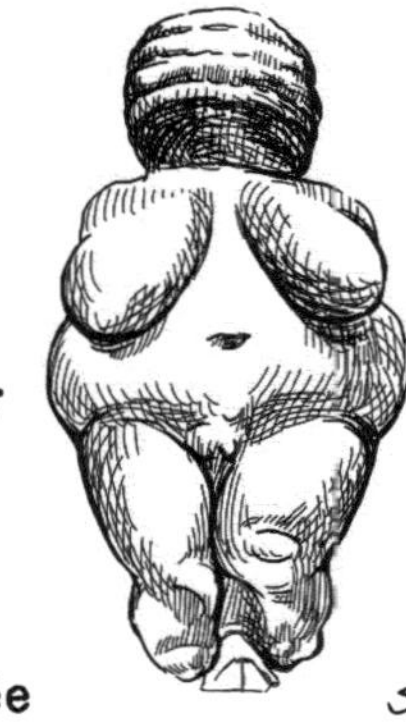

La *Vénus de Galgenberg* représente un corps de femme schématisé qui semble effectuer un pas de danse. Taillée dans de la serpentine (une roche de couleur verte composée de silicate de magnésium), elle mesure un peu plus de sept centimètres de haut et date d'il y a environ 30 000 ans. Mise au jour en 1988 sur le site autrichien de Galgenberg, cette statuette reste l'un des chefs-d'œuvre sculptés les plus représentatifs de l'art des chasseurs-cueilleurs du paléolithique — avec, bien sûr, la *Vénus de Willendorf* (vers 26 000), mais aussi la *Dame de Brassempouy*, dite aussi « Dame à la capuche » (vers 21 000).

Le mouvement littéraire allemand Sturm und Drang (« Tempête et assaut ») privilégie l'émotion, la spontanéité, l'individualité et la nature. Entre 1765 et 1785, il s'oppose au triomphe de l'esprit et de la raison que prône le siècle des Lumières. Friedrich Maximilian von Klinger (1752-1831) fut l'un des écrivains les plus prolifiques de ce mouvement qui doit son nom à sa pièce éponyme. Johann Wolfgang von Goethe (1749-1832), Jakob Michael Reinhold Lenz (1751-1792), Karl Philipp Moritz, (1756-1793) et Friedrich von Schiller (1759-1805) restent les auteurs emblématiques du Sturm und Drang.

Après le big-bang

Pour terminer ce livre, une chronologie commentée s'impose car c'est à la fois une manière de rassembler les éléments épars, à la fois ludiques et rigoureux, qui galopent tout au long de l'ouvrage, et une façon de compléter la section consacrée à l'Univers. En effet, se situer dans le temps et dans l'espace doit se vivre comme un premier pas vers la connaissance et comme l'apprentissage d'une future sagesse.

13,7 MILLIARDS D'ANNÉES

✦ Le big-bang donne naissance à l'univers. Cette déflagration primordiale provoque une libération d'énergie et de matière gigantesque. La physique actuelle ne dispose pas de théories capables d'appréhender ces notions de densité d'énergie et de température.

✦ La théorie du big-bang fut élaborée dans les années 1940 par le physicien américain d'origine russe George Gamow (1904-1968).

10^{-43} SECONDE APRÈS LE BIG-BANG

C'est l'ère (ou temps) de Planck – du nom du physicien allemand, Max Planck (1858-1947). Avant ce seuil fatidique du temps de Planck, les quatre forces fondamentales de la nature (qui sont : l'interaction gravitationnelle, la force électromagnétique et les forces nucléaires forte et faible) ne sont pas distinctes comme elles le sont aujourd'hui. Elles sont à ce moment précis unifiées en une seule interaction essentielle (une superforce aussi appelée « gravité quantique »).

À ce stade de l'évolution, la matière n'existe pas. Ici, l'Univers possède un diamètre de 10^{-33} cm et sa température avoisine les 10^{32} degrés Kelvin [1].

---

[1] - Une nanoseconde équivaut à un milliardième de seconde, soit dix puissance moins neuf (10^{-9}), c'est-à-dire une seconde divisée par un milliard, dix puissance neuf (10^{9}). De la même façon, un milliardième de centimètre s'écrit 10^{-9} centimètre.

- Le Kelvin est l'unité de mesure de la température du système international d'unité. Dans cette échelle de température, le zéro correspond au zéro absolu. Si cette unité est très utilisée par les physiciens et les scientifiques, dans la vie quotidienne, nous utilisons plutôt le degré Celsius où le zéro correspond à la température à laquelle l'eau gèle (0 °C). Le symbole (abréviation) de l'unité Kelvin est « K ».

Une température de 0 °C (Celsius) correspond à une température de 273,15 K (Kelvins) et une température de 0 K correspond au zéro absolu, soit environ -273,15 °C. Une différence d'un Kelvin est égale à une différence d'un degré Celsius. Pour passer d'une unité à l'autre, il suffit d'ajouter ou de soustraire la valeur de 273,15.

10^{-43} À 10^{-35} SECONDE APRÈS LE BIG-BANG

La superforce se scinde en deux: gravitation et force électronucléaire. Cette dernière (décrite par la théorie de la grande unification) regroupe l'interaction forte et l'interaction électrofaible. Cette période a pris le nom de « grande unification ».

10^{-35} À 10^{-32} SECONDE APRÈS LE BIG-BANG

✦ La température chute et atteint alors 10^{28} degrés Kelvin. La force électronucléaire se scinde à son tour en interaction forte et en interaction électrofaible (interaction faible et interaction électromagnétique sont réunies). Avec la gravitation, l'Univers compte donc maintenant trois forces distinctes.

✦ L'énergie libérée imprime à l'Univers une expansion exceptionnelle appelée « période d'inflation ». Pendant cette phase très brève (de 10^{-35} à 10^{-32} seconde), le volume de l'Univers se développe de façon considérable (d'un facteur 10^{40}). Dans les 13 milliards d'années qui vont suivre, son volume n'augmentera que d'un facteur 10^{9}.

10^{-32} À 10^{-12} SECONDE APRÈS LE BIG-BANG

À 10^{-32} seconde, l'Univers (qui deviendra un ensemble composé de centaines de milliards de galaxies que nous connaissons aujourd'hui) possède la taille d'une orange. C'est la fin de la période dite « d'inflation ». Sa température avoisine les 10^{25} degrés Kelvin. Surgissent alors les premières particules de quarks(2) et d'antiquarks. Cette création de matière et d'antimatière engendre un équilibre entre ces deux composantes rivales.

L'Univers ressemble alors à une espèce de « soupe » de quarks et d'antiquarks en perpétuelle matérialisation-annihilation. Mais si ce processus était resté symétrique, la matière n'aurait jamais vu le jour. Or, pour chaque création d'un milliard d'antiquarks, il se crée un milliard et un quarks. Cette rupture, sur la base

(2) *Les quarks sont les plus petits éléments de la matière. Ces particules élémentaires entreront dans la composition des protons et des neutrons, particules dont l'assemblage formera un noyau d'atome.*

d'un rapport de un pour un milliard, engendre un petit quark qui sera à l'origine de la création de la matière.

10^{-12} à 10^{-6} seconde après le big-bang

L'Univers continue de se refroidir. Il ressemble à une sphère dont le diamètre avoisine les 300 millions de kilomètres. Pendant cette période, l'interaction électrofaible se décompose à son tour en interaction faible et interaction électromagnétique. À cet instant précis, nous sommes donc en présence des quatre interactions fondamentales de l'Univers, celles que nous connaissons toujours actuellement. Enfin, les leptons, ces particules élémentaires uniquement soumises aux interactions faibles, apparaissent.

10^{-6} à 10^{-4} seconde après le big-bang

L'Univers s'étend sur environ 10 milliards de kilomètres, ce qui correspond à la taille de notre actuel système solaire. Les hadrons, qui se composent de deux classes, apparaissent : d'une part, les baryons, des particules lourdes (protons et neutrons) ; d'autre part, les mésons, des particules légères (pion et kaon). À la fin de cette phase hadronique, les antiquarks disparaissent. Seuls survivent quelques protons et neutrons qui constituent l'unique matière de l'Univers.

De 10^{-4} à une seconde après le big-bang

L'Univers ressemble alors à une énorme masse de plasma brûlant composé de hadrons et de leptons isolés. La température atteint dix milliards de degrés.

1 seconde à trois minutes après le big-bang

La température chute à un million de degrés. Protons et neutrons peuvent alors s'associer de façon durable. Il s'agit là de la nucléosynthèse primordiale. Les premiers noyaux d'hydrogène et d'hélium voient le jour. La matière de l'Univers se compose alors de 75 % de noyaux d'hydrogène et de 25 % de noyaux d'hélium. Mais il y a aussi quelques traces infimes de lithium. À cet instant, les électrons[3] sont toujours libres. Les photons émis alors sont absorbés par les particules du milieu ambiant.

Des trois minutes à 300 000 années après le big-bang

✦ Après un début tonitruant, l'évolution de l'Univers va adopter

[3] *Électrons et neutrinos appartiennent à la famille des leptons. Rappelons que les électrons gravitent autour des noyaux d'atome. Le neutrino est quant à lui une particule fondamentale électriquement neutre et de masse non-nulle.*

un rythme plus serein. Le dernier événement majeur de cette période se produit vers 300 000 années après le big-bang. La température chute à 3 000°.

✦ Finalement, dans ces nouvelles conditions de température et de densité, les électrons sont captés par les noyaux pour donner naissance à des ensembles stables : les premiers atomes d'hydrogène et d'hélium.

✦ Par ailleurs, la création de ces atomes s'accompagne du découplage entre les photons et la matière. Les photons cessent d'interagir avec la matière et peuvent traverser sans obstacle un Univers devenu en quelque sorte transparent. S'ensuit un scénario complexe.

Des fluctuations de température et de densité sont alors à l'origine de la formation des structures de l'Univers. Des zones plus denses vont attirer la matière, puis engendrer des réactions nucléaires. Ainsi vont se créer galaxies, étoiles, trous noirs, etc. Et, au sein de notre Galaxie[4] (la Voie lactée), le système solaire.

12 milliards d'années

Dans le déroulement de cette chronologie, nous passons maintenant en temps absolu. Il faut donc désormais comprendre : « il y a » 12 milliards d'années. Notre Galaxie se forme.

4,6 milliards d'années

La formation de la Terre commence par une phase d'accrétion (c'est-à-dire une agglomération de poussières minérales, puis de planètes miniatures).

Vers 4,55 milliards d'années

L'atmosphère terrestre se crée. Vers 4 milliards d'années, la composition de l'atmosphère est la suivante : azote (65 %), gaz carbonique (31 %), hydrogène sulfuré (3 %), argon (0,93 %), ainsi que du chlore, de l'oxyde de carbone, du méthane et de l'ammoniac.

Vers 4,5 milliards d'années

✦ La Lune, qui serait due à la collision entre un gros astéroïde (de la taille de la planète Mars) et la Terre, se forme.

✦ La Terre subit un processus de différenciation chimique. Les alliages et les sulfures de fer fondus migrent vers le centre de la planète pour former son noyau métallique composé de fer et de nickel. Les silicates et les oxydes (plus légers) donnent naissance au manteau. La première croûte solide apparaît.

Vers 3,8 milliards d'années

✦ Premières traces de vie avec l'apparition de bactéries primitives : les procaryotes[5], qui se développent dans les océans. Il s'agit ici d'organismes unicellulaires (formés

[4] Il existe aussi dans notre Galaxie des planètes extrasolaires (aussi appelées « exoplanètes ») qui gravitent autour d'étoiles et forment ainsi des exosystèmes comparables à notre système solaire. Notre Galaxie contient environ 300 milliards d'étoiles.

d'une cellule unique) dépourvus de noyau. Leur matériel génétique (chromosome unique) « flotte » librement dans le cytoplasme[6]. Les procaryotes se reproduisent par scissiparité, autrement dit de façon asexuée, par division cellulaire : le matériel génétique est dupliqué, la bactérie s'allonge, se contracte en son milieu et, enfin, se divise. Deux cellules filles identiques à la cellule mère se forment.

Entre 3 et 2,5 milliards d'années

✦ L'existence d'oxygène dans les océans est attestée par le développement des stromatolithes, des structures sédimentaires qui se forment dans les eaux peu profondes (sur des centaines de kilomètres et sur des épaisseurs gigantesques) sous l'action d'organismes microscopiques. Parmi ces organismes figurent les cyanobactéries qui joueront donc un rôle essentiel dans le développement de la vie, puisqu'elles seront à l'origine de la production de l'oxygène qui s'échappera dans l'atmosphère de notre planète vers 1,9 milliard d'années.

Vers un 1,7 milliard d'années

Les eucaryotes apparaissent. À la différence des procaryotes, les eucaryotes possèdent un noyau cellulaire qui contient le matériel génétique organisé en chromosomes. Ce noyau est délimité par une membrane. Les cellules des végétaux, des champignons et des animaux sont des eucaryotes. Des fossiles d'eucaryotes ont été découverts à Richat, en Mauritanie.

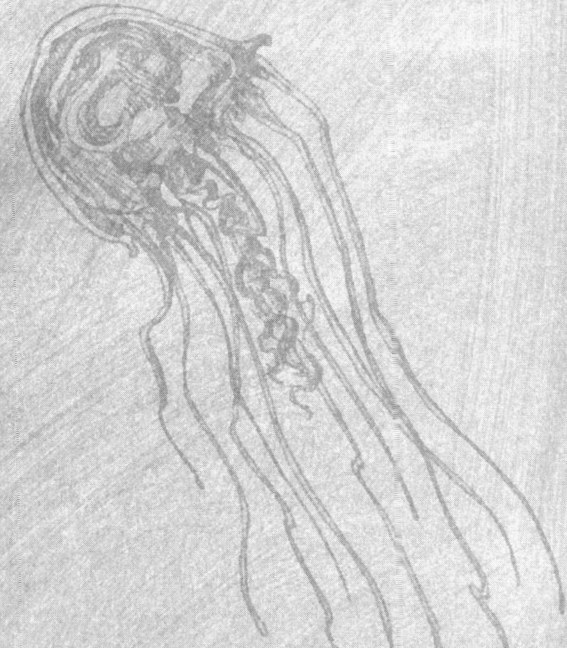

[5] Les organismes à structure procaryote se divisent en deux groupes : d'un côté, les archéobactéries ; de l'autre, les eubactéries. Ces deux groupes diffèrent par leur constitution génétique et par la structure de certains de leurs composants cellulaires. Par exemple, les archéobactéries actuelles vivent dans des conditions extrêmes de température ou de salinité. Parmi les eubactéries figurent les cyanobactéries, qui pratiquent la photosynthèse (utilisation de la lumière comme source première d'énergie pour fabriquer des sucres) et dégagent de l'oxygène.

[6] Le cytoplasme désigne le contenu d'une cellule vivante.

Vers 700 millions d'années

✦ Les masses continentales de la planète s'agglutinent en un premier supercontinent appelé « Rodinia ».

✦ Les algues et les champignons se développent.

Vers 650 millions d'années

Rodinia commence à se fragmenter en cinq à six masses qui se dispersent et partent à la dérive.

Vers 570 millions d'années

La vie explose dans les océans. Il s'agit alors d'animaux marins à corps mous dépourvus de squelette, qui vivaient au bord des plages sableuses ou dans les étendues d'eau peu profonde proches du rivage. Les premiers vrais fossiles connus des débuts de cette vie animale pluricellulaire ont été découverts en 1946 à Ediacara (Australie). Ce gisement montre des fossiles d'éponges, de méduses, de coraux mous et de vers annelés. Il existe à travers le monde (Afrique du Sud, Sibérie, Europe du Nord-Ouest, Canada, Terre-Neuve) une trentaine de sites renfermant des animaux comparables (appelés « édiacariens »).

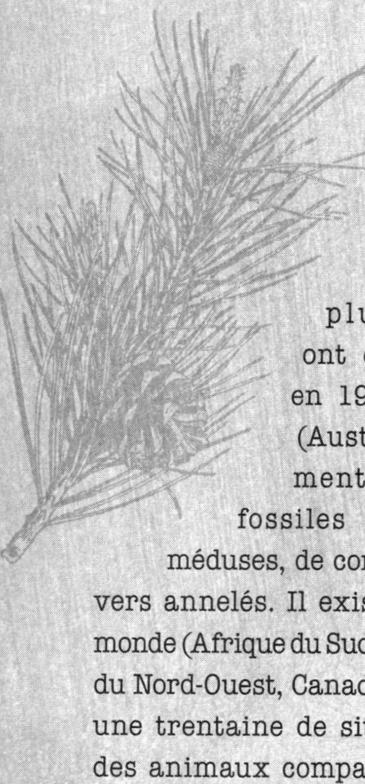

Entre environ 540 et 500 millions d'années

C'est la période du Cambrien. Le climat est chaud. La vie, confinée dans les mers, connaît le développement exceptionnel d'invertébrés possédant des coquilles (gastéropodes, brachiopodes, céphalopodes) ou des carapaces (arthropodes), qui apparaissent et se diversifient. Les animaux qui caractérisent le Cambrien sont des arthropodes appelés « trilobites ». Les chordés, ancêtres des vertébrés, voient également le jour.

Vers 500 millions d'années

✦ Les masses continentales amorcent un mouvement de convergence qui se terminera vers 250 millions d'années pour former un nouveau « méga continent » unique appelé « Pangée ».

✦ Les vertébrés primitifs apparaissent, notamment des poissons sans mâchoire (agnathes) dont la partie antérieure du corps est couverte d'une carapace osseuse.

Vers 440 millions d'années

✦ Les myriapodes (mille-pattes) sont les premiers animaux terrestres. Ils appartiennent à la famille des arthropodes (un groupe des invertébrés possédant un squelette externe et des appendices articulés), comme les crustacés ou les insectes.

✦ Premières mousses, premiers végétaux (plantes dépourvues de racines et possédant des feuilles sans nervure conductrice de sève) et premiers insectes sans aile.

Vers 375 millions d'années

✦ La vie envahit la Terre avec les premiers tétrapodes (sortes d'intermédiaires entre la salamandre moderne et le poisson), comme l'ichtyostéga qui symbolise le début d'une colonisation durable de la terre ferme par les vertébrés. Ses premiers fossiles ont été découverts au Groënland en 1929. L'ichtyostéga ressemble donc à une grosse salamandre d'environ 90 centimètres de long. Il vivait dans l'eau et n'en sortait qu'occasionnellement.

✦ Les forêts de fougères se développent.

355 millions d'années

C'est le début de la période carbonifère qui se terminera à 295 millions d'années. Le Carbonifère sera marqué par un intense déploiement de la vie terrestre et par le développement de vastes forêts marécageuses. Les arthropodes (insectes, araignées, scorpions) pullulent et les amphibiens se multiplient. La fin de cette période est marquée par une glaciation.

330 millions d'années

L'œuf amniotique, plus résistant que celui des amphibiens, apparaît. Une coquille protège l'embryon qui se développe dans un liquide dit « amniotique ». Les premiers amniotes vont donc pondre leurs œufs sur la terre ferme. Ils se répartiront en deux grandes lignées : d'un côté, les anapsides, ancêtres des « vrais » reptiles, d'où sont issus les dinosaures puis les oiseaux ; de l'autre, les synapsides, ancêtres des reptiles mammaliens qui donneront naissance aux mammifères. La tortue d'aujourd'hui reste la seule représentante des anapsides. Le plus ancien amniote connu est un reptile (westlothiana) découvert en Écosse.

Entre 300 et 200 millions d'années

Les premières plantes à graines, des conifères, éclosent.

Entre 290 et 250 millions d'années

Les grandes masses continentales du globe entrent en collision et forment alors un seul et unique continent qui s'étend pratiquement d'un pôle à l'autre de la planète : la Pangée.

250 millions d'années

Fin du Permien (295-250 millions d'années), la dernière période de l'ère primaire (paléozoïque) : 80 % des espèces animales et végétales s'éteignent. Vont ainsi disparaître 90 % de la faune marine et 70 % des espèces terrestres (reptiles, insectes, grands groupes de végétaux). La formation de la Pangée (création d'un supercontinent unique) a forcément joué un rôle considérable dans cette extinction massive des espèces : disparition des mers épicontinentales chaudes, concurrence écologique entre flores et faunes originaires de masses continentales distinctes, énormes amplitudes des températures, changements climatiques considérables, etc. Certains avancent également l'hypothèse d'une collision d'un astéroïde avec la Terre.

Entre 250 et 200 millions d'années

La Pangée commence à se fracturer en deux sous-ensembles distincts : au nord, la Laurasie (Amérique du Nord, Europe et Asie) ; au sud, le Gondwana (Amérique du Sud, Afrique, Australie et Antarctique). Ces deux supercontinents sont alors séparés par une vaste mer, la Téthys.

245 millions d'années

✦ L'ère secondaire (Mésozoïque) débute – elle se terminera à 65 millions d'années. C'est l'époque des reptiles, des dinosaures, des mammifères, des oiseaux et des plantes à fleurs, une période qui s'achèvera par une nouvelle extinction massive d'espèces.

✦ Premiers reptiles marins carnivores (les ichthyosaures). Il s'agit de redoutables nageurs et plongeurs (au long museau et au corps d'une dizaine de mètres de long comparable à celui d'un dauphin).

230 millions d'années

Les premiers dinosaures apparaissent. Leurs plus anciens fossiles ont tous été découverts en Amérique du Sud (Argentine et sud du Brésil). Ils sont bipèdes, carnivores, agiles et bons coureurs et mesurent entre 3 et 6 m de long. Leurs caractéristiques laissent à supposer qu'ils étaient très proches d'un ancêtre commun à tous les dinosaures et qu'ils auraient vu le jour avant la séparation entre les saurischiens (les dinosaures à bassin de reptile) et les ornithischiens (les dinosaures à bassin d'oiseau).

220 millions d'années

✦ Des mammifères font leur apparition et sont les probables descendants des reptiles mammaliens, à savoir : les thérapsides herbivores (Lystrosaurus) ou carnivores (dimétrodon) apparus il y a 290 à 270 millions d'années. On considère les thérapsides carnivores (cynodontes) comme les véritables ancêtres des mammifères. Ainsi, le Cynognathus (vers 230 millions d'années) était-il un féroce prédateur doté de puissantes mâchoires. Pour sa part, l'Oligokyphus, un reptile mammalien de la taille du furet, survivra jusque vers 200 millions d'années.

✦ Vers 220 millions d'années, les premiers ptérosaures se présentent, des reptiles volants qui s'éteindront vers 65 millions d'années, en même temps que les dinosaures. L'envergure de ces derniers spécimens atteignait une dizaine de mètres.

203 millions d'années

C'est le début de la période du Jurassique, qui se terminera à 135 millions d'années et qui se caractérise par une étonnante uniformité des faunes et des flores. Le climat est alors chaud et sec.

Entre 200 et 140 millions d'années

La séparation de la Laurasie et du Gondwana s'accentue. Dans l'hémisphère sud, la rupture entre l'Amérique du Sud et l'Afrique commence – une ouverture qui se confirmera définitivement vers 100 millions d'années. L'Inde entame une longue dérive vers le nord. Environ 150 millions d'années plus tard, il en résultera une collision avec la Laurasie qui provoquera la formation de l'Himalaya.

163 millions d'années

Le compsognathus, un petit dinosaure saurischien (bassin de reptile), vivra en Europe jusqu'à 144 millions d'années. Il ressemblait à un gros poulet. Carnivore bipède apte à la course, il se nourrissait d'insectes, de lézards et de petits mammifères. Ses pattes antérieures, plus courtes, possédaient trois doigts préhensiles. Le compsognathus avait une petite tête et des mâchoires pourvues de dents triangulaires.
L'allosaure, un grand dinosaure saurischien, bipède et carnivore, vivra lui jusqu'à 97 millions d'années.
Il mesurait une dizaine de mètres de long, quatre mètres de haut, pesait trois tonnes et possédait une très longue queue charnue, de robustes membres postérieurs, de très courtes pattes antérieures et une énorme tête.

160 millions d'années

Le brontosaure, un gigantesque dinosaure saurischien (au bassin de reptile), quadrupède et herbivore, vivra jusqu'à 144 millions d'années. Il possédait un corps massif et un très long cou mince, mesurait plus de vingt mètres de long, plus de quatre mètres de haut et pesait une trentaine de tonnes !

155 millions d'années

✦ Le stégosaure, un dinosaure ornithischien (bassin d'oiseau),

quadrupède et herbivore, vivra en Amérique du Nord jusqu'à 140 millions d'années. Il mesurait sept à neuf mètres de long, pesait trois tonnes et possédait deux étranges rangées de plaques osseuses triangulaires hérissées le long de son dos (qui servaient probablement à réguler sa température corporelle).

✦ Le diplodocus, un énorme dinosaure saurischien (bassin de reptile), quadrupède et herbivore au très long cou, vivra en Amérique du Nord jusqu'à 145 millions d'années. Moins massif que son cousin brontosaure, il mesurait plus de trente mètres de long et pesait une quinzaine de tonnes.

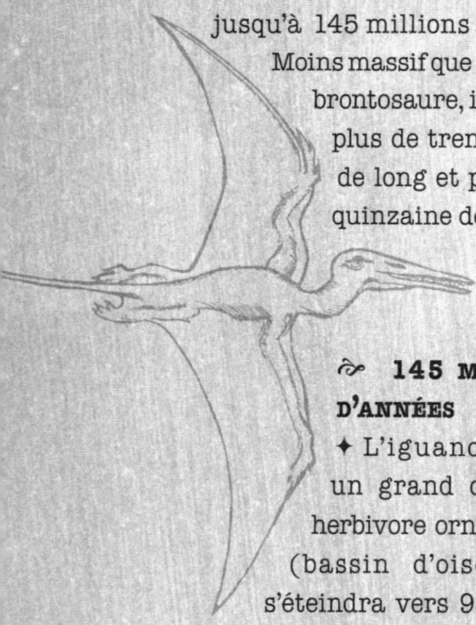

145 MILLIONS D'ANNÉES

✦ L'iguanodon est un grand dinosaure herbivore ornithischien (bassin d'oiseau) qui s'éteindra vers 95 millions d'années. Il mesurait environ huit mètres de long pour un poids de quatre tonnes. Dressé sur ses pattes postérieures, il culminait à plus de quatre mètres de haut.

✦ Le brachiosaure est un dinosaure saurischien (bassin de reptile) qui s'éteindra vers 110 millions d'années. Herbivore quadrupède, il atteignait plus de 20 mètres de long, plus de 10 mètres de haut et pesait plus de 80 tonnes ! Ses pattes antérieures étaient légèrement plus longues que ses pattes postérieures, et il possédait un très long cou au port vertical, comme celui de la girafe.

140 MILLIONS D'ANNÉES

Le premier oiseau, l'archéoptéryx, est un probable descendant des dinosaures carnivores. Il avait la taille d'un gros pigeon. Arboricole et grimpeur, il était capable de vol plané et occasionnellement de vol battu. Il possédait des dents et un corps entièrement recouvert de plumes. Ses caractéristiques témoignent du lien évolutif direct reliant les dinosaures aux oiseaux.

135 MILLIONS D'ANNÉES

La période du Crétacé débute pour s'achever à 65 millions d'années.

130 MILLIONS D'ANNÉES

Les premières plantes à fleurs et à fruits (palmiers, magnolias, peupliers, chênes, etc.) éclosent. La condensation des organes reproducteurs et stériles aboutit à la formation de la fleur et l'insertion des ovules, puis des graines, dans un organe complètement clos, à celle du fruit.

VERS 100 MILLIONS D'ANNÉES

L'Amérique du Sud et l'Afrique se séparent franchement, ainsi que l'Amérique du Nord et l'Eurasie. Les plantes à fleurs et à fruits se diversifient. Les hadrosaures, des dinosaures herbivores ornithischiens (bassin d'oiseau), apparaissent et s'éteindront vers 65 millions d'années. Bipèdes, ils mesuraient une dizaine de mètres et pouvaient peser cinq tonnes.

85 MILLIONS D'ANNÉES

Le velociraptor, un dinosaure saurischien (bassin de reptile) carnivore, vivra en Asie pendant seulement cinq millions d'années. Ce féroce prédateur bipède, rapide et agile, mesurait un peu plus d'un mètre de haut et près de deux mètres de long. Il ressemblait à un petit deinonychus qui vécut en Amérique du Nord entre 115 et 100 millions d'années.

Pour l'anecdote, les dinosaures qui sèment la terreur dans le film de Steven Spielberg intitulé *Jurassic Park* (1993) sont présentés comme des velociraptors. Toutefois, leurs caractéristiques ressemblent davantage à celles des deinonychus.

68 MILLIONS D'ANNÉES

✦ Le tricératops, un dinosaure ornithischien (bassin d'oiseau) quadrupède et herbivore, mesurait dix mètres de long pour un poids de six tonnes. Son crâne possédait trois cornes. Une épaisse collerette osseuse protégeait sa nuque et constituait une arme précieuse qui l'aidait à combattre le tyrannosaure.

✦ Le tyrannosaure, un dinosaure saurischien (bassin de reptile) bipède d'une bonne dizaine de mètres de long, pesait de quatre à dix tonnes. Redoutable carnivore aux puissantes mâchoires (dents de quinze centimètres), il s'attaquait volontiers aux gros herbivores de l'époque (notamment le tricératops). Il s'agit probablement du plus gros carnivore terrestre.

65 MILLIONS D'ANNÉES

✦ C'est la fin de l'ère secondaire (Mésozoïque) et de la période du Crétacé. L'ère tertiaire commence.

✦ Les ptérosaures (reptiles volants), les ichtyosaures (reptiles marins) et les dinosaures se sont éteints. Ce phénomène est dû à une grave crise biologique qui se produit à cette époque-là et qui entraîne la disparition de 75 % de la faune et de la flore, tant terrestres que marines.

Pour expliquer cette extinction massive, les scientifiques avancent la survenue de deux événements majeurs : d'une part, la chute sur la Terre d'un astéroïde d'une bonne dizaine de kilomètres de diamètre (sa trace a été découverte au Mexique) ; d'autre part, la production de gigantesques éruptions volcaniques. Ces deux phénomènes auraient alors propulsé dans l'air d'énormes quantités de poussières, de cendres et de roches en fusion avec pour conséquence, un assombrissement du ciel pendant plusieurs mois, donc une chute brutale et importante de la température et l'impossibilité pour de nombreuses plantes de pratiquer la photosynthèse.

Vers 58 millions d'années

Les tout premiers primates apparaissent. Un fossile (une douzaine de dents !) appelé *Altiatlasius* a été découvert au Maroc. Les primates se répandent à partir de 55 millions d'années en Europe et en Asie.

Entre 53 et 34 millions d'années

✦ Il s'agit de la période de l'Éocène, marquée par la prolifération et la diversification des mammifères placentaires. Le climat connaît alors un refroidissement général.

✦ L'Amérique du Sud, l'Australie et l'Antarctique se séparent. Ces grands blocs continueront de « migrer » pendant une vingtaine de millions d'années. En Australie, les marsupiaux dominent les placentaires, tandis que l'évolution inverse se produit sur les autres continents.

Vers 30 millions d'années

L'*Aegyptopithecus*, un quadrupède végétarien, est doté d'une excellente acuité visuelle. Le premier fossile découvert (en 1966) en Égypte (dans la région de Fayoum) date de 29 millions d'années. L'*Aegyptopithecus* possède les caractéristiques des singes « modernes », mais ne mesurait vraisemblablement que 25 centimètres. Sa denture de 32 dents possède des similitudes avec celle des hominidés.

Vers 20 millions d'années

Le proconsul (probablement le premier singe sans queue) est un quadrupède arboricole qui vivait dans les forêts du Kenya. Ancêtre commun de la lignée humaine et de celle des grands singes (chimpanzé, gorille, orang-outang), il a engendré de nombreux descendants en Afrique, en Europe et en Asie. Ceux d'Afrique sont les ancêtres de l'espèce humaine, du chimpanzé et du gorille ; ceux d'Asie sont les ancêtres de l'orang-outang et ceux d'Europe ont disparu sans descendance. Le premier fossile d'un proconsul découvert au Kenya (1933) date d'environ 16 millions d'années. Sa taille variait entre 1,15 et 1,40 mètre.

15 millions d'années

La branche des orangs-outangs (pongidés asiatiques) se sépare de celle des autres primates.

13 millions d'années

Le *Pierolapithecus catalaunicus* (un singe hominoïde) naît. Premier fossile découvert en novembre 2004 en Espagne, il est mis au jour près de Barcelone. Il vivait avant la séparation de la lignée des hylobatidés (gibbons) de celle des hominidés (gorille, chimpanzé, bonobo et homme) et serait donc le dernier ancêtre commun aux grands singes et à la lignée humaine.

Entre 9 et 8 millions d'années

Les grands singes se séparent probablement de la lignée humaine.

7 millions d'années

Sahelanthropus tchadensis, plus connu sous le nom de « Toumaï », est un primate proche de l'ancêtre commun aux chimpanzés et à la lignée humaine est antérieur d'environ trois millions d'années aux plus anciens australopithèques. Découvert au Tchad, en 2001, Toumaï est à ce jour le plus ancien hominidé appartenant au rameau humain et non à celui des chimpanzés ou gorilles. Il se caractérise par sa probable bipédie et sa taille qui varie entre 1,10 et 1,25 mètre.

6 millions d'années

L'*Orrorin tugeninsis* apparaît. Découvert en 2000, ce bipède avait sensiblement la même taille que Toumaï.

4,2 à 3,9 millions d'années

L'*Australopithecus anamensis* est une espèce fossile d'australopithèque découvert au Kenya. Tous Africains, les australopithèques mesuraient entre 1,10 et 1,40 mètre de haut. Leur capacité crânienne était trois fois inférieure à celle de l'homme moderne. Bipèdes, mais capables de grimper aux arbres avec agilité, ils utilisaient des « outils » primitifs non fabriqués (cailloux ou branches). Parmi les australopithèques figure vraisemblablement l'ancêtre direct du premier homme (*Homo habilis*). Les derniers se sont éteints il y a 2,5 millions d'années.

4,1 à 2,9 millions d'années

L'*Australopithecus afarensis* vit à cette période. Lucy, le premier fossile (une jeune femme d'environ 20 ans), découvert en Éthiopie (1974), est le plus célèbre d'entre eux et se caractérise par sa bipédie quasi permanente.

3,5 à 3 millions d'années

Communément appelé « Abel », l'*Australopithecus bahrelghazali* a été découvert en 1995 au Tchad.

2,4 à 1,6 million d'années

L'*Homo habilis* apparaît. Le premier fossile est découvert en 1961 au nord de la Tanzanie (dans les gorges d'Olduvai). Plutôt petit (1,30 à 1,40 mètre) et frêle (30 à 40 kg), il disposait d'une bonne aptitude à grimper aux arbres.

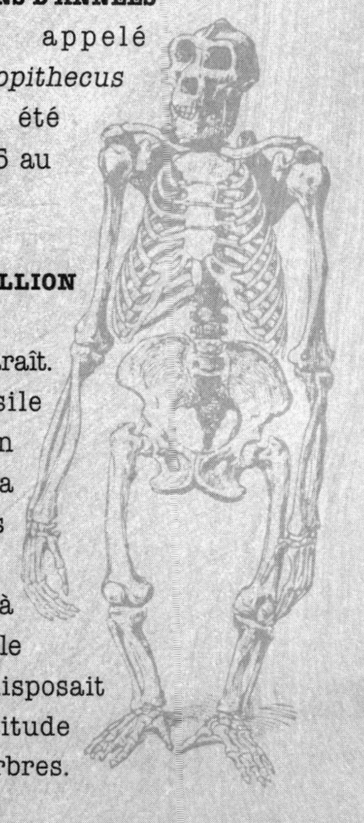

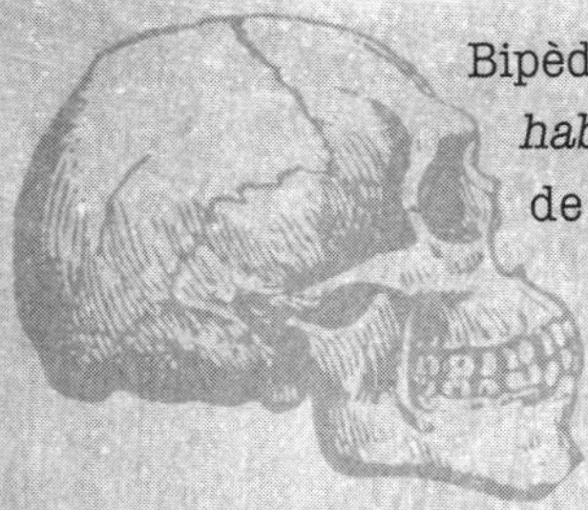

Bipède et omnivore, l'*Homo habilis* mangeait beaucoup de viande. Il chassait les petits singes et les antilopes, mais consommait aussi la viande abandonnée par les fauves sur les carcasses de leurs proies.

En 1972, un fossile très proche, l'*Homo rudolfensis*, qui possède une capacité crânienne supérieure à celle de l'*Homo habilis*, est mis à jour. Ces deux hominidés ont vécu à la même époque. *Homo habilis* est considéré comme le prédécesseur des espèces ultérieures d'*Homo*: *Homo ergaster* et *Homo erectus* – il n'est toutefois pas exclu que ces espèces soient en réalité descendues d'*Homo rudolfensis*. *Homo habilis* est, avec *Homo rudolfensis*, le premier représentant connu du genre *Homo*. Ses fossiles ont été trouvés en Afrique de l'Est et en Afrique du Sud. On a longtemps pensé qu'il était le premier hominidé à être capable de fabriquer (et non plus simplement d'utiliser) des outils, mais il apparaît aujourd'hui que les paranthropes (« australopithèques robustes ») le pouvaient également et que *Homo habilis* n'était pas plus habile qu'eux à cet exercice.

Entre 2,6 et 2,3 millions d'années

On retrouve à cette période les premières traces d'outils de pierre taillée, les choppers, des galets anguleux à bord tranchant, en Éthiopie et en Tanzanie.

2 à 1 million d'années

L'*Homo ergaster* vivait en Afrique et dans le sud de l'Europe. Sa taille était de 1,55 à 1,70 mètre. Découvert en 1984, il avait une capacité crânienne supérieure à celle d'*Homo habilis*. Pour certains scientifiques, *Homo ergaster* est un ancêtre d'*Homo erectus*. Pour d'autres, il s'agit d'un rameau distinct qui s'est éteint sans descendance.

1,7 million à 500 000 années

Probable descendant d'*Homo habilis*, l'*Homo erectus* (l'« homme dressé ») apparaît en Afrique de l'Est. Son cerveau est beaucoup plus gros que celui de l'*Homo habilis* et il mesure 1,70 mètre. Il y a 1,5 million d'années, il colonisait un territoire allant de l'Europe méridionale à la Chine. L'*Homo erectus* d'Europe a évolué pour donner l'homme de Neandertal, tandis que celui d'Afrique serait l'ancêtre de l'homme moderne (l'*Homo sapiens*).

1,6 million à 300 000 années

Le biface (un outil de pierre taillée) arrive en Afrique. Certains sont notamment développés par la civilisation acheuléenne apparue en Afrique de l'Est et en Afrique du Sud. La taille fine de la pierre sur deux faces opposées s'installera en Europe, en Inde et au Proche-Orient (500 000 ans).

Vers 400 000 ans

Le feu est maîtrisé. Les hominidés savent donc désormais créer et entretenir un foyer au gré de leurs besoins domestiques. Il s'agit là d'un instant fondamental dans l'histoire de l'humanité. Le feu entraîne le développement d'une vie sociale réellement structurée. Ainsi, l'*Homo erectus* s'éclaire pour entrer dans les cavernes, se chauffe pour résister aux rigueurs de l'hiver, s'aventure dans les territoires plus froids de certains continents. De surcroît, le feu modifie radicalement la façon de s'alimenter puisque l'*Homo erectus* peut désormais cuire ses aliments.

240 000 à 32 000 ans

Originaire d'Eurasie, la civilisation moustérienne (la principale civilisation du Paléolithique moyen) s'étend sur toute l'Europe. Les plus anciennes sépultures connues sont moustériennes.

Vers 200 000 à 30 000 ans

L'homme de Neandertal est le probable descendant des *Homo erectus* installés en Europe et au Proche-Orient. S'il était plus petit (environ 1,55 mètre) que son contemporain l'*Homo sapiens*, qui n'est ni son ancêtre ni son descendant puisqu'il s'agit de deux espèces bien distinctes, son cerveau était plus volumineux que celui de l'homme moderne. Très habile pour tailler la pierre, il fabriquait une grande variété d'armes et d'outils (pointes, grattoirs, tranchoirs, haches, etc.). Il fut le premier hominidé à enterrer ses morts avec soin (début des croyances, des rituels religieux et des pratiques superstitieuses). On sait aussi qu'il était volontiers cannibale.

Après avoir occupé la majeure partie de l'Eurasie occidentale, les hommes de Neandertal ont commencé à devenir plus rares quand l'homme moderne (*Homo sapiens*) est arrivé en Europe, il y a environ 40 000 ans. Ils disparaissent sans descendance vers 30 000 ans.

En l'état actuel des connaissances, certains affirment que Néandertalien et *Homo sapiens* sont des espèces distinctes tandis que d'autres penchent plutôt pour une nuance des deux sous-espèces.

Vers 160 000 ans

L'*Homo sapiens* est le probable descendant de l'*Homo erectus* africain. Il y a environ 100 000 ans, il quitte le continent africain pour le Proche-Orient et l'Asie et entre en Europe il y a 40 000 à 50 000 ans (homme de Cro-Magnon). Il s'installera ensuite progressivement dans le monde entier. L'homme de Cro-Magnon est lui un représentant de la branche des *Homo sapiens*. Daté de 35 000 ans, le premier fossile fut découvert en 1868 aux Eyzies (Dordogne).

Vers 100 000 à 12 000 ans

Descendant de l'*Homo erectus*, l'*Homo floresiensis* (ou « homme de Flores ») mesurait environ un mètre et était donc beaucoup plus petit que les autres hominidés de l'époque. Le premier fossile fut mis au jour en 2003 dans l'île de Flores (à l'est de Java, en Indonésie). Cette population fut détruite à la suite d'une possible éruption volcanique.

La capacité crânienne de l'*Homo floresiensis* pose problème car elle s'approche plutôt de celle du chimpanzé que de celle de l'*Homo sapiens*. En conséquence, certains paléontologues affirment que l'homme de Flores serait un *Homo sapiens* souffrant de microcéphalie (un cerveau trop petit pour être normal) et qu'il ne s'agirait donc pas d'une nouvelle espèce.

102 000 ans

L'*Homo sapiens* inhumait certains de ses morts, ainsi qu'en témoignent les plus anciennes sépultures découvertes à Qafzeh et Skhül (aujourd'hui en Israël) et à Qena (en Égypte). En France, la plus ancienne sépulture se situe sur le site de La Ferrassie, en Dordogne ; elle ne date que de 40 000 ans. Mais il s'agit ici de Néandertaliens. Une autre tombe de Néandertaliens a été découverte à Shanidar, au Kurdistan irakien (50 000 ans).

44 000 ans

La première habitation (de type moustérienne) est construite avec des ossements de mammouth. Découverte à Molodova (en Ukraine), elle formait un ovale d'environ 10 m sur 7 m. Quinze foyers étaient répartis à l'intérieur et à la périphérie de cette structure.

43 000 à 22 000 ans

La civilisation aurignacienne (la première grande civilisation européenne) apparaît dans les Balkans. Elle concevait et utilisait des armes et des outils en lames de silex, en os, bois de renne et ivoire.

43 000 ans

Le plus ancien instrument de musique (une flûte percée de quatre trous taillée dans le fémur d'un jeune ours) fut découvert en 1995 dans l'ouest de la Slovénie (dans la grotte de Divje Babe, un site occupé par des Néandertaliens).

42 000 ans

Premiers témoignages d'art rupestre en Australie : des gravures figurant des empreintes de kangourous et d'oiseaux, des motifs circulaires, en croissant, linéaires et serpentiformes.

Vers 40 000 ans

Premières œuvres d'art : des figurines et/ou des objets gravés (en pierre, corne, os ou ivoire).

36 000 à 32 000 ans

La civilisation châtelperronienne s'installe en Europe. Connue essentiellement en France et dans le

Nord de l'Espagne, elle a été développée par des Néandertaliens. Les habitations sont construites en pierres et en défenses de mammouth (comme à Arcy-sur-Cure, dans l'Yonne).

Vers 35000 ans

✦ L'expression artistique se développe en Europe, notamment sur le site de Geissenklösterle (en Allemagne) : statuettes animales en ivoire, bison sculpté en bas-relief, statuettes de mammouths, tête de félin etc.

✦ Des avancées fondamentales ont lieu dans la fabrication des outils. L'os est utilisé pour fabriquer des pièces de plus en plus précises (couteaux, perçoirs, aiguilles, harpons, hameçons).

Vers 30000 à environ 21000 ans

Naissance de l'art pariétal (des gravures et peintures réalisées sur des surfaces rocheuses, dans des grottes à l'abri de la lumière). On en retrouve notamment des traces en Tanzanie et dans la grotte Chauvet (découverte en 1994, au sud de l'Ardèche, contenant des peintures et des gravures paléolithiques d'il y a 32000 ans). Mais il existe aussi un art pariétal mobilier réalisé sur des surfaces organiques ou minérales – par exemple, les plaquettes peintes de Namibie (30000 ans).

Plusieurs œuvres sont emblématiques de cet art :

- la Vénus de Galgenberg, une statuette féminine taillée dans de la serpentine (une roche de couleur verte composée de silicate de magnésium). Découverte sur le site autrichien de Galgenberg en 1988, elle date de 30000 ans. Sa hauteur : 7,2 cm ; son poids : 10 g.
- la grotte marine de Cosquer (au cap Morgiou, dans les calanques de Marseille), découverte en 1991, datée de 27000 à 19000 ans.
- la Vénus de Willendorf (découverte près de Krems, en Basse-Autriche), une statuette peinte (en calcaire) représentant une femme aux formes arrondies et dotée d'une poitrine disproportionnée (des jambes très courtes). Datée entre 26000 et 23000, sa hauteur est de 11 cm.
- la Vénus de Lespugue, une statuette de 15 cm en ivoire de mammouth découverte sur le territoire de la commune de Lespugue (en Haute-Garonne), qui date de 23000 ans.
- la Dame de Brassempouy (dite aussi « Dame à la capuche »), une statuette en ivoire vieille de 21000 ans. Il s'agit là de la plus ancienne

représentation d'un visage humain. Elle a été découverte en 1894, dans la grotte du Pape à Brassempouy (dans les Landes). Sa hauteur : 3,6 cm.

ENTRE 21 000 ET 17 000 ANNÉES

La civilisation solutréenne s'installe en Europe à l'âge d'or de la pierre taillée. Elle se développe d'abord en France et dans la péninsule Ibérique et possède des armes et des outils caractéristiques. Ainsi, l'aiguille à chas pour la couture est une invention solutréenne.

17 000 ANS

La grotte de Lascaux (en Dordogne) renferme plus de 2 000 peintures et gravures du Paléolithique. Les fresques, peintes en jaune, rouge et noir, représentent de multiples animaux (taureaux, chevaux, cerfs). Découvertes en 1940, ces œuvres pariétales présentaient alors un excellent état de conservation. La grotte est définitivement fermée au public en 1963.

16 000 À 12 000 ANS

La civilisation magdalénienne s'implante largement en France et en Espagne et s'étendra jusqu'à la Pologne. Ses armes et ses outils sont très diversifiés. L'art pariétal connaît alors un développement exceptionnel.

14 500 ANS

Des chasseurs-cueilleurs de la civilisation natoufienne (présente de l'Euphrate au Sinaï) construisent les premiers villages pré-agricoles. Des vestiges de maisons circulaires ou semi-circulaires et semi-enterrées ont été mis au jour à Mallaha (en Israël). On note l'existence de parois couvertes d'un enduit de chaux, de trous de poteaux signalant la présence d'une charpente, de foyers, de dallages, de bassins.

14 000 ANS

Dans la grotte d'Altamira (en Espagne), découverte en 1879, les parois et la voûte renferment plus de 900 dessins d'animaux gravés ou peints, comme de magnifiques bisons, biches, chevaux et sangliers. La domestication du chien date de cette époque.

11 000 À 4 000 AVANT J.-C.

C'est la période néolithique au Proche-Orient. L'*Homo sapiens* cesse progressivement son activité de chasseur-cueilleur pour produire ses ressources alimentaires. La sédentarité se développe (construction de villages), ainsi que la pratique du stockage (silos). L'agriculture (blé, orge) et l'élevage (mouton, chèvre) apparaissent.

Vers 8500 avant J.-C.

La chèvre et le cochon sont à leur tour domestiqués.

Vers 7600 avant J.-C.

Dans la vallée du Jourdain, à proximité de la mer Morte, on assiste à la probable naissance de Jéricho, un village primitif qui succède à des campements semi-nomades. Il s'agirait là des vestiges d'un « habitat fixe » (ancêtre des maisons) qui témoignent d'un début de sédentarisation. L'ébauche de « villages » entourés de camps apparaît vers 8000 avant J.-C.

Vers 7500 avant J.-C.

Le chat est domestiqué, 4000 ans avant les Égyptiens. En effet, un squelette de chat enterré à côté d'un corps humain, dans une tombe de Chypre, a été découvert en 2004. La domestication de cet animal a donc probablement eu lieu au Proche-Orient il y a environ 9500 ans.

7200 avant J.-C.

La première grande agglomération villageoise néolithique est construite à Çatal Höyük. Les maisons y sont collées les unes aux autres.

Vers 7000 avant J.-C.

Le mouton est lui aussi domestiqué. La céramique apparaît.

Vers 6200 à 3250 avant J.-C.

Période du Néolithique en Europe. Cette transformation d'une économie exclusivement fondée sur la chasse, la pêche et la cueillette en une économie de production s'est opérée via une colonisation partie du Proche-Orient. Le plus ancien Néolithique européen apparaît dans trois zones : dans les Balkans (Protosesklo, Sesklo, Karanovo), sur les côtes de la Méditerranée occidentale, en Moldavie et en Ukraine occidentale (Bug-Dniestr).

Vers 5000 avant J.-C.

Le riz est cultivé en Chine.

4500 à 2500 avant J.-C.

L'architecture mégalithique (monumentale funéraire et religieuse) se développe en Europe (Portugal, Malte, Scandinavie, Pologne) et se manifeste notamment par le biais des tumulus, dolmens, allées couvertes, temples et menhirs.

Vers 4200 avant J.-C.

Dans le sud de la Mésopotamie, on assiste aux débuts de la civilisation sumérienne.

Vers 4000 avant J.-C.

✦ Le cheval est domestiqué.

✦ Les premières cités-États sont créées en Mésopotamie (dans une région située entre le Tigre et l'Euphrate qui correspond à l'Irak et à la Syrie orientale actuels). Il s'agit là de l'un des berceaux de la civilisation urbaine. Ces cités sont protégées par des murailles et de vastes espaces sont réservés aux bâtiments publics. Des cités sumériennes comme Uruk, Eridu, Ur et Lagash se développent rapidement avec l'afflux de populations rurales. De puissants chefs dirigent ces cités qui s'organiseront bientôt en confédérations, jetant ainsi les bases de futures « nations ».

Vers 3 750 à 800 avant J.-C.

✦ L'âge du Bronze (la période de la protohistoire qui succède à l'âge du Cuivre) correspond à l'invention de la métallurgie du bronze, alliage de cuivre et d'étain. La fabrication de parures (épingles, bracelets, anneaux), d'armes (poignards, épées, hallebardes), d'outils (haches) et d'ustensiles de la vie quotidienne (récipients) s'amplifie.

✦ En Mésopotamie et dans les Balkans, l'âge du Bronze se développe à partir de 3 750 avant J.-C. En Europe de l'Ouest, il prend corps vers 2 500 avant J.-C. Il précède l'âge du Fer.

3 500 avant J.-C.

L'agriculture s'est développée sur tout le continent européen.

Vers 3 300 avant J.-C.

Les Sumériens inventent la roue, une étape fondamentale sur le chemin du progrès technologique. La roue révolutionne les moyens de transport, annonce le machinisme moderne et permet l'utilisation efficace de la traction animale dans l'agriculture.

3 200 avant J.-C.

Les hiéroglyphes apparaissent en Égypte sous deux formes de signes : les idéogrammes (des images représentant des unités de sens) et les phonogrammes (des images représentant des ensembles de sons). Ces inscriptions seront en usage jusqu'à l'époque de l'Empire romain.

Vers 3 200 à 2000 avant J.-C.

La civilisation cycladique est la première civilisation égéenne. Les peuples des îles Cyclades dominent la mer Égée grâce à leur maîtrise de la navigation.

Vers 3 000 avant J.-C.

✦ Le Sahara se dessèche.

✦ Les villages s'installent sur des sites en altitude et se fortifient.

✦ Des objets sont fabriqués en fer par le martelage à froid de fer pur.

✦ En Mésopotamie, des instruments de labour rudimentaires, sans roue, sont créés. Leur soc rejette la terre de chaque côté du sillon sans la retourner.

✦ Les Sumériens développent un système numérique sexagésimal (à base 60). Aujourd'hui encore, ce système est à la base des mesures d'arc, d'angle et de temps. Ils inventent également l'écriture cunéiforme, qui sera d'abord utilisée pour dresser des inventaires et enregistrer des transactions sur des tablettes d'argile. Comportant à l'origine environ 1 400 symboles, elle disparaîtra avec l'apparition du papyrus.

Vers 3 000 à 2 300 avant J.-C.

L'empire sumérien est constitué d'une multitude de cités-États entre le Tigre et l'Euphrate où se développent un urbanisme et une administration avancés.

Vers 2 750 avant J.-C.

La pratique de l'acupuncture naît en Chine.

Vers 2 649 à 2 152 avant J.-C.

Cette époque est celle de l'Ancien Empire égyptien. L'irrigation se stabilise dans le bassin du Nil et permet l'émergence d'une civilisation égyptienne avec la fondation d'un empire unifié autour de Memphis. Les premières pyramides sont construites.

2 551 à 2 472 avant J.-C.

Non loin de l'actuelle ville du Caire, les pyramides de Gizeh sont érigées sur la rive gauche du Nil. Sur ce site (aux côtés des pyramides de Khéphren et Mykerinos) figure la célèbre pyramide de Kheops (l'une des Sept Merveilles du monde) qui atteint près de 140 m de haut.

Vers 2 500 avant J.-C.

✦ Au Proche-Orient, la technique du verre apparaît, notamment en Égypte et en Mésopotamie. Mais de véritables récipients creux en verre n'apparaissent que vers 1 500 avant J.-C.

✦ Le chameau est domestiqué.

2 500 à 1 800 avant J.-C.

L'étonnante civilisation de l'Indus, une très riche société urbaine et commerçante installée le long de la vallée de l'Indus (fleuve des actuels Inde et Pakistan), se développe et prospère autour de grandes cités (40 000 habitants) telles qu'Harappa et Mohenjo-Daro. Ces deux villes proposent probablement les premiers exemples d'un urbanisme planifié : magasins, habitations de deux étages parfaitement alignées, artères se coupant à angle droit, greniers ventilés, bains publics, présence de véritables quartiers, etc. – preuve évidente de l'existence d'une solide administration politique et d'une vie sociale très évoluée.

VERS 2400 AVANT J.-C.
Les scribes sumériens développent un calendrier lunaire qui possédait douze mois de 29 ou 30 jours. Chaque mois commençait le soir de l'apparition du nouveau croissant lunaire.

2350 AVANT J.-C.
L'écriture pictographique est inventée. Les Égyptiens utilisent une écriture formée de hiéroglyphes qui représentent des « objets » spécifiques (idéogrammes) ou des sons (phonogrammes). Cette écriture évoluera vers des formes cursives et s'éteindra au début du ve siècle après J.-C.

2000 À 1450 AVANT J.-C.
En Crète, la brillante civilisation minoenne s'épanouit : elle manie l'écriture, maîtrise avec raffinement l'art de la fresque et édifie de splendides palais.

1792 AVANT J.-C.
Au terme d'une longue guerre civile, la première dynastie de Babylone est fondée. Le roi Hammourabi de Babylone impose alors l'hégémonie de sa cité sur l'ensemble de la Mésopotamie et crée l'Empire babylonien qui connaîtra une immense prospérité. Hammourabi a aussi élaboré un code de lois qui porte son nom et qui constitue le plus ancien corpus de textes juridiques connus dans leur intégralité. Le code d'Hammourabi est gravé sur une stèle de basalte noir de plus de deux mètres de haut.

VERS 1750 À 1025 AVANT J.-C.
La première dynastie impériale chinoise, la dynastie Shang (aux dates toujours controversées) émerge en Chine du Nord et de l'Est. Elle correspond à l'apogée de l'âge du Bronze, voit l'apparition des villes, l'émergence de l'écriture et la mise au point de calendriers.

1550 À 1075 AVANT J.-C.
Le Nouvel Empire égyptien s'installe pour plus de cinq siècles de puissance et d'une éclatante prospérité. Implantés à Thèbes, les pharaons (tels Toutankhamon ou Ramsès II) assurent la stabilité du pays par une politique impérialiste et belliqueuse, notamment contre les Hittites.

VERS 1500 AV. J.-C.
✦ Le cadran solaire apparaît en Égypte. Le temps séparant le lever et

le coucher du Soleil est divisé en douze parties égales.

✦ Les Grecs utilisent désormais le parchemin (une peau de mouton ou de chèvre préparée pour l'écriture) qui remplacera progressivement le papyrus.

1350 À 1333 AVANT J.-C.

Le pharaon d'Égypte Akhenaton et son épouse Néfertiti imposent le culte unique du dieu-soleil Aton pour remplacer le polythéisme traditionnel, ce qui débouche sur une profonde crise dans la vie religieuse et culturelle égyptienne. Sous le règne de son successeur, Toutankhamon, le pays renoue avec le polythéisme.

VERS 1350 À 612 AVANT J.-C.

Sous l'impulsion du roi Assur-Uballit Ier, les souverains assyriens se constituent un immense empire, soumettant tous les peuples du Moyen-Orient grâce à leur extraordinaire puissance militaire. Très décentralisé, l'empire assyrien maintient dans la région un état de guerre permanent, jusqu'à la prise de Ninive et d'Assur par les Mèdes.

1279 À 1212 AVANT J.-C.

Sous le règne de Ramsès II, pharaon d'Égypte, le pays connaît une exceptionnelle prospérité. Il étend l'empire et repousse les menaces des Hittites puis celles des peuples de la Mer. Il édifie les temples de Karnak, Louksor et Abou Simbel.

1225 AVANT J.-C.

L'Empire assyrien étend sa domination sur toute la Mésopotamie en s'emparant de Babylone.

1200 À 500 AVANT J.-C.

La première civilisation méso-américaine se développe sur la côte du golfe du Mexique, sur une zone qui correspond aux actuels États mexicains de Veracruz et de Tabasco. Les Olmèques bâtissent de vastes cités puis étendront leur influence sur tout le territoire de l'actuel Mexique. Ils possèdent l'écriture, un calendrier et une exceptionnelle maîtrise de la sculpture monolithique monumentale. Les civilisations précolombiennes qui suivront seront profondément influencées par cet héritage.

1200 À 332 AVANT J.-C.

Le commerce phénicien s'amplifie en Méditerranée. Excellents navigateurs, les Phéniciens bénéficient du déclin des empires voisins (Grèce et Égypte) et se livrent au négoce de l'argent, de l'étain, de la pourpre, des verreries et du bois. Ces descendants du territoire de Canaan (une zone aujourd'hui couverte par l'Israël, le Liban, une partie de la Syrie et de la Jordanie) s'installent au sud de l'Espagne, au nord de l'Afrique, en Sicile, Sardaigne, Corse, à Chypre et à Malte.

VERS 1000 AVANT J.-C.

✦ Les Assyriens utilisent une véritable cavalerie guerrière montée très structurée qui combat à l'épée, à la lance, à l'arc et au javelot.

✦ Les Phéniciens développent un système d'écriture alphabétique composé de 22 signes.

✦ Premier roi d'Israël, David succède à Saül. Il repousse les Philistins, construit un royaume indépendant et fonde Jérusalem. David apparaît comme le mythe fondateur de la culture juive.

Vers 800 avant J.-C.

✦ Il s'agit des débuts de l'âge du Fer, une période qui succède à l'âge du Bronze et qui se caractérise par la maîtrise de la métallurgie du fer et par son utilisation dans la fabrication d'armes, d'outils et d'objets divers. Cependant, les datations varient selon les pays. En effet, la théorie diffusionniste – qui consistait à affirmer que le passage d'une culture à une autre ne pouvait se faire que par contact et que l'homme n'était donc pas créatif de nature – a été abandonnée depuis de nombreuses découvertes récentes qui tendent à prouver que la métallurgie du fer a vu le jour de façon autonome dans de multiples parties du globe (Afrique, Inde, Asie, Proche-Orient, Europe).

✦ Le monde grec utilise le fer à partir de 1 000 avant J.-C. En Europe occidentale, l'âge du Fer débute vers 750 avant J.-C. En Europe septentrionale, il commence vers 500 avant J.-C. Le fer est présent vers 1 100 avant J.-C. en Inde et peu avant 500 avant J.-C en Chine.

✦ En Europe, l'âge du Fer se divise traditionnellement en un premier âge du Fer, appelé « Hallstatt, » qui apparaît vers 800 avant J.-C. Il est marqué par l'arrivée des Celtes, des cavaliers originaires de l'Europe centrale. Vient ensuite, vers 500 avant J.-C., un second âge du Fer, appelé « La Tène », qui s'achève au début de notre ère.

✦ L'histoire (et l'Antiquité), qui succède donc à la protohistoire, commence à cette date.

✦ L'alphabet grec (influencé par l'écriture des Phéniciens) se développe puis se répand dans le monde méditerranéen et donnera naissance à l'alphabet latin.

✦ Après la chute des monarchies mycéniennes, la Grèce se compose désormais de cités indépendantes dotées de lois propres. Fondée sur l'idée de communauté libre (l'individu est un citoyen), la cité restera le fondement politique et culturel qui permettra à la Grèce antique son exceptionnel développement.

✦ Les marchands phéniciens fondent Carthage, un comptoir situé dans une presqu'île du golfe de Tunis (au sud de la Sardaigne et à l'ouest de la Sicile). Cet emplacement privilégié procure à la cité une immense puissance commerciale sur l'ensemble des côtes méditerranéennes.

776 avant J.-C.

Les premiers jeux Olympiques antiques voient le jour. Les cités grecques s'affrontent tous les quatre ans dans le stade d'Olympie.

753 AVANT J.-C.

Selon la légende, Rome serait née à cette date et aurait été fondée par les frères Romulus et Remus sur le mont Palatin. Romulus est le premier roi de cette cité, issue du rassemblement de tribus latines, sabines et étrusques.

VERS 750 AVANT J.-C.

La culture celte s'élargit autour de Hallstatt (l'actuelle Autriche). La seconde période, dite de « La Tène » (sur la rive orientale du lac de Neuchâtel, Suisse), prend corps vers 500 avant J.-C. La culture celte disparaît avec la conquête de la Gaule par Jules César, en 51 avant J.-C.

720 À 500 AVANT J.-C.

Les Grecs fondent de riches cités sur le littoral sud de l'Italie et en Sicile. Ces « colonies » (telles Syracuse ou Agrigente) deviendront d'importants centres culturels du monde grec.

625 AVANT J.-C.

Les Chaldéens, un peuple du golfe Persique, reprennent Babylone aux Assyriens dont l'empire s'étend du golfe Persique (embouchures du Tigre et de l'Euphrate) à l'Égypte. Le souverain chaldéen, Nabopolassar, fonde la dynastie néobabylonienne qui prendra une position dominante en Mésopotamie jusqu'à l'arrivée des Perses en 539 avant J.-C.

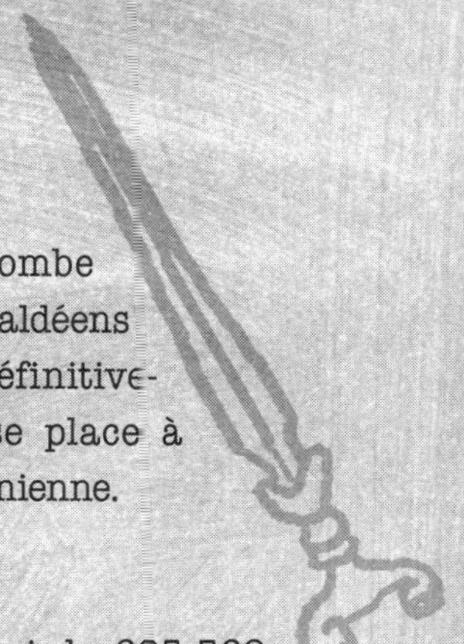

612 AVANT J.-C.

L'empire assyrien tombe sous l'offensive des Chaldéens (alliés aux Mèdes). Définitivement écrasé, il laisse place à la puissance néobabylonienne.

605 AVANT J.-C.

Nabuchodonosor II (roi de 605-562 avant J.-C.), le plus puissant souverain chaldéen, conquiert une grande partie du sud-ouest de l'Asie Mineure. Après sa victoire sur les Assyriens et les Égyptiens, son empire domine la région. Babylone devient ainsi la ville la plus fastueuse du monde. Nabuchodonosor II entreprend aussi de grands travaux dans les principales villes de Babylonie. La légende lui attribue la construction des jardins suspendus de Babylone, l'une des Sept Merveilles du monde.

586 AVANT J.-C.

Nabuchodonosor II écrase la rébellion des Hébreux menée par Sédécias, le dernier roi de Juda que le souverain babylonien avait placé sur le trône en 597 avant J.-C. Puis il assiège et détruit Jérusalem. Les Hébreux sont déportés à Babylone ou s'exilent en Égypte.

573 AVANT J.-C.

Nabuchodonosor II s'empare de Tyr (Lybie) à l'issue d'un siège de treize années. Jusqu'alors soumises à l'Empire assyrien, les villes phéniciennes étaient passées scus domination babylonienne. Seule Tyr avait su garder son indépendance.

550 avant J.-C.

✦ La dynastie perse des Achéménides est fondée.

✦ La monnaie apparaît en Lydie (Asie Mineure). La valeur des pièces (alliage d'or et d'argent) est fixée par leurs poids.

✦ Une ébauche de système bancaire est créée en Mésopotamie, face au besoin de stocker l'argent en raison de l'émergence d'une caste commerçante très florissante.

539 avant J.-C.

Babylone tombe aux mains des Perses de Cyrus le Grand (600-529 avant J.-C.). Au sommet de sa puissance (vers 500 avant J.-C.), l'empire perse domine un immense territoire qui s'étend de la vallée de l'Indus à la Lydie (rives de la mer Égée) et du Caucase au golfe Persique en passant par l'Égypte. Persépolis sera l'emblématique capitale de l'empire perse. La dynastie s'éteint avec la victoire d'Alexandre le Grand (331 avant J.-C.).

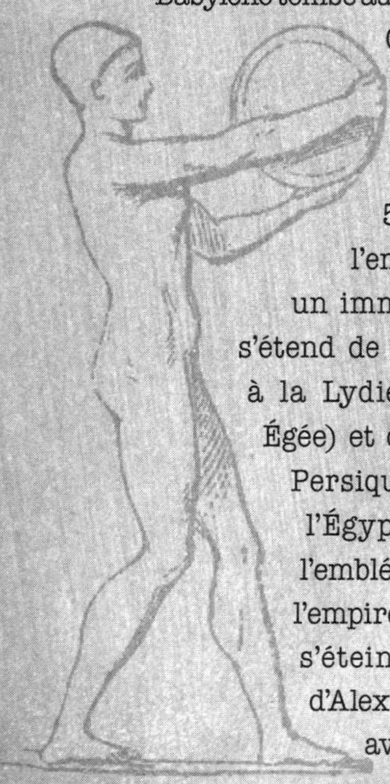

510 avant J.-C.

Rome devient une république. La ville s'engage alors dans une exceptionnelle politique de conquêtes militaires.

Vers 500 avant J.-C.

Civilisation et culture grecques se développent en Méditerranée. Athènes devient la plus puissante « cité-État » du pays et voit naître la démocratie (508 avant J.-C.). À cette époque, la Grèce possède la flotte la plus puissante du monde antique. À sa mort, Alexandre le Grand (356-323 avant J.-C.) laisse un empire qui englobe la Grèce, l'Égypte, l'Asie Mineure et s'étend jusqu'aux portes de l'Inde (vallée du fleuve Indus).

431 à 404 avant J.-C.

La guerre du Péloponnèse oppose Sparte et ses alliés à Athènes (qui impose son impérialisme en Grèce). Athènes tombe et Sparte acquiert une brève suprématie. Cette guerre laisse la Grèce profondément divisée.

221 avant J.-C.

Shi Huangdi fonde la dynastie Qin dont il sera le premier empereur. Il réunit les royaumes féodaux en un seul empire centralisé qui s'effondre en 210 avant J.-C. La dynastie Qin succède à celle des Zhou fondée au XIIe siècle avant J.-C. La majeure partie de la Grande Muraille de Chine

(6 700 kilomètres de long) sera érigée sous le règne de Shi Huangdi. Cette fortification (commencée au VIIIe siècle avant J.-C.) fut imaginée pour protéger le pays des invasions barbares venues du Nord.

206 AVANT J.-C.
Après une période de guerre civile, Liu Bang succède aux Qin et fonde la dynastie des Han antérieurs. Autoproclamé empereur, il réalise l'unité des provinces chinoises. Les Han seront renversés en l'an IX par un usurpateur. La dynastie des Han postérieurs reprend le pouvoir dès l'an XXIII pour régner jusqu'en 220.

150 AVANT J.-C.
Les Romains inventent le ciment.

146 AVANT J.-C.
Au terme de l'invasion romaine en Afrique du Nord et de trois années de conflit (troisième guerre punique), Carthage est anéantie, rasée et transformée en province. Rome demeure la seule puissance en Méditerranée occidentale.

VERS 100 AVANT J.-C.
La route de la Soie est ouverte. Longue d'environ 7 000 kilomètres entre la Chine et la Rome impériale, cette route caravanière permet de transporter de luxueuses et onéreuses marchandises (soieries, métaux précieux, etc.). Elle favorise aussi les échanges culturels et religieux entre l'Orient et l'Occident.

58-52 AVANT J.-C.
C'est la guerre des Gaules. Malgré la résistance que tente de mener Vercingétorix (52 avant J.-C.), Jules César soumet les provinces gauloises. Cette victoire lui ouvre les chemins du pouvoir à Rome.

51-30 AVANT J.-C.
Cléopâtre règne sur l'Égypte et tente de maîtriser la domination croissante de Rome.

31 AVANT J.-C.
Après l'assassinat de Jules César (44 av. J.-C.), la troisième guerre civile romaine oppose Octave (l'héritier du défunt) à Marc Antoine (un ancien général de César). Allié à l'Égypte de Cléopâtre, Marc Antoine est battu à la célèbre bataille navale d'Actium (31 avant J.-C.). L'Égypte devient une province romaine. Une nouvelle ère commence: celle de l'Empire.

27 AVANT J.-C.
Octave fonde l'Empire romain et se fait proclamer empereur sous le nom d'Auguste Ier. À son apogée, sous Trajan (98-117), cet empire s'étend sur toute la Méditerranée, l'Asie Mineure et la quasi-totalité de l'Europe occidentale.

79 APRÈS J.-C.
Une violente éruption du Vésuve éclate. En quelques heures, les villes

d'Herculanum et de Pompéi sont ensevelies sous les cendres.

⁓ Vers 100 après J.-C.

Les Chinois inventent le papier en utilisant de l'écorce de mûrier et des lamelles de bambou.

⁓ 380 après J.-C.

L'empereur romain Constantin le Grand (274-337) se convertit au christianisme et met ainsi fin à la persécution des chrétiens. Le christianisme devient la religion officielle et unique de l'Empire romain.

⁓ 395 après J.-C.

L'Empire romain est divisé en deux parties : d'un côté, l'empire d'Occident ; de l'autre, l'empire d'Orient. Une première tentative de partage avait eu lieu en 284 avec Dioclétien (284-305).

⁓ 401 après J.-C.

Les invasions germaniques en Europe commencent. Venues de l'Est, des hordes de Barbares déferlent sur l'Empire romain. Les Wisigoths entrent dans Rome et saccagent la ville en 410.

⁓ Septembre 476 après J.-C.

C'est la chute de l'empire romain d'Occident. Profondément affaiblie par les invasions des royaumes barbares, Rome perd sa puissance. En 476, Odoacre (le chef des Hérules, un peuple germanique) défait le dernier empereur d'Occident, Romulus Augustule, et se proclame roi d'Italie. L'usage veut que cette date marque la fin de l'Antiquité et les débuts du Moyen Âge, une période qui se terminera en 1492 avec la découverte de l'Amérique.

Ils ont dit

Je m'arrêterais de mourir
s'il me venait un bon mot.

Voltaire (1694-1778)
Écrivain et philosophe français

Retrouvez ici, par ordre alphabétique du nom de leur auteur, quelques citations célèbres.

Marcel Achard (1899-1974)

Auteur dramatique français

« Les talons hauts ont été inventés par une femme qu'on embrassait toujours sur le front. »

« J'ai des tas d'idées brillantes et nouvelles. Seulement voilà : les brillantes ne sont pas nouvelles, et les nouvelles ne sont pas brillantes. »

« Tout est drôle dès l'instant que ça arrive aux autres. »

« On n'aime que les femmes qu'on rend heureuses. »

« Le public des générales : si la pièce est mauvaise, il s'emmerde ; si elle est bonne, ça l'emmerde. »

Alphonse Allais (1854-1905)

Écrivain français

« Le café est un breuvage qui fait dormir quand on n'en prend pas. »

« Dieu a sagement agi en plaçant la naissance avant la mort. Sans cela, que saurait-on de la vie ? »

« Il ne suffit pas d'avoir du talent, il faut encore savoir s'en servir. »

« Il est toujours avantageux de porter un titre nobiliaire. Être "de quelque chose", ça pose un homme, comme être " de Garenne ", ça pose un lapin. »

« C'est quand on serre une dame de trop près qu'elle trouve qu'on va trop loin. »

« Il vaut mieux passer à la poste hériter qu'à la postérité ! »

« L'argent aide à supporter la pauvreté. »

« Il est très curieux de constater que dans l'armée, les statistiques le prouvent, la mortalité augmente bizarrement en temps de guerre. »

« J'ai souvent remarqué, pour ma part, que les cocus épousent de préférenceles femmes adultères. »

« Le guépard est un quadrupède principalement connu pour son chant. »

« J'ai connu bien des filles de joie qui avaient pour père un homme de peine. »

Woody Allen (1935-...)

Acteur et réalisateur américain

« Je suis exaspéré par les gens qui veulent connaître l'Univers alors qu'il est déjà très difficile de trouver son chemin dans Chinatown. »

« On ne voit jamais d'aveugles dans un camp de nudistes. »

« Si je fais si bien l'amour, c'est que je me suis longtemps entraîné tout seul. »

« La dictature, c'est " ferme ta gueule ", et la démocratie, c'est " cause toujours ". »

« Je tiens beaucoup à ma montre, c'est mon grand-père qui me l'a vendue sur son lit de mort. »

« Selon certains astrophysiciens, l'Univers serait un espace fini. C'est une excellente nouvelle pour tous ceux qui ne se souviennent pas où ils laissent leurs affaires. »

« Chaque fois que j'entends du Wagner, j'ai envie d'envahir la Pologne. »

« Je vais vous raconter une histoire terrible de contraception orale. J'ai demandé à une fille de coucher avec moi et elle m'a dit non ! »

Georges Bernanos (1888-1948)

Écrivain français

« Nous ne sommes pas responsables de la manière dont nous sommes compris, mais de celle dont nous sommes aimés. »

« Les idées sont comme les jolies filles : elles peuvent aussi mal tourner. »

« Le polémiste est admirable à vingt ans, supportable à trente ans, ennuyeux jusque cinquante ans, et obscène au-delà. »

« Quand je n'aurai plus qu'une paire de fesses pour penser, j'irai l'asseoir à l'Académie. »

« De tous les embarras de l'âge, l'expérience n'est pas le moindre. »

Tristan Bernard (1866-1947)

Écrivain français

« J'aime mieux être de ces écrivains dont on se demande pourquoi ils ne sont pas de l'Académie,

qu'un de ceux dont on se demande pourquoi ils en sont. »

« La vraie paresse, c'est de se lever à 6 heures du matin pour avoir plus de temps à ne rien faire. »

« L'au-delà ? Je n'ai pas d'opinion là-dessus, m'étant plutôt spécialisé dans l'en deçà. »

« Il faut mettre de l'argent de côté pour en avoir devant soi. »

Léo Campion (1905-1992)

Chansonnier et comédien français

« Un enfant prodige est un enfant dont les parents ont beaucoup d'imagination. »

« À force de plaisirs notre bonheur s'abîme. »

« Un chef-d'œuvre de la littérature n'est jamais qu'un dictionnaire en désordre. »

« Le bonheur est une longue patience... »

« Les miroirs feraient bien de réfléchir avant de renvoyer les images. »

« Le cinéma, c'est l'écriture moderne dont l'encre est la lumière. »

Winston Churchill (1874-1965)

Homme d'État britannique
Prix Nobel de littérature (1953)

*« Nous ne sommes rien que des vers, de misérables vers de terre.
Mais moi, j'ai toujours eu l'intention de devenir un ver luisant. »*

*« Un fanatique est quelqu'un qui ne veut pas changer d'avis
et qui ne veut pas changer de sujet. »*

*« Le succès relève d'une curieuse aptitude
qui consiste à aller d'échec en échec sans perte d'enthousiasme. »*

Jean Cocteau (1889-1963)

Écrivain, peintre et cinéaste français

« Un enfant prodige est un enfant dont les parents ont beaucoup d'imagination. »

« À force de plaisirs notre bonheur s'abîme. »

« Un chef-d'œuvre de la littérature n'est jamais qu'un dictionnaire en désordre. »

« Le bonheur est une longue patience... »

« Les miroirs feraient bien de réfléchir avant de renvoyer les images. »

« Le cinéma, c'est l'écriture moderne dont l'encre est la lumière. »

Georges Courteline (1858-1929)

Écrivain et auteur dramatique français

« L'administration est un lieu où les gens qui arrivent en retard croisent dans l'escalier ceux qui partent en avance. »

« L'homme est le seul mâle qui batte sa femelle. On doit donc en déduire que l'homme est le plus brutal des mâles... à moins que la femme ne soit, de toutes les femelles, la plus insupportable »

« Il est plus facile de lever une femme que de la laisser tomber. »

« J'ai connu une femme qui voulait divorcer pour ne pas rester l'épouse d'un mari trompé. »

Charles de Gaulle (1890-1970)

Général français
Premier président de la Vᵉ République

« La guerre c'est comme la chasse. Sauf qu'à la guerre, les lapins tirent. »

« Souvent, les militaires s'exagérant l'impuissance relative de l'intelligence refusent de s'en servir. »

Albert Einstein (1879-1955)

Physicien américain d'origine allemande
Prix Nobel de physique (1921)

« Je ne sais pas comment se déroulera la troisième guerre mondiale, mais je suis sûr que la quatrième se fera avec des cailloux et des bâtons. »

« Les États-Unis d'Amérique forment un pays qui est passé directement de la barbarie à la décadence, sans jamais avoir connu la civilisation. »

« Celui qui est capable de marcher derrière une musique militaire n'a pas besoin de cerveau : une moelle épinière lui suffit. »

« Je suis très fier de deux choses. D'une part, la découverte de la relativité générale. D'autre part, j'ai compris que l'on peut cuire un œuf dur en le plongeant dans une soupe bien chaude. Ce qui évite de salir une seconde casserole ! »

Georges Feydeau (1862-1921)

Auteur dramatique français

« Ma seule gymnastique, c'est d'aller aux enterrements de mes amis qui faisaient de la gymnastique pour rester en bonne santé. »

« La mère faisait des ménages. Sa fille les défait. »

« Le mariage, c'est l'art pour deux personnes de vivre ensemble aussi heureuses qu'elles auraient vécu chacune de leur côté. »

« Les maris des femmes qui nous plaisent sont toujours des imbéciles. »

« Il n'y a que dans ces courts instants où la femme ne pense plus à ce qu'elle dit, que l'on peut être sûr qu'elle dit vraiment ce qu'elle pense. »

Gustave Flaubert (1821-1880)

Écrivain français

« Il ne faut pas demander des oranges aux pommiers, de l'amour à la femme, du bonheur à la vie. »

« Tout le talent d'écrire ne consiste après tout que dans le choix des mots. »

« Les femmes des uns font le bonheur des autres. »

« Rien n'est humiliant comme voir réussir les sots dans les entreprises où l'on échoue. »

« Imbéciles : ceux qui ne pensent pas comme nous. »

« Le bonheur n'est pas de chercher le bonheur, mais d'éviter l'ennui. »

« Quel homme aurait été Balzac s'il eût su écrire ! »

Sacha Guitry (1885-1957)

Auteur dramatique français

« Il y a des femmes dont l'infidélité est le seul lien qui les attache encore à leur mari. »

« Pourquoi, dans les villes où l'on passe, s'applique-t-on à choisir douze cartes postales différentes puisqu'elles sont destinées à douze personnes différentes. »

« Nier Dieu, c'est se priver de l'unique intérêt que peut avoir la mort. »

« On peut faire semblant d'être grave, on ne peut pas faire semblant d'avoir de l'esprit. »

« C'est très reposant d'être sourd. On ne vous dit que l'essentiel. »

« Le meilleur moyen de faire tourner la tête à une femme, c'est de lui dire qu'elle a un joli profil. »

« Ce qui rend furieux quand on est cocu, c'est la pensée qu'un autre va savoir de quoi on se contentait. »

« Il y a des bêtises que j'ai faites uniquement pour avoir le plaisir de les raconter. »

« Si vous voulez que votre femme écoute ce que vous dites, dites-le à une autre femme. »

« Certains hommes n'ont que ce qu'ils méritent ; les autres sont célibataires. »

« Ma femme et moi avons été heureux vingt-cinq ans ; et puis, nous nous sommes rencontrés. »

Ernest Hemingway (1899-1961)

Journaliste et écrivain américain

« Un homme intelligent est parfois obligé d'être saoul pour passer du temps avec les imbéciles. »

« Nous devons nous y habituer : aux plus importantes croisées des chemins de notre vie, il n'y a pas de signalisation. »

« Quand on a du succès, c'est toujours pour les mauvaises raisons. Quand on devient populaire, c'est toujours dû au pire aspect du travail effectué. »

« La sagesse des vieillards, c'est une grande erreur. Ce n'est pas plus sages qu'ils deviennent, c'est plus prudents. »

« De la joie chez les gens intelligents est la chose la plus rare que je connaisse. »

Victor Hugo (1802-1885)

Poète, romancier et dramaturge français

« La femme a une puissance singulière qui se compose de la réalité de la force et de l'apparence de la faiblesse. »

« Les verres d'eau ont les mêmes passions que les océans. »

« La solitude est bonne aux grands esprits et mauvaise aux petits. Elle trouble les cerveaux qu'elle n'illumine pas. »

« La mélancolie, c'est le bonheur d'être triste. »

Alphonse Karr (1808-1890)

Écrivain français

« Les amis font toujours plaisir ; si ce n'est pas quand ils arrivent, c'est quand ils partent. »

« La femme adultère, chez les Saxons, on la brûlait.
Chez les Égyptiens, on lui coupait le nez.
Chez les Romains, on lui coupait la tête.
Aujourd'hui en France, on se moque de son mari. »

« À moins d'être millionnaire, on n'a pas le moyen d'avoir une femme à soi, on ne peut plus aimer que les femmes des autres et se faire parasite du bonheur conjugal. »

« Entre tous les ennemis, le plus dangereux est celui dont on est l'ami. »

Paul Léautaud (1872-1956)

Essayiste et romancier français

« Aimer, c'est préférer un autre à soi-même. »

« Ce qui est difficile, c'est de devenir octogénaire ; après, il n'y a plus qu'à se laisser vivre. »

« J'ai toujours rencontré si peu d'esprit autour de moi qu'il a bien fallu que j'utilise le mien. »

« Je me suis installé définitivement dans le provisoire. »

*« On me demandait l'autre jour : " Qu'est-ce que vous faites ? "
Je m'amuse à vieillir. C'est une occupation de tous les instants. »*

*« Je n'ai jamais eu de chance avec les femmes.
Il est toujours arrivé un moment où leur bêtise a dépassé mon amour. »*

*« Chaque fois qu'une maîtresse me quitte, j'adopte un chat de gouttière :
une bête s'en va, une autre arrive. »*

*« La littérature n'a rien à voir avec la richesse du vocabulaire,
sinon le plus grand des chefs-d'œuvre serait le dictionnaire. »*

*« Il vous vient quelquefois un dégoût d'écrire en songeant à la quantité d'ânes
par lesquels on risque d'être lu. »*

« Un écrivain qui reçoit un prix littéraire est déshonoré. »

*« L'avantage d'être célibataire, c'est que,
lorsqu'on se trouve devant une très jolie femme,
on n'a pas à se chagriner d'en avoir une laide chez soi. »*

Jules Renard (1864-1910)

Écrivain français

*« Le métier d'écrivain est quand même le seul où l'on peut,
sans peur du ridicule, ne pas gagner d'argent. »*

« Il n'y a pas d'amis, il n'y a que des moments d'amitié. »

*« Si on bâtissait la maison du bonheur,
la plus grande pièce en serait la salle d'attente. »*

*« Le talent, c'est comme l'argent.
Il n'est pas nécessaire d'en avoir pour en parler. »*

*« Un homme de lettres ne doit être qu'un homme de lettres.
Tout le reste est littérature. »*

« Quand je donne un billet de cent francs, je donne le plus sale. »

George Bernard Shaw (1856-1950)

Auteur dramatique irlandais

« Courir après les femmes n'a jamais fait de mal à personne. C'est les rattraper qui est dangereux. »

« Il y a deux sortes de savants : les spécialistes qui connaissent tout sur rien et les philosophes qui ne connaissent rien sur tout. »

« Le prix Nobel, c'est une bouée de sauvetage lancée à un nageur qui a déjà atteint la rive. »

« Les Américains et les Anglais sont deux peuples séparés par la même langue. »

« Pour un homme, le martyre est la seule façon de devenir célèbre sans disposer d'aucun talent. »

« Les architectes dissimulent leurs erreurs sous du lierre, les médecins sous la terre et les cuisinières sous de la mayonnaise. »

*« Si une lady dit " non ", cela signifie " peut-être ".
Si elle dit " peut-être ", cela veut dire " oui ".
Si elle dit " oui ", ce n'est pas une lady. »*

Charles de Talleyrand (1754-1838)

Diplomate et homme politique français

« Chateaubriand croit qu'il devient sourd parce qu'il n'entend plus parler de lui. »

« Les femmes pardonnent parfois à celui qui brusque l'occasion, mais jamais à celui qui la manque. »

« J'aime le café. Noir comme le diable, brûlant comme l'enfer, pur comme un ange et doux comme l'amour. »

Mark Twain (1835-1910)

Écrivain américain

« Le lit est l'endroit le plus dangereux du monde. 80 % des gens y meurent. »

« Méfiez-vous des livres sur la santé. Vous pouvez mourir d'une coquille. »

« Ne remettez jamais au lendemain ce que vous pouvez faire le surlendemain. »

« À Paris, quand je leur parle français, les gens me regardent avec des yeux ronds. Je n'ai jamais réussi à obtenir que ces imbéciles comprennent leur propre langue. »

« Dans le mariage, la plus grande difficulté est de subvenir, avec un seul salaire, aux besoins de son épouse et à ceux de l'État. »

Voltaire (1694-1778)

Philosophe français

« Les femmes ressemblent aux girouettes : elles se fixent quand elles rouillent. »

« Le travail n'est pas fait pour l'homme. La preuve, ça le fatigue. »

« Je ne m'occupe qu'à planter des arbres, dont je ne verrai pas l'ombrage. J'ai trouvé que c'était le plus sûr moyen de travailler pour la postérité. »

« L'art de la médecine consiste à distraire le malade pendant que la nature le guérit. »

« Je perds mes dents. Je meurs en détail. »

Orson Welles (1915-1985)

Acteur et réalisateur américain

« Quand Moïse annonça au peuple hébreu qu'il allait leur faire traverser la mer Rouge à pied sec, son attaché de presse lui a dit : " Si tu réussis ce coup-là, je te garantis deux pleines pages dans l'Ancien Testament. " »

« Les créanciers sont les seuls qui se rapprochent de vous dans le malheur. »

« Le meilleur service qu'il faudrait rendre à l'art : détruire les biographies. Seul l'art explique la vie d'un homme, non le contraire. »

« La France est le pays où il y a trois cent dix-sept fromages... sans compter l'Unesco. »

« Il y a trois choses intolérables dans la vie : le café froid, le champagne tiède et les femmes surexcitées. »

Oscar Wilde (1854-1900)

Écrivain irlandais

« La différence entre journalisme et littérature, c'est que le journalisme est illisible tandis que la littérature n'est pas lue. »

« Quand j'étais jeune, je croyais que, dans la vie, l'argent était ce qu'il y a de plus important. Maintenant que je suis vieux, je le sais. »

« Dans la bonne société anglaise, le talent le plus utile est de savoir bâiller la bouche fermée. »

« Celui qui cherche une femme belle, bonne et intelligente, n'en cherche pas une mais trois. »

« En Angleterre, rien n'est fait pour les femmes, pas même les hommes. »

« À une femme intelligente, il manque l'indéfinissable charme de la fragilité. »

« Les femmes gâchent les plus belles histoires d'amour en voulant qu'elles soient éternelles. »

« Seul un homme décidé à rester célibataire peut braver l'opinion et entretenir une maîtresse. »

« Les jeunes veulent être fidèles et ne le sont pas ; les vieux veulent être infidèles et ne le peuvent pas. »

Crédits photographiques

p. 10 : Vélo : © lynea - Fotolia. com - Pharaons : © Vector Art Design – Fotolia. com – p. 11 : Couronne : © Arja Kaiser - Fotolia. com - Télescope : © Erica Guilane-Nachez - Fotolia. com - Soleil : © lynea - Fotolia. com – p. 13 : Fotolia. com – p. 15 : Fer à repasser : © lynea - Fotolia. com – p. 17 : Ange : Fotolia. com Église : © Bitter - Fotolia. com – p. 18 : Paysage : Fotolia. com – p. 19 : Homme haltères : Fotolia. com – p. 20 : Cornet de glace : Fotolia. com - Cheval : © Cathlin - Fotolia. com – p. 21 : Vache : © canicula - Fotolia. com – p. 22 : Basket : © lynea - Fotolia. com – p. 23 : Moine © Erica Guilane-Nachez - Fotolia. com - Klaxon : © lynea - Fotolia. com – p. 24 : Livre : Fotolia. com - Louis XIV : © Erica Guilane-Nachez - Fotolia. com – p. 25 : Tomates : Fotolia. com – p. 26 : Voiture : © lynea - Fotolia. com - Chinoise : Fotolia. com – p. 27 : Grévistes : © kuco - Fotolia. com – p. 28 : Moulin café : © lynea - Fotolia. com – p. 29 : Blé : © raven - Fotolia. com - Main : Fotolia. com – p. 30 : Ballon rugby : © lynea - Fotolia. com – p. 31 : Vélo : © lynea - Fotolia. com - Cafetière : © lynea - Fotolia. com – p. 32 : Voiture : © teracreonte - Fotolia. com – p. 34-35-36 : Footballeurs : © Sveta Che - Fotolia. com – p. 37 : Zeppelin et golf : Fotolia. com. – p. 38 : Chaussure : Fotolia. com – Bretzel : © Cabeza Cuadrada - Fotolia. com – p. 39 : Coureur : © munro - Fotolia. com – p. 40 : Locomotive : © asmakar - Fotolia. com – p. 42 : Balance : Fotolia. com – p. 43 : Sapin : © canicula - Fotolia. com - Biberon : © Laurent Hamels - Fotolia. com – p. 44 : Ail : Fotolia. com – p. 45 : Chapeau police : © andròmina - Fotolia. com – p. 46 : Montgolfière : © lynea - Fotolia. com – p. 48 : Livre : Fotolia. com - p. 49 : Cafetière : Fotolia. com - César : Fotolia. com – p. 50 : Œil : Fotolia. com - p. 53 : Avion : Fotolia. com – p. 54 : Fotolia. com - Chaussure : Fotolia. com – p. 55 : Avion : Fotolia. com – p. 56 : Livre : Fotolia. com – p. 57 : Bobine : © canicula - Fotolia. com. - Père noël : © canicula - Fotolia. com. – p. 58 : Accordéon : © Annykos - Fotolia. com - Clarinette : © Igor Fjodorov - Fotolia. com – p. 60 : Saxophone : D.R. – p. 61 : Vélo : © lynea - Fotolia. com – p. 62 : Voiture : Fotolia. com - Communion : Fotolia. com – p. 63 : Wagon mine © Tinga - Fotolia. com - Branche noisetier : © lynea - Fotolia. com – p. 64 : Vélo ancien : © lynea - Fotolia. com – p. 65 : Cerf : © nicoolay – Istock – p. 67 : Pieuvre : © lynea - Fotolia. com – Chien : © lynea - Fotolia. com – p. 68 : Dinosaure : © Perysty - Fotolia. com - Chien : Fotolia. com – p. 69 : Libellule : © vera_holera - Fotolia. com – p. 70 : Cheval : © vladischern-Fotolia. com - Grenouille : © canicula - Fotolia. com – p. 71 : Fourmi : © canicula - Fotolia. com - Girafe : © lynea - Fotolia. com – p. 72 : Crocodile : © kuco - Fotolia. com – p. 73 : Dauphin : © canicula - Fotolia. com – p. 74 : Âne et chat : © lynea - Fotolia. com – p. 75 : Araignée : © tassel78 - Fotolia. com - Oiseau inca : © aroas - Fotolia. com – p. 76 : Lycaon : © Morphart - Fotolia. com - Manchot : © niakc10 - Fotolia. com – p. 77 : Ours : © makar - Fotolia. com - Éléphant : © kuco - Fotolia. com - Coq : © lynea - Fotolia. com – p. 78 : Baleine : © Morphart - Fotolia. com – p. 79 : Colibri : © Vasileva - Fotolia. com – p. 80 : Espadon : © Erica Guilane-Nachez - Fotolia. com - Gerboise : © lynea - Fotolia. com – p. 81 : Aquarium : © J. Walker - Fotolia. com - Antilope : © Erica Guilane-Nachez - Fotolia. com – p. 82 : Ours polaire : © barbulat - Fotolia. com – p. 83 : Fossile : © lynea-fotolia. com - Requin : © kuco - Fotolia. com – p. 84 : Rhinocéros : © kuco - Fotolia. com - Renard : 49023468 © la_puma - Fotolia. com – p. 85 : Flamant rose : © barbulat - Fotolia. com - Chauve souris : © lynea - Fotolia. com – p. 86 : Canard : © Andrii_Oliinyk-Fotolia. com - Écureuil : © lynea - Fotolia. com – p. 87 : Bombyx : © Morphart - Fotolia. com - Moustique : © Morphart - Fotolia. com – p. 89 : Soldats grecs : © Alexey Pavluts – Fotolia. com – p. 91 : Toutankhamon : © kuco – Fotolia. com – p. 93 : Pharaons : © Vector Art Design – Fotolia. com - Lotus et bateau : © Glassseeker – Fotolia. com – p. 94 : Sarcophage et Dieu égyptien : © tsaplia – Fotolia. com - Hiéroglyphes : © Glassseeker – Fotolia. com – p. 95 : Sarcophage chat : © pio3 – Fotolia. com – p. 96 : Figues : © barbulat – Fotolia. com - Chasseur : © Glassseeker – Fotolia. com - Scribe : © kuco – Fotolia. com - p. 97 : Pyramides et Toutankhamon : © tsaplia – Fotolia. com – p. 98 : Crâne : © lynea-fotolia. com – p. 99 : Œil : © Glassseeker – Fotolia. com – p. 100 : Soldats celtes : © Alexey Pavluts – Fotolia. com – p. 101 : Tête romain : © Morphart – Fotolia. com – p . 102 : Bandeau inca : © aroas - Fotolia. com – p. 103 : Paysans égyptiens : © J. Walker – Fotolia. com – p. 104 : Lion et chouette : Vector Art Design - Fotolia. com – p. 107 : Zeus : © Vasiliy Voropaev - Fotolia. com – p. 109 : Vase grec : © Kristina0702 - Fotolia. com - Caryatide : © Alla Liashenko - Fotolia. com – p. 110 : Acropole : © Santi - Fotolia. com – p. 111 : Monnaie : © Erica Guilane-Nachez - Fotolia. com - Soldat : © Alexey Pavluts – Fotolia. com – p. 112 : Coq : © lynea – Fotolia. com - Centaure : © Erica Guilane-Nachez - Fotolia. com – p. 113 : Femmes greques : © Erica Guilane-Nachez - Fotolia. com - Carotte : © lynea - Fotolia. com - Athéna : © pvg - Fotolia. com – p. 114 : Philosophes : © Erica Guilane-Nachez - Fotolia. com – p. 115 : Colonne : © Alexey Pavluts – Fotolia. com – p. 116 : Pelote de laine : © Kreatiw – Fotolia. com - Armes : © Alexey Pavluts – Fotolia. com – p. 117 : Athlète : © Erica Guilane-Nachez – Fotolia. com – p. 118 : Femme grecque : © Cathlin - Fotolia. com - Lyre : © yuliaglam - Fotolia. com - Cheval de Troie : © Alexey Pavluts – Fotoloia. com – p. 119 : Égyptien : © Glassseeker – Fotolia. com – p. 120 : Tête pharaon : © Glassseeker – Fotolia. com - p. 121 : Louve romaine : © Erica Guilane-Nachez – Fotolia. com – p. 122 : Femme grecque : © Cathlin - Fotolia. com – p. 125 : Rouleau papier : © raven - Fotolia. com – p. 126 : Soldat : © Alexey Pavluts – Fotolia. com – p. 127 : Tenue romaine : © Erica Guilane-Nachez – Fotolia. com – p. 128 : Casque romain : © Erica Guilane-Nachez – Fotolia. com – p. 129 : Istanbul : © Aslan Topcu –

Fotolia. com – p. 131 : Louve romaine : © Erica Guilane-Nachez – Fotolia. com – p. 133 : Armes et casque romain : © Alexey Pavluts – Fotolia. com - Dyonisos : © asmakar - Fotolia. com – p. 134 : Fresque : © Erica Guilane-Nachez - Fotolia. com – p. 135 : Colisée : © vladischern – Fotolia. com - Livres : © raven - Fotolia. com – p. 136 : Bateau : © Erica Guilane-Nachez - Fotolia. com – p. 137 : Monnaie : © Erica Guilane-Nachez - Fotolia. com – p. 138 : Parchemin : © raven - Fotolia. com – p. 139 : Virgile : © Erica Guilane-Nachez - Fotolia. com – p. 140 : Tête romain : © Morphart – Fotolia. com – p. 141 : Centurion : © lynea - Fotolia. com – p. 142 : Gladiateur : © Rorius - Fotolia. com – p. 143 : Monnaie : © Erica Guilane-Nachez - Fotolia. com - Bouclier : © Alexey Pavluts – Fotolia. com – p. 145 : Chevaliers : © Erica Guilane-Nachez - Fotolia. com – p. 147 : Poupée russe : © Annykos - Fotolia. com – p. 148 : Instruments de chirurgie : © lynea - Fotolia. com – p. 149 : Fossile : © lynea-fotolia. com - Colisée : © Alexey Pavluts – Fotolia. com – p. 150 : Armes : © Alexey Pavluts – Fotoloia. com - Bateau : © raven - Fotolia. com – p. 151 : Ancre : © raven - Fotolia. com - Crâne : © lynea-fotolia. com – p. 152 : Chevalier : © canicula – Fotolia. com – p. 153 : Parchemin : © raven - Fotolia. com – p. 154 : Canon : © krill_z – Fotolia. com – Maison-Blanche : © raven - Fotolia. com – p. 156 : Parthénon : © Danussa – Fotolia. com - Salière : © raven - Fotolia. com – p. 157 : Gravure pariétale : © Zag – Fotolia. com – Abraham Lincoln : © pvg - Fotolia. com – p. 158 : Diable : © Alexey Pavluts - Fotolia. com – p. 159 : Lingots d'or : © Simon - Fotolia. com – p. 160 : Épée : © Anja Kaiser - Fotolia. com – p. 161 : Couronne : © Anja Kaiser - Fotolia. com – p. 162 : Fleur de lys : © Anja Kaiser - Fotolia. com – p. 163 : Plume : © sharpner - Fotolia. com – p. 164 : Cigare : © Anja Kaiser - Fotolia. com - Muraille de Chine : © Katsiaryna - Fotolia. com – p. 165 : Chimie : © lynea - Fotolia. com - Arc de triomphe : © Auguste Lange - Fotolia. com – p. 166 : Gladiateur : © Rorius - Fotolia. com - Chimie : © lynea - Fotolia. com – p. 167 : Danton : © Erica Guilane-Nachez - Fotolia. com – p. 168 : Couronne et drapeau anglais : © nenilkime - Fotolia. com – p. 169 : Frêne : © lynea - Fotolia. com - Notre-Dame de Paris : © Auguste Lange - Fotolia. com – p. 170 : Monnaie : © Erica Guilane-Nachez - Fotolia. com - Crucifix : Fotolia. com – p. 171 : Vénus : © Ievgen Melamud - Fotolia. com – p. 172 : Louis XIV : © Erica Guilane-Nachez - Fotolia. com – Frise Arthénon : © sergeyannenkov - Fotolia. com – p. 173 : Heaume : © canicula – Fotolia. com - Chinois : © Erica Guilane-Nachez - Fotolia. com – p. 174 : Cocarde : © co. lory - Fotolia. com – p. 175 : Marianne : © Rorius - Fotolia. com – p. 176 : Raquettes de tennis : © Anja Kaiser - Fotolia. com - Sous-marin : © lynea - Fotolia. com – p. 177 : Peinture rupestre : © Zag – Fotolia. com - Dragon : © Alexey Pavluts - Fotolia. com – p. 178 : Parchemin : © raven - Fotolia. com - Wisigoths : © Erica Guilane-Nachez - Fotolia. com – p. 179 : Hache : © digiselector - Fotolia. com – p. 181 : Blé : © raven - Fotolia. com - Landau : © lynea - Fotolia. com – p. 183 : Afrique : © zizar2002 - Fotolia. com – p. 185 : Pape : © Bitter - Fotolia. com - Baleine : Seamartini Graphics - Fotolia. com – p. 186 : Rose des vents : © raven - Fotolia. com - Branche sapin : © lynea - Fotolia. com – p. 187 : Indien : © kuco - Fotolia. com – p. 188 : Bronx : © romanya - Fotolia. com – p. 189 : Esquimaux : © kuco - Fotolia. com – p. 190 : Tribu : © Erica Guilane-Nachez - Fotolia. com – p. 191 : Iceberg : © orphart - Fotolia. com - Vague : © Kara-Kotsya - Fotolia. com – p. 192 : Touareg : © kuco - Fotolia. com - Statue de la Liberté : © pict rider - Fotolia. com – p. 193 : Inuit : © Erica Guilane-Nachez - Fotolia. com – p. 194 : Pont : © Hugo Candeias - Fotolia. com - Poisson : © Kara-Kotsya - Fotolia. com – p. 195 : Drapeau américain : © niroworld - Fotolia. com – p. 197 : Grande ourse : © glorcza - Fotolia. com – p. 199 : Galaxie et Terre : © glorcza - Fotolia. com – p. 200 : Soleil : © lynea - Fotolia. com - Télescope : Erica Guilane-Nachez - Fotolia. com - p. 201 : Comète : © senoldo - Fotolia. com – p. 202 : Terre : © Tinga – Fotolia. com – p. 204 : Télescope : © Erica Guilane-Nachez - Fotolia. com – p. 205 : Soleil : © Ekaterina Prilipova - Fotolia. com – Nicolas Copernic : © Blue Moon - Fotolia. com – p. 206 : Trou noir et comète : © andròmina - Fotolia. com – p. 207 : Galilée : © Erica Guilane-Nachez - Fotolia. com – p. 208 : Système solaire : © Tinga – Fotolia. com – p. 211 : Pomme : © Kara-Kotsya - Fotolia. com - Galaxie : © glorcza - Fotolia. com – p. 212 : Système solaire et météorite : © Tinga – Fotolia. com – p. 213 : Saturne : © andròmina - Fotolia. com - Télescope : © Tinga – Fotolia. com – p. 218 : Terre ancienne : © Erica Guilane-Nachez - Fotolia. com – p. 219 : Pinceaux : © Kreatiw - Fotolia. com – p. 221 : Crayon : © Colorlife - Fotolia. com – Charlie Chaplin : © yadviga - Fotolia. com – p. 222 : Machine à écrire et fillette : © lynea - Fotolia. com – p. 223 : Livres : © canicula - Fotolia. com – p. 224 : Projecteur : © canicula - Fotolia. com – p. 225 : Mains jointes : © marius1987 - Fotolia. com – p. 226 : Pistolet : © lynea - Fotolia. com - Plume : © Colorlife - Fotolia. com – p. 227 : Masque : A. Boyer - Pipe : © lynea - Fotolia. com – p. 228 : Nain : © la_puma - Fotolia. com – p. 229 : Trèfle : © art_of_sun - Fotolia.com - Rose : © Aleksandra Smirnova - Fotolia. com – p. 230 : Épée : © Anja Kaiser - Fotolia. com - Livre : © raven - Fotolia. com – p. 231 : Mickey : © iStock – p. 232 : Panthéon : © Irina Solatges – Fotolia. com – Fotolia. com – p. 234 : Homme rétro : © Anja Kaiser - Fotolia. com – p. 235 : Tête aviateur : © lynea - Fotolia. com – p. 236 : Instruments de chimie : © lynea - Fotolia. com – p. 237 : Plumier : © greyj - Stylo plume : © Colorlife - Fotolia. com – p. 238 Palette : © RainLedy - Fotolia. com - Appareil photo rétro : © lynea - Fotolia. com – p. 239 : Loupe : © lynea - Fotolia. com – p. 241 Poing-billets : © Christos Georghiou - Fotolia. com – p. 242 : Chouette et araignée : © lynea - Fotolia. com - Pianiste jazz : © Isaxa - Fotolia. com – p. 244 : Chaussure : © marble7 - Fotolia. com – p. 245 : Bobine de film : © canicula - Fotolia. com – p. 246 : Livres © raven - Fotolia. com – p. 247 : Pinceaux : © Kreatiw - Fotolia. com – p. 248 : Homme au chapeau : © lynea - Fotolia. com – p. 249 George Sand : Ph. Coll. Archives Larbor – p. 250 : Marguerites : © Danys83 - Fotolia. com – p. 251 : Victor Hugo : © iStock – p. 252 Tête de mort : © lynea - Fotolia. com - Épée : © Anja Kaiser - Fotolia. com – p. 253 : Vénus primitive : © kuco - Fotolia. com – p. 256 Terre : © glorcza - Fotolia. com – p. 259 : Méduse : © kuco - Fotolia. com – p. 260 : Branche sapin : © lynea - Fotolia. com – p. 263 Dinosaure : © Perysty - Fotolia. com – p. 264 : Iguanodon : © Perysty - Fotolia. com – p. 267 : Squelette : © lynea-fotolia. com – p. 268 Crâne : © lynea-fotolia. com – p. 271 : Peinture pariétale : © Zag – Fotolia. com – p. 272 : Mouton : © lynea - Fotolia. com – p. 275 Œil égyptien : © Glassseeker – Fotolia. com – p. 276 : Pharaons : © Vector Art Design – Fotolia. com – p. 279 : Épée : © Alexey Pavlut – Fotolia. com – p. 280 : Lanceur disque : © Erica Guilane-Nachez – Fotolia. com – p. 282 : Tête romain : © Morphart – Fotolia. cor – p. 285 : Parchemin : © raven - Fotolia. com.

Photogravure : IGS, 16 L'Isle d'Espagnac
Imprimé en Italie par L.E.G.O. S.p.A., Lavis
Dépôt légal : février 2014
313981/01 - 11026256 - janvier 2014